MICHEL SAUQUET
e colaboração de Martin Vielajus

COMPREENDER O OUTRO

Administrando diferenças para a convivência global

DIRETOR EDITORIAL:
Marcelo C. Araújo

EDITOR:
Márcio Fabri dos Anjos

COORDENAÇÃO EDITORIAL:
Ana Lúcia de Castro Leite

TRADUÇÃO:
José Luiz Cazarotto

COPIDESQUE:
Lessandra Muniz de Carvalho

REVISÃO:
Paola Goussain Macahiba

DIAGRAMAÇÃO:
Juliano de Sousa Cervelin
Rafael Felix de Souza Gomes Silva

CAPA:
Antonio Carlos Ventura

Título original: *L'intelligence de l'autre – Prendre en compte les différences culturelles dans un monde à gérer en commun*
Por Michel Sauquet, com colaboração de Martin Vielajus
© 2007 Éditions Charles Léopold Mayer, France

Todos os direitos em língua portuguesa, para o Brasil, reservados à Editora Idéias & Letras, 2012

Editora Idéias & Letras
Rua Pe. Claro Monteiro, 342 – Centro
12570-000 Aparecida-SP
Tel. (12) 3104-2000 – Fax (12) 3104-2036
Televendas: 0800 16 00 04
vendas@ideiaseletras.com.br
www.ideiaseletras.com.br

Dados Internacionais de Catalogação na Publicação (CIP)
(Câmara Brasileira do Livro, SP, Brasil)

Sauquet, Michel

Compreender o outro: administrando diferenças para a convivência global / Michel Sauquet e colaboração de Martin Vielajus; tradução José Luiz Cazarotto. – Aparecida, SP: Editora Idéias e Letras, 2012.

Título original: L'intelligence de l'autre: prende en compet les différences

ISBN 978-85-7698-133-6

1. Convivência 2. Comportamento (Psicologia) 3. Diferenças individuais – Aspectos morais e éticos 4. Diferenças culturais I. Título.

12-01230	CDD-155.22

Índices para catálogo sistemático:
1. Diferenças individuais: Psicologia   155.22

Agradecimentos

Muitos amigos, especialistas e interessados por questões interculturais, procedentes da China, da Índia, do mundo árabe, da África, dos Estados Unidos e da América Latina, de boa vontade, trouxeram a este texto numerosas correções, nuances, sugestões e complementos. Pelo interesse e pela precisão com que eles aceitaram explorar o manuscrito e evitar que nele houvesse erros e abreviações demais, e pelo testemunho de sua própria experiência, agradeço de coração Larbi Bouguerra, Suzanne Bukiet, Chen Lichuan, Nathalie Dollé, Étienne Galliand, Catherine Guernier, Yudhishthir Raj Issar, Aline Jablonka, Thomas Mouriès, Élisabeth Paquot, Bérengère Quincy, Thierry Quinqueton, Rita Savelis, Édith Sizoo, Ousmane Sy, Isabelle Yafil e, evidentemente, Martin Vielajus, que, além de redigir o importante Capítulo 9, acompanhou e influenciou de modo decisivo a construção deste livro. Agradeço igualmente Juliette Decoster e Pierre Calame o seu constante apoio a este projeto no âmbito do programa de formação para o mundo intercultural da Fundação Charles Léopold Mayer, bem como agradeço minha esposa Brigitte a sua paciência ao longo de todo o processo de redação e as suas qualidades de compreensão do outro!

Michel Sauquet

*A natureza nos deu dois ouvidos e somente uma língua
a fim de que possamos escutar duas vezes mais que falamos.*
Provérbio grego

SUMÁRIO

Prefácio – 7
Introdução: Consciência cultural – 11

**Primeira Parte: Unidade, Diversidade,
Mundialização: O imperativo intercultural** – 21

**1. Da cultura ao intercultural:
Uma passagem obrigatória na virada do século** – 23
1. A cultura: o que se diz dela – 23
2. A cultura: o que fazemos dela – 28
3. As culturas em movimento perpétuo – 33
4. Da cultura ao intercultural – 39
5. A diversidade de atitudes diante da diversidade – 44

**2. Culturas e mundialização: As estratégias
de resolução da equação unidade-diversidade** – 57
1. As estratégias de uniformização – 58
2. As estratégias de proteção – 75
3. As estratégias alternativas – 80
4. As estratégias de diálogo – 83
5. As estratégias nacionais de gestão da multiculturalidade – 94

**Segunda Parte: Interrogar a cultura do outro:
A consciência de referenciais diferentes** – 99

**3. A relação com a história e com a religião:
Combinações entre tradição e modernidade** – 101
1. Tradição e modernidade: universos que se ignoram,
completam-se ou combatem-se? – 102

2. A força do coletivo nas tradições: o "eu" e o "nós" – 108

3. A questão do capital histórico e da "retaguarda histórica"
nas relações interculturais – 115

4. O peso das religiões e das espiritualidades – 121

**4. A relação com a natureza: Cosmogonias,
visões de mundo e atitudes diante do meio ambiente** – 129

1. Cosmogonias, visões de mundo e diferenças de postura:
dominação *versus* simbiose – 130

2. As concepções das relações entre o homem e a natureza
em cheque pelas ameaças ao meio ambiente – 140

5. A relação com o tempo – 145

1. Passado, presente e futuro – 146

2. Tempo linear e tempo cíclico – 149

3. O tempo, modo de usar: as diferenças entre os modos
de uso do tempo e o problema da concordância dos tempos – 155

6. As relações com o trabalho e com o dinheiro – 167

1. A relação com a ação, com os fins da ação,
e a ideia de progresso e de sucesso – 169

2. A relação com a incerteza no trabalho – 176

3. A relação com o dinheiro, a riqueza e a pobreza – 178

**7. A relação com a igualdade e com as hierarquias:
Relações interpessoais e assuntos ligados ao poder e ao saber** – 189

1. A relação com a noção de igualdade – 189

2. A relação com a autoridade e com a hierarquia – 192

3. Trabalho, vida privada e "bolha" pessoal – 196

4. A relação em função da idade e do gênero – 198

5. A questão da reportabilidade: a quem prestar contas? – 200

6. A relação com a honra e o prestígio – 203

7. Igualdade e desigualdade de saberes:
o desafio intercultural do poder – 204

Terceira Parte: O desafio das palavras, questões de linguagem – 211

8. O desafio das palavras e da linguagem:
Dito e não ditos, entendidos e mal-entendidos – 213
1. As palavras e as representações: o traduzível e o intraduzível – 214
2. A língua para além das palavras: arquitetura da língua
e arquitetura do pensamento? – 227
3. Pode-se pensar na língua do outro? É necessário
falar a língua do outro? – 237
4. O contexto e a palavra: culturas de alta densidade
contextual e culturas de baixa densidade contextual – 244
5. Não se fala a não ser falando? – A comunicação não verbal – 248
6. O escrito e o oral têm o mesmo valor em todas as culturas? – 252
9. Três termos do discurso político internacional
postos à prova pela análise interculturarl: "Democracia",
"Sociedade Civil" e "Cidadania" – 257
1. Democracia: os desafios das traduções – 258
2. A noção de sociedade civil de uma cultura para outra:
entre a incompreensão e a instrumentalização – 263
3. O mito do cidadão moderno – 275

Conclusão: Saber-ser, saber-fazer – 287
Cinquenta questões no contato com um outro universo cultural – 293
Bibliografia Comentada e Bancos de Documentação – 297
Bibliografia Comentada – 297
1. Conceitos e dados gerais sobre as culturas e o âmbito intercultural – 299
2. Profissões do âmbito internacional à prova
do intercultural e da comunicação intercultural – 307
3. Abordagem geográfica – 312
Bancos de documentação e revistas – 315

PREFÁCIO

Bernardo Sorj

A globalização como processo político-econômico se iniciou com a conquista das Américas e se completou no século XIX com a ocupação europeia da África e da Índia e a abertura forçada da China ao comércio internacional. Mas a primeira fase desse ciclo, do ponto de vista cultural, somente se fechou há poucas décadas. Qual foi a característica central do primeiro ciclo cultural da globalização? A imposição da cultura, da religião e dos valores ocidentais às sociedades que foram se integrando à economia mundial e a consequente desvalorização das culturas locais.

A crença na superioridade da forma ocidental de ver o mundo foi compartilhada por todos os grupos políticos. Tanto as ideologias de direita como as de esquerda acreditavam que as culturas não modernas representavam o atraso, e que elas deveriam ser suprimidas para abrir espaço a sociedades capitalistas ou comunistas associadas a valores e formas de sociabilidades produzidas pelo iluminismo e pela revolução industrial.

Essa visão começou a mudar somente nas últimas décadas. Ficou claro que as sociedades e suas culturas, inclusive quando se integram às formas modernas de produção, o fazem mantendo componentes culturais e formas de sociabilidade enraizadas em suas histórias nacionais e regionais. Ou, visto pelo avesso, o que se apresentava como sendo os traços universais da modernidade estavam associados à trajetória e às características da cultura europeia.

Esse novo processo de globalização cultural é produto de múltiplas causas. Possivelmente as mais importantes delas são a queda do comunismo – com sua visão homogeinizadora da história –, a expansão dos meios de comunicação – trazendo imagens e colocando em contato em tempo real os mais diversos cantos do mundo –, e a ascensão das economias asiáticas.

O reconhecimento que o mundo não pode ser enxergado através das lentes ocidentais representa, sem dúvida, um enorme avanço frente ao passado. Mas coloca problemas e desafios monumentais, já que um mundo cada vez mais interconectado exige um espaço comum de comunicação que assegure a convivência pacífica. E não há comunicação possível sem um mínimo de regras de diálogo assentadas em valores comuns.

Essa contradição, entre a vontade de reconhecer o valor e a importância de cada cultura e a necessidade de uma base mínima de valores que permita a comunicação e a convivência pacífica, está no coração das ciências sociais e da vida política contemporânea. Nos extremos se encontram aqueles que acreditam que os valores fundamentais e a base mínima de convivência continuam sendo os do programa do iluminismo: a razão, a liberdade individual e as instituições que asseguram que esses valores efetivamente possam ser praticados. Essas instituições seriam aquelas da democracia liberal, que inclui a separação entre o estado e a religião. No outro extremo se encontram aqueles que afirmam o valor simétrico de todas as culturas e, portanto, a necessidade de respeitar e preservar a diversidade cultural e as formas locais de organização político-legais.

Ambas as posturas apresentam dificuldades tanto conceituais como práticas. A primeira porque leva à imposição de um modelo cultural e desconhece o que outras culturas têm a oferecer. A segunda porque abre espaço para conflitos culturais insolúveis e esquece que ela mesma se sustenta numa visão de mundo alicerçada nos valores da modernidade. Ou seja, a disposição a valorizar todas as culturas é um desenvolvimento da moderna cultura democrática e sua defesa implica, de alguma forma, compartilhar seus valores.

Trata-se de um debate ainda aberto sobre o qual se escreveram inúmeros trabalhos. A relevância do livro de Michel Sauquet se encontra em, sem deixar de se relacionar e inclusive sintetizando a bibliografia sobre o tema, colocar o problema da convivência intercultural desde o ponto de vista da experiência prática. Embora escrito por uma pessoa com sólida formação acadêmica, reflete décadas de convivência com outras culturas e os problemas vividos por um ativista social.

Essa experiência prática lhe permite fugir de grandes generalizações que, muitas vezes, pelo ângulo em que são realizadas – raciocínios eruditos e abstratos –, geram argumentos lógicos que nem sempre ajudam a elaborar soluções práticas. A convivência cotidiana permite que as culturas, seja a própria ou a do outro, não sejam apresentadas como blocos reificados e monolíticos, mostrando que o encontro de culturas exige paciência e disposição de aprender e compreender formas diferentes de sabedoria e de formas de agir.

O autor procura navegar entre seus valores, que são naturalmente os de sua cultura, que o levaram inclusive a iniciar sua travessia, e os da cultura com as quais conviveu. O leitor não necessariamente estará de acordo com as respostas que ele encontrará no livro, mas certamente se beneficiará enormemente da possibilidade de acompanhar Michel em sua viagem.

Embora a experiência que é objeto de reflexão do livro seja geralmente a de culturas distantes para o autor, acredito que o texto é, sobretudo, um convite para refletir sobre a própria cultura, sua diversidade social e regional, os preconceitos que carregamos em relação a estilos de vida diferentes daqueles de nosso grupo de referência. Trata-se, em última instância, de expandir a percepção que temos sobre nós mesmos, nossas virtudes e nossos defeitos, e da possibilidade de enriquecimento que oferece um mundo cada vez mais globalizado culturalmente.

INTRODUÇÃO

Consciência cultural

Havia na Bélgica, até pouco tempo, o ministério "da igualdade de chances e da interculturalidade", cujo título leva a um devaneio. A chamada inscrita sobre sua página de abertura no site da internet e que dizia "conjuguemos as diferenças, unamos as nossas semelhanças" lembrava aquela da União Europeia: "Unidos na diversidade". Ela sugeria uma ideia simples: no mundo de hoje, unidade e diversidade não são necessariamente duas irmãs inimigas, elas são, na verdade, duas faces de uma mesma moeda.

Para todos os que são chamados a trabalhar num meio cultural diferente do seu, esta ideia sugere um deslocamento da interrogação para a cultura do outro. Não para julgá-la, nem para adotá-la e nem mesmo para compreendê-la; mas para tentar conhecê-la, ainda que imperfeitamente, para estar consciente das diferenças e das semelhanças – os anglo-saxões chamam de *intercultural awareness* –, para abstrair-se de si mesmo, aceitar de antemão ser surpreendido, chocado e até contradito. E para identificar os elementos comuns sobre os quais apoiar-se nas ações coletivas para as quais somos convocados pelos desafios ecológicos, econômicos, sociais e estratégicos deste início de século.

A interação entre unidade e diversidade na gestão de nosso espaço comum, desde o nível local até o mundial, é, a propósito, uma necessidade que se impõe pelos fatos. No âmbito do meio ambiente, por exemplo, a questão dos fundamentos culturais das relações do ser humano com a natureza é crucial. Da tradição judaico-cristã do "multiplicai-vos, enchei a Terra e submetei-a", inscrita na Bíblia, às concepções da Terra-Mãe – *Pachamama* – dos Andes ou às concepções cosmogônicas que aliam o mundo visível ao mundo invisível nos vilarejos africanos, as diferentes civilizações estão longe de terem as mesmas relações com a natureza, com o tempo, com o sentido da vida, com o futuro e, com isso, longe de terem as mesmas atitudes quanto à gestão dos recursos naturais. O valor simbólico destes recursos, do ar, da água, dos solos, pode revelar-se totalmente diverso de uma cultura para outra: sagrado aqui, insignificante ali onde é apenas uma mercadoria como uma outra qualquer. Ora, a mundialização[1] e o crescimento da interdependência planetária implicam em si a necessidade de uma gestão cada vez mais coletiva, internacional, de seus recursos. É necessário conseguir combinar aqui um respeito pela diversidade de abordagens culturais, ao definir claramente as regras do jogo, as referências comuns, chegando até mesmo a lidar com valores comuns. As negociações internacionais sobre o aquecimento planetário ilustram este imperativo. Elas envolvem uma multidão de atores ou agentes cujos interesses divergem e cujas referências históricas e culturais divergem também. Se elas forem ignoradas, ou se fizermos das diferenças um simples obstáculo que deve ser superado com êxito, nos condenamos a termos de lidar com lógicas do enfrentamento que comprometem a eficácia coletiva.

Um outro exemplo da necessidade de se combinar unidade e diversidade é o dos direitos humanos e da saúde. Ao se tratar de questões da luta contra a AIDS, de questões de gênero, de discriminações sexuais, de práticas tais como a excisão ou a infibulação, as respostas irônico-satíricas não faltam. Mas as diferenças das abordagens culturais são consideráveis. Assim, quando uma organização de cobertura internacional como a Anistia Internacional procurou, ao longo dos últimos anos, definir uma estratégia comum para abordar os problemas da discriminação sexual, foi obrigada a modificar suas regras internas de governo e a recorrer ao

---

[1] N.T.: O autor, dentro da tradição francófona, usa mais o termo "mondialisation" do que "globalization", de matriz anglo-saxônica. Devido às conotações aqui implicadas, manteremos o termo *mundialização*.

consenso, o que acabou por ter de se impor um mínimo denominador comum aceitável por todos e que permitisse assim, pelo menos, algum avanço ali onde ele é possível. Neste domínio, como no do meio ambiente, somos claramente obrigados a encontrar meios para conjugar as forças de mudanças apesar da – ou até pode ser que graças a – extraordinária diversidade do mundo.

Tal maneira de abordar a questão intercultural pode parecer até meio moralizante. Não se trata aqui senão de estudar as condições de uma melhor *pertinência* das atividades destes "profissionais do internacional", cada vez mais numerosos, que agem no contexto da mundialização. E se houver o direito de pensar nas páginas que seguem, gostaria que ele pelo menos fosse no sentido da dúvida, de uma espécie de cultura da vigilância questionante das falsas evidências, e se preparando para o inesperado do outro. Nem filósofo, nem moralista e ainda menos antropólogo; não me coloco aqui no plano da teoria ou da doutrina. Não penso que as diferenças culturais sejam irredutíveis, nem que seja equivocado interditar todo o olhar crítico sobre o universo do outro. Situo-me, antes de mais nada, como um animador ou um formador, evocando a questão da dúvida sistemática, um dos aspectos da mais simples *consciência profissional*: na "consciência" temos o "consciente", *aware*, e, portanto, o imperativo da curiosidade, da atenção, da compreensão do outro, do dever de não atacar de cabeça abaixada, como numa aventura qualquer num outro ambiente humano ou cultural, sem se preocupar em conhecer as lógicas próprias deste meio, sua visão de mundo e seus métodos de trabalho, em colocar-se um mínimo de questões.

Cabeça abaixada... Cada um de nós foi inevitavelmente marcado por sua experiência pessoal. Eu o fui, em minha apreensão do intercultural, pelo choque que experimentei no início de minha vida profissional no contato com uma Etiópia que eu havia exatamente abordado... de cabeça abaixada. Tomo a liberdade de lembrar aqui, não por puro prazer de contar minha vida, mas para envolver o leitor, sabendo de onde falo, para relativizar algumas de minhas afirmações e para admitir, por decorrência, a inevitável subjetividade. Porque as páginas que seguem são fruto de um itinerário pessoal e, ao mesmo tempo, de um percurso de pesquisa. Elas extraem seu conteúdo da exploração de uma bibliografia relativamente abundante, mas também, e sobretudo, dos ensinamentos do programa editorial e intercultural da Fundação Charles Léopold Mayer[2], na qual investi durante anos; retiro conteúdo também do seminário do Master sobre as redes de comunicação intercultural que coordeno já há três anos no *Sciences Po*;[3] enfim, de lições que tentei tirar de minhas fases de expatriação ou de missões internacionais depois dos anos 1970.

Etiópia. Pertenço àquela geração *baby-boomers*, para a qual "ir para o terceiro mundo" representava, nos anos que precederam ou seguiram logo após 1968, um projeto naturalmente bom, naturalmente pertinente, como se o idealismo pudesse substituir a capacitação, a boa vontade substituísse a competência profissional. De que se trata, então? De participar, durante alguns anos, numa pequena ONG,[4] na formação de camponeses nas montanhas etíopes, a quatrocentos quilômetros da capital. De quem se trata, então? De um parisiense formado no *Sciences Po* e reprovado na ENA[5], autor de uma tese vaga sobre economia urbana e decidindo brutalmente, aos 27 anos, deixar o seu escritório

---

[2] www.fph.ch e www.eclm.fr. Desejosa de contribuir na construção de uma "comunidade mundial", a Fundação Charles Léopold Mayer trabalha no mundo inteiro com os melhores socioprofissionais de ampla imagem.

[3] *Sciences Po*: Instituto de Ciências Políticas de Paris. Este seminário interativo sobre as redes de comunicação intercultural acolhe estudantes de todas as nacionalidades de dois Masters, sobre Negócios Internacionais e Finanças e Estratégias. Como chineses, americanos, latino-americanos, europeus, africanos etc., eles puderam trazer numerosos complementos e nuanças à grade de questionamentos sobre o intercultural, a qual se encontra no fim desta obra.

[4] NT.: *Agri-Service Ethiopia*, ramo etíope do Inades-Formation (organização pan-africana para a promoção do desenvolvimento social e econômico).

[5] NT.: Provavelmente o autor se refira à École National d'Administration.

de estudos sobre urbanismo e seus alunos de informática para juntar-se, de uma hora para outra, a uma zona renegada e puramente rural no Corno da África. Ninguém, então, nem a ONG em questão e nem mesmo eu, tinha se perguntado se uma tal empreitada tinha sentido, se eu tinha a mínima experiência profissional pertinente, algum conhecimento mínimo a ser levado ali, se eu tinha por acaso alguma vez na vida ouvido falar da civilização etiópica... A resposta, em todo o caso, seria negativa em todas as linhas, a impostura, se não era voluntária, era pelo menos bem real.

Trinta e cinco anos depois, sou mesmo obrigado a julgar severamente a parte confusa deste período: penso de um modo especial nos esquemas e nos gráficos com que tinha enfeitado os meus fascículos pedagógicos, com suas flechas, bifurcações, seus retornos ao ponto de partida, e me lembro da gentileza dos camponeses *wollamo* fazendo um esforço enorme para achá-los interessantes e, assim, não me decepcionar. Penso igualmente nesta obsessão que foi minha ao longo de toda a minha estadia e que continua sendo a de muitos expatriados: *ter realizado alguma coisa antes de ir embora*, deixar algum traço, sem necessariamente se perguntar se este traço seria conforme o que esperava a comunidade local. Mas não esqueço, no entanto, de algumas lições que me foram dadas nestes quatro anos marcantes na Etiópia e depois na Costa do Marfim.[6]

Primeira lição: o tempo do outro não é *jamais* o meu.

Segunda lição: a lógica do outro, sua relação com a natureza, com o destino, com o uso do dinheiro, com as relações humanas, não são nunca as minhas.

Terceira lição: existem saberes, transmitidos oralmente de geração em geração ou adquiridos a partir da prática e da observação, que não encontramos em livro algum, em banco de dado algum.

---

[6] NT.: Mantive a palavra "expatriado(s)" em parte para evitar a palavra "exilado" ou simplesmente "estrangeiro" ou "migrante" e para deixar claro a dimensão conotativa de pátria; com isso, no geral, tenha-se em mente que se trata de uma pessoa que ainda mantém um vínculo sólido com a pátria, mas que se encontra imersa numa outra cultural.

Quarta lição: a diferença, quando identificada, não impede o diálogo, ela o permite e pode ser mobilizada para fins positivos. É claro que é indispensável que o expatriado seja portador de um conhecimento técnico e metodológico que lhe é solicitado pela organização que o emprega; mas o mais importante está, sem dúvida, no bom uso de sua diferença, de sua estrangeirice, na sua capacidade de estimular o intercâmbio de lógicas, de visão de mundo.

Não deixei mais, depois disso, de constatar as proporções imprevistas que podem assumir as distâncias entre as culturas na vida profissional. Fui lançado durante quatro outros anos, depois da África, num outro universo que não era o meu, o das associações sanitárias e sociais da França rural e, depois, por mais seis anos, no Gret,[7] no meio de engenheiros e técnicos, ao qual eu não pertencia de modo algum e que estava na época muito voltado para o desenvolvimento de tecnologias no terceiro mundo.

Depois disso, uma breve experiência profissional internacional sediada em Brasília permitiu-me descobrir durante dois anos o universo das agências das Nações Unidas e da administração brasileira. Um universo tanto apaixonante como atordoante, que me fez refletir muito, posso dizer, o vínculo um tanto incerto entre o internacional e o intercultural nas culturas institucionalizadas (tanto as supraestatais como as estatais), incidindo sobre as culturas locais.

Depois vivi dezessete anos a grande agitação cultural dentro da Fundação Charles Léopold Mayer, confrontado-me cotidianamente com a diferença, descobrindo e pressentindo aqui e acolá, por ocasião de missões e diálogos complexos, o que entusiasma um universitário chinês, um educador colombiano, um estudioso indiano, um editor do leste africano,

---

[7] Grupo de pesquisa e de intercâmbio tecnológico, centro de estudos, centro de recursos e operador de projetos de desenvolvimento, na época grandemente financiados pelo Ministério Francês de Cooperação.

um jurista belga, um cinegrafista canadense... e quais problemas apresenta, para estes profissionais, a confrontação dos métodos de trabalho.

Depois da criação, em 2006, de um Instituto de Pesquisa e Debates sobre a Governança (IRG),[8] vivemos atualmente com Martin Vielajus e nossos colegas uma nova modalidade de imersão no intercultural, sobretudo quando se trata de religar, de um continente a outro, os universos tão diferentes que são a universidade, a sociedade civil, os agentes do Estado e das coletividades locais e as instituições internacionais etc.

Esse percurso profissional heteróclito é o de uma experiência *difícil* de relações interculturais? Sim, cada vez que muito pressionado por meus empreendimentos, tive a impressão de que a diferença do outro atrapalhava meus objetivos. Não, cada vez que terminava por descobrir a ajuda considerável da complementariedade do outro e do trabalho em equipe, cada vez que consentia em deixar a coisa andar e me permitia a presença do inesperado.

O reconhecimento da alteridade, o espelho do outro, são indispensáveis para podermos ser nós mesmos; sermos nós mesmos é indispensável para dialogar, negociar, solucionar os conflitos. "O inferno são os outros",[9] colocava Sartre na boca de um de seus personagens de *Huis Clos*; penso que o inferno é recusar que o outro seja outro! É uma redução total dele a nossas próprias categorias, é devorá-lo, é impor-lhe ritmos e práticas que ele não pode aceitar, é, sobretudo, privar-se de sua colaboração dinamizadora.

Enfim, a análise das características das outras culturas no que diz respeito a suas relações com o tempo, com o prestígio, com o dinheiro, com a natureza, com o sentimento, com o poder me ajudou, ou melhor, nos ajudou, a melhor

---

[8] www.institut-gouvernace.org, uma iniciativa da Fundação Charles Léopold Mayer.
[9] Essa expressão foi, certamente, usada muitas vezes de um modo abusivo. Deslocada de seu contexto, ela denuncia menos o caráter infernal "dos outros" em geral que o "quarto fechado" mesmo, que condena dia e noite os protagonistas da peça de teatro a viverem sob o olhar dos demais, a afrontarem seu mal de viver e seus julgamentos.

conhecer nossa própria relação com estes assuntos ou noções.[10] Podemos facilmente parafrasear, no que tange à cultura em geral, o que o teólogo indiano Raimon Panikkar diz sobre o registro religioso: "o que não conhece senão a sua própria religião não a conhece realmente, é necessário, pelo menos, conhecer uma outra para situá-la e tomar consciência de sua especificidade".[11]

* * *

Não creio que exista, propriamente falando, uma "ciência do intercultural". Estamos aqui num entrecruzamento de diversas disciplinas das ciências sociais: filosofia, sociologia, etnologia, antropologia, mas também história, geografia, direito (antropologia jurídica), *estudos culturais*, ciências políticas, literatura, ciências das organizações ou instituições, ciências das religiões, linguística, semiologia, psicologia social, ciências da educação, ciências da informática e da comunicação, ciência da gestão de recursos humanos, ética... É inútil buscar ser um especialista em tudo isso de uma vez, contentemo-nos em explorar aqui o que pode ser mais diretamente útil aos profissionais chamados a trabalhar no âmbito internacional.

Levarei adiante esta tarefa em três etapas, começando por refletir, numa primeira parte consagrada ao que chamo de "Imperativo intercultural", sobre as grandes redes de encontro das culturas de hoje em dia e

---

[10] O voltar-se para o outro nos ajudou a compreender nossas próprias bifurcações históricas, a desconstruir nossas falsas evidências. O que nos parece ser o normal hoje não era normal trezentos anos; é uma banalidade, mas a esquecemos facilmente. Fazendo sobre os quatro séculos passados uma análise histórica e social da noção de amor maternal, em seu *Um amor conquistado: o mito do amor materno*. Rio de Janeiro: Civilização Brasileira, 1985, Élisabeth Badinter apresenta uma ilustração surpreendente disso: ela mostra que mesmo o amor maternal – celebrado unanimemente pelos franceses – seria mais recente do que imaginamos, pelo menos em sua intensidade atual. A autora põe a questão de se saber se este sentimento tem sua base no instinto ou no comportamento social.

[11] Cf. Hesna CAILLIAU, *L'Esprit des religions*. Paris: Éditions Milan, 2006.

sobre as estratégias de que uns e outros lançam mão, seja para se beneficiar disto, seja para se proteger disto. Evocarei aqui, sob a forma de algumas escalas semânticas, as principais palavras-chaves do intercultural (cultura, transcultural, relativismo, universalismo etc.).

Numa segunda parte intitulada "Interrogar a cultura do outro", proponho os elementos de uma grade de questionamentos numa situação de imersão profissional numa outra cultura, colocando em evidência os pontos inesperados e os mal-entendidos ligados, por exemplo, ao enraizamento histórico e religioso das sociedades, ou em relação à natureza, ao tempo, ao trabalho, ao dinheiro, à noção de igualdade, de hierarquia, de conhecimento..., tudo isso, terreno de encontros e de tropeços que têm consequências em termos de comunicação intercultural. Devo muito, na construção deste esquema, à colaboração e ao apoio de Martin Vielajus, que me ajudou a concebê-lo e a aprofundá-lo; é com ele que trataremos, numa terceira parte, de um dos elementos essenciais deste esquema, que se volta para questões relativas à linguagem, à interpretação e à instrumentalização de palavras, do estatuto da escrita e da oralidade etc.

Na elaboração desta grade ou esquema, pensei mais precisamente nos estudantes que se preparam para uma carreira no âmbito internacional, como os que seguem os cursos na *Sciences Po* e, de um modo mais geral, nos jovens que são chamados a passar, no âmbito da cooperação para o desenvolvimento ou de empreendimentos, uma estadia mais prolongada no exterior. Por outro lado, fiz uso das contribuições de muitos destes futuros profissionais – os estudantes do seminário intercultural de 2007 – para me aproveitar de seu espírito crítico quanto às cinquenta questões do esquema que estão no anexo deste volume e para testar sua legibilidade.

Limitei, portanto, o conteúdo destas páginas às problemáticas das relações entre áreas geoculturais diferentes e às relações no trabalho no plano internacional, relacionado seja à expatriação, seja à gestão de equipes multiculturais. Tenho consciência de que a questão intercultural se apresenta *também* no âmbito interno de uma dada sociedade, na França mesmo, na escola, nas cidades, nas empresas ou nas administrações públicas. Mas por razões de tempo e de competência, esta problemática não será um campo central nesta obra.

Um outro limite significativo deste trabalho: as questões interculturais no âmbito europeu não são tratadas senão de um modo marginal. Não que eu tenha a unidade cultural da Europa como algo já adquirido; esta unidade, esta identidade comum, muitas vezes tão proclamada, não é ela da ordem da ilusão? Em poucos termos, simplesmente, a exaustão do assunto é impossível. Pelo menos, tenho consciência plena desta lacuna. E, pelas mesmas razões, creio que seja honesto chamar atenção para o fato de que estas páginas foram escritas antes de tudo por um francês e para um público francês, com o qual eu compartilho este "nós" a que recorro muitas vezes, ou as expressões do tipo "além do Reno" ou "além do Atlântico", que vou me permitir usar aqui e acolá.

Primeira Parte

UNIDADE, DIVERSIDADE, MUNDIALIZAÇÃO
O imperativo intercultural

DA CULTURA AO INTERCULTURAL
Uma passagem obrigatória na virada do século

Na metade do século passado, dois antropólogos americanos, Alfred Kroeber e Clyde Kluckhohn,[1] publicaram a soma de todas as definições que eles encontraram da palavra "cultura", ou seja, nada menos que 164. Facilmente pode-se imaginar o quanto esta cifra possa ter aumentado desde então!

Uma vez que não podemos lidar com o intercultural sem evocar a própria palavra "cultura" e porque não podemos ter dela uma definição única, vamos lançar mão aqui de algumas famílias de definições – o que *se diz* da cultura –, antes de abordar o que, do meu ponto de vista, é o mais importante: o que *fazemos* com ela.

1. A cultura: o que se diz dela

Uma parte das centenas de definições existentes está inicialmente associada à ideia de herança, de patrimônio e da dimensão intelectual; por exemplo, o patrimônio acumulado no Ocidente depois da Antiguidade e sobre o qual as nações europeias fundamentaram sua identidade.[2] Século

---

[1] Cf. A. KROEBER – C. KLUCKHOHN, *Culture: a critical review of concepts and definition*. Papers of the Peabody Museum, 47, n. 1, Cambridge, MA, 1952.
[2] Entra-se aqui, entre parênteses, na antecâmara de todas as pretensões. Convençamo-nos disso já na leitura das quatro primeiras linhas do preâmbulo do projeto recente do tratado constitucional europeu, um modelo de etnocentrismo: "Inspirando-se nas heranças culturais, religiosas, humanistas da Europa a partir das quais (!!) desenvolveram-se os valores universais que constituem (...) etc".

após século, a Europa valoriza a figura do ser humano "cultivado", detentor de um privilégio, de uma cultura que não é outra, diz Hobbes em seu *Leviathan*,[3] que é a *formação e o refinamento da mente*.

Para outros, a cultura se define a partir de *hábitos adquiridos* e encontra-se, por isso mesmo, assimilada à noção de *civilização*. A definição do antropólogo inglês Edward Burnett Tylor, de 1871, manteve-se como referência por um longo tempo: "este conjunto complexo composto por conhecimento, crença, arte, moral, lei, costumes e todas as outras habilidades e hábitos adquiridos pelo ser humano enquanto membro de uma sociedade". Bastante próxima, por sua vez, da definição de Ralph Linton: "Uma cultura é uma configuração de comportamentos aprendidos e seus resultados, cujos elementos de composição são compartilhados e transmitidos pelos membros de uma sociedade dada". Ou ainda esta de Edward Hall presente em seu memorável livro *A dança da vida*,[4] quando ele vê a cultura "como um conjunto de regras tácitas de comportamento inculcadas desde o nascimento por meio de um processo de socialização precoce no quadro familiar". Regras tácitas, regras profundamente inscritas em nós, conscientemente ou não. A cultura, diz também um homem do Estado francês, Edouard Herriot, é o que sobra quando tudo o mais for esquecido...

Os antropólogos Kroeber e Kluckhohn, citados mais acima, descreveram a cultura por meio de cinco ingredientes: os "estados mentais" que traduzem as diferenças na manipulação de registros sensoriais; os tipos de comportamentos (hábitos, ritos...), as habilidades (profissões e domínio da linguagem), os produtos materiais destas habilidades (artesanato, obras de arte, arquitetura...); e, finalmente, as instituições e modos coletivos de organização.

Citemos, por fim, Raymond Williams,[5] para quem a palavra "cultura" seria utilizada habitualmente para designar, de um lado, um processo geral

---

[3] Cf. Th. HOBBES, *Léviathan*. Paris: Éditions Gallimard, 1952.
[4] Cf. E. HALL, *La Danse de la vie*. Paris: Éditions de Seuil, 1984.
[5] Cf. R. WILLIAMS, *Culture and Society*. London: Chatto & Windus, 1958.

de desenvolvimento intelectual, espiritual, artístico, estético, bem como o produto em termos de obras de arte e de práticas desta atividade; por outro lado, um modo de vida (*way of life*) específico de um grupo, de uma sociedade, de um povo ou de um período histórico.

Em todas estas definições, encontramos a ideia de uma cultura distinta da natureza, "tudo aquilo pelo qual, dizia Freud, a vida humana se eleva acima de suas condições animais e pelo qual ela se distingue da vida dos animais selvagens". Pode-se notar, por outro lado, a frequente ocorrência da palavra "sociedade" nas diversas tentativas – ocidentais – de designação da cultura. Deve-se concluir disto que não existe cultura se não houver sociedade? A insistência que encontramos aqui e ali sobre a questão da *pertença* o confirmaria.

Pertenças, estereótipos, comunitarismo

Outras definições identitárias fundamentam, a propósito, a cultura na noção de pertença. Uma noção grandemente ambígua, uma vez que ela é considerada muitas vezes pela simples comparação com as *outras* zonas de pertença e porque ela não existe sem um processo de representações bem precisas de imagens mentais, categorizações, estereótipos, preconceitos: minha representação dos alemães é que eles são "quadrados"; dos japoneses, que eles são misteriosos etc., e tudo isso, naturalmente, em função de meus próprios critérios e dos diz-que-diz-que recolhidos aqui e ali. Num artigo sólido intitulado "Para acabar com os estereótipos sobre a Rússia", Pierre Forthomme e Irina Andryushchenko[6] partem de algumas boas ideias recebidas no âmbito dos negócios: por exemplo, a função dos banhos públicos para finalizar os negócios na Rússia ou a necessidade de uma boa sequência de vodka para não incomodar o interlocutor e, assim, não perder um contrato. Depois de

---

[6] Cf. P. FORTHOMME – I. ANDRYUSHCHENKO, "Pour en finir avec les stéréotipes sur la Russie". *La Tribune,* 14 de maio de 2007.

mostrar que estes clichês são totalmente falsos, eles convidam os expatriados a serem capazes de "descolar as etiquetas". "Tomar consciência de que o nosso interlocutor vem de um meio cultural diferente não é a mesma coisa que colar nele uma etiqueta, mas aceitar que não compartilhamos das mesmas evidências. É assumir o esforço de explicitar os princípios a partir dos quais nós funcionamos, a fim de evitar incompreensões e processos de intencionalidades racionalizados superficialmente pela anteposição das diferenças culturais."

As representações que são da ordem dos estereótipos, do preconceito (*prejudice* em inglês), não nos inspiram, à primeira vista, simpatia alguma, uma vez que são parciais e arbitrárias em sua essência, e muitas vezes inexatas, não raramente ofensivas. Elas podem vir a ser, entretanto, o melhor meio de se fazer um primeiro passo no sentido de um envolvimento na comunicação com o outro.[7] Uma cultura sem estereótipos é, com efeito, uma cultura à qual não se pode associar nada, dito de um outro modo, uma cultura desconhecida. Em 2004, um universitário da costa oeste dos Estados Unidos, Martin Gannon, publicou um livro interessante chamado *Comprendre les cultures globales: voyages métaphoriques dans 28 espaces nationaux ou régionaux*.[8] Ele propõe ali uma abordagem original para tentar compreender uma cultura: a da "metáfora cultural", isto é, a compreensão de um aspecto muitas vezes bem conhecido de uma cultura, a partir do qual ele busca desdobrar a originalidade daquela cultura. Cerca de umas trinta metáforas são ali propostas, procedendo, certamente, de escolhas um tanto quanto arbitrárias: a dança de Shiva, na Índia, o samba no Brasil, a sinfonia alemã, o vinho francês, o futebol americano, a grande muralha da

---

[7] Cf. D. WOLTON, *Penser la communication*. Paris: Éditions Flammarion, 1997.
[8] Cf. M. J. GANNON, *Understanding Global cultures – metaphorical journeys through 28 nations, clusters of nations e continents*. London: Sage Publications, 2004. NT.: A tradução um tanto livre do título, no corpo do texto, decorre de uma tradução eventualmente utilizada pelo autor.

China, as jardineiras[9] na África subsaariana... O resultado é muito mais sutil e convincente do que julgaríamos à primeira vista.

O estereótipo é útil também pelas refutações que ele gera. Pode-se ler com grande proveito, por exemplo, a impressionante obra de Georges Courade, *L'Afrique des idées reçues*, que para relatar a realidade africana de hoje em dia desconstrói uma série de representações simples do tipo "o tribalismo explica todos os conflitos", "a África não está preparada para a democracia", "os africanos são polígamos", "os africanos são submissos" etc.[10]

Notemos, por fim, que os estereótipos não são tanto o resultado de uma construção intelectual, mas de um comportamento de papa-moscas da parte dos indivíduos, ou mais simplesmente de uma experiência sensível limitada a algumas poucas observações. Conhecemos a velha história do inglês que, desembarcando em Calais, vê uma mulher ruiva e deduz que todas as mulheres francesas são ruivas. Conhecemos talvez mais a lenda chinesa do cego que toca aleatoriamente a tromba do elefante e deduz que o elefante é uma grande serpente, enquanto que um metro mais adiante um outro cego toca a pata do animal e deduz que o elefante seria um tronco de árvore.

A pertença cultural não se define senão pela diferença em relação aos outros. Ela se forma progressivamente no interior dos próprios grupos sociais, como bem o mostrou Pierre Bourdieu quando insiste na noção de *habitus*, modo como as estruturas sociais se infiltram espontânea e duradouramente no interior das mentes e dos corpos. São maneiras de ser, de raciocinar e de agir comuns a diversos indivíduos de uma mesma origem social, resultante da incorporação inconsciente de normas e práticas veiculadas pelo grupo de pertença. Comuns a vocês e a mim, de algum modo.

A ambiguidade da noção de pertença cultural vem, por fim, do fato de que ela leva diretamente ao debate do *comunitarismo* nas sociedades multi-

---

[9] NT.: Tradução aproximada de "taxi-brousse", isto é, táxis ou vans de uso coletivo.
[10] Cf. G. COURADE, *L'Afrique des idées reçues*. Paris: Éditions Belin, 2006.

culturais. "Comunitarismo", como poucos sabem, foi de início a designação de um movimento do pensamento norte-americano bastante generoso, que se opunha ao individualismo da sociedade nos Estados Unidos, propondo a reconstituição de comunidades, a afirmação das identidades, a recriação de lugares sociais no seio das comunidades identitárias. A partir de coisas como essas, a palavra assume uma conotação até simpática. Mas, depois de uma quinzena de anos, ela passa a designar uma realidade bastante diversa: a do voltar-se sobre si mesmo, a da formação de guetos identitários que se constituem na Europa e nos Estados Unidos, a das fraturas étnicas cada vez mais crescentes na Índia e na África. Vemos claramente neste estado das coisas que o essencial está menos nas definições e mais nas práticas.

Por outro lado, a pertença cultural é muitas vezes uma multipertença. Neste livro, teremos a oportunidade de retomar este assunto muitas vezes para assinalar os fenômenos de entrecruzamento de culturas das influências recíprocas. Do mesmo modo como os indivíduos podem ser *dotados* de identidades múltiplas, a pertença cultural dos grupos humanos está muitas vezes muito longe de ser monolítica.

2. A cultura: o que fazemos dela

A cultura museificada

Sob formas muito diferentes, uma concepção identitária bem demarcada pode ser encontrada em numerosos percursos de movimentos sociais e de organizações internacionais.[11] A ideia é simples: sendo a cultura a base do desenvolvimento das sociedades, é necessário preservar, revitalizar, salvar do esquecimento as culturas, face à uniformização galopante de um

---

[11] As campanhas da UNESCO em favor da diversidade cultural, de que faremos uma apresentação da situação atual no próximo capítulo, não estão longe disso, mas seu enfoque não deve ser reduzido de modo algum a apenas isso.

mundo cada vez mais globalizado. Existem, a partir dessa ideia, pelo mundo afora, numerosas ONGs, do Tibet ao altiplano andino, que partindo do princípio de que as pessoas não podem desenvolver-se sem raízes, se esforçam para promover as identidades coletivas, devolver a palavra aos sem-voz, dar espaço às culturas marginalizadas, como uma dinâmica ascendente para fazer frente à homogeneização descendente dos mais fortes. É um procedimento essencial, mais que respeitável, mas que não deixa de ter lá seus limites, uma vez que acaba por voltar-se para uma espécie de museologia.

A cultura instrumentalizada

Na corrente oposta a que acabamos de apresentar, aconteceu-me de presenciar concepções francamente descrentes em relação à noção de cultura, chegando até a postular, ou melhor, constatar, que a cultura, se é que ela existe, não é senão uma noção-valise,[12] manobrada por aqueles que têm os meios de manobrar as cordas do jogo da sociedade.

Há uma quinzena de anos, a Fundação Charles Léopold Mayer reuniu uns trinta de seus parceiros ativos no meio das ONGs e da pesquisa, confrontados, em seus campos de ação situados nos quatro continentes, com questões de gestão na diversidade cultural. Ao fim de três dias, um dentre eles, o sociólogo franco-indiano Guy Poitevin, explodiu: "Vocês manipulam para qualquer fim de pesquisa de campo uma palavra virtual, vocês colocam a cultura num pedestal. Mas, em meu país, a cultura é uma 'geringonça' explorada pelas classes altas para explorarem as classes mais baixas. Em Maharashtra, a cultura é opressão".

Numerosos trabalhadores no campo social dos países do terceiro mundo estão tomando, a partir disso, cada vez mais certa distância em relação

---

[12] NT.: A ideia da "mala" do caixeiro viajante, que dela retira o que o freguês quer comprar.

à cultura local idealizada na aparência e instrumentalizada na realidade, máquina de produzir álibis, devaneios, cegueira política e social, e muitas vezes em contradição com o direito e vigor no plano nacional.

O caso das mulheres indianas ilustra este caso de um modo bastante claro. Elisabeth Moretti-Rollinde[13] lembra, por exemplo, e corretamente, que ainda que a Constituição indiana tenha garantido, desde 1950, a igualdade de direitos entre os homens e as mulheres, instaurando uma cultura pública igualitária, coisa que as mulheres europeias levaram mais de um século para conseguir, a realidade das cidades e vilarejos da Índia é ainda, em grande parte, a de uma "cultura privada" bastante discriminatória. As mulheres, oficialmente admissíveis às funções públicas mais elevadas, continuam a ser encaixadas num papel inferior, a não ser que elas não façam parte da elite, uma vez que se trata da esfera privada. Em nome de uma tradição, elas são dominadas e envergonhadas em sua vida de esposa, de nora, de trabalhadora ou de devota (especialmente no caso de mulheres muçulmanas), muitas vezes lançadas na rede das escravaturas modernas por traficantes sem escrúpulos. A cultura é então pretexto bastante cômodo, uma vez que ela permite aos potentados locais tomar como concubinas mocinhas (as *devadasis*) supostamente consagradas a uma deusa e abandoná-las logo depois com o *status* de "prostitutas" sagradas assim que eles não as quizerem mais. Uma prática que não tem mais nada a ver com a tradição cultural.

Tudo isso, de algum modo, remete à concepção de Durkheim, para quem "a civilização de um povo não é outra coisa que o conjunto de seus fenômenos sociais". Isso remete, quem sabe, de um modo mais distante, às concepções ditas da "antropologia estrutural" de Lévi-Strauss, o qual

---

[13] Cf. Elisabeth MORETTI-ROLLINDE, "La Femme indienne: entre 'culture' publique égalitaire et 'culture' privée discriminatoire". *Les Droits culturels, enjeux et contradictions*. Cedidelp – Centre de documentation internationale pour de développement, les libertés et la paix, décembre, 2005.

escreveu em *Tristes Tropiques* que "os homens têm sempre, e em todos os lugares, assumido a mesma tarefa de designar o mesmo objeto" e que, ao longo de seu vir a ser, "somente os meios diferiram".

Porcaria de cultura

Guy Poitevin, mencionado mais acima, citava muitas vezes o poema de um dirigente *dalit*, Arun Kamblé, que, numa apóstrofe às altas castas da Índia, resumia toda a ambiguidade da cultura hindu: cultura de esplendor, sim, mas em proveito de quem?

Nós: por um pedaço de pão, um pé na bunda e cuspidas.
Vós: buscadores da plenitude e nome do Senhor.
Nós: cloacas imundas apodrecendo nossa herança.
Vós: único tabernáculo, descendência de sábios.
Nós: nunca um pedaço de papel para limpar o traseiro.
Vós: o cálice de ouro das oferendas no banco...

Este poema me lembra os espaços minúsculos vazios que encontramos nas rutilantes igrejas barrocas da costa do Nordeste brasileiro. Estes espaços situados ao lado do portal da entrada eram destinados aos paroquianos de classe inferior, eram os mesmos que construíram as igrejas com suas mãos, tinham dourado as estátuas, embelezado os madeiramentos com pedras preciosas, e recebiam estes espaços para assistir de longe à Missa, sem incomodar o resto dos presentes, de uma classe mais elevada socialmente. Porcaria de patrimônio cultural!

De Hugo a Zola, passando por Amin Maalouf ou Breyten Breytenbach, os escritores e os poetas tiveram e têm ainda um papel na defesa da paz e na proteção dos Direitos Humanos. Mas alguns entre eles tiveram uma influência contrária. No *Le vertige de Babel*, Pascal Bruckner, de quem estou longe de compartilhar as ideias, lembra que a guerra entre a ex-Iuguslávia foi "preparada e

> alimentada" pelos romancistas (Dobrica Cosic, Milorad Pavic...) "e sobretudo por poetas, dentre os quais o mais célebre foi Radovan Karadjic, notório criminoso de guerra".[14]

A cultura verniz

Uma outra concepção que se pode observar nos meios de expatriados do *business*, das organizações internacionais ou humanitárias, é a da *culture-folklore*, da *cultura verniz*. Esta concepção superficial perdura por vezes até anos entre os profissionais de âmbito internacional que adotam e traduzem os aspectos culturais mais aparentes ou vistosos de seus países de acolhida, pelo aprendizado de algumas migalhas da língua para servir de motorista de táxi (ou mesmo até aprendendo-a bem), fazem festas "ao estilo local",[15] mas que, esquecendo que a cultura não é só um modo de vida, mas também um modo de pensar, impõem seus próprios métodos e ritmos no cotidiano de trabalho. Para eles, o fato de viajar ou de ter viajado vale pelo conhecimento, a cultura não está senão nas cores, nos sabores e sons, *mas não no modo de fazer*. Proust já denunciava isso há um século, isto é, esta atitude de superficialidade, destacando que "a verdadeira viagem de descoberta não consiste em procurar novas paisagens, mas em ter novos olhos". E Guide, no *Les Nourritures Terrestres,* insiste também neste tema: "tudo está no olhar, não na coisa vista".

A ausência de mudança do olhar não é certamente deliberada, mas está implícita, especialmente cada vez que uma cultura de empresa ou de instituição se impõe sobre a cultura local.

---

[14] Cf. P. BRUCKNER, *Le vertige de Babel*. Paris: Éditions Arlea, 1992.
[15] Fiquei até um pouco nervoso e até me deixei levar um pouco por esta questão no meu romance *L'Oiseau-carcasse,* publicado em 1991 (Éditions François Bourin, Paris) por ocasião de minha volta depois de uma estadia em Brasília.

A cultura mercadoria

Por fim, não devemos esquecer que, para um bom número de agentes políticos e econômicos, a cultura é também um mercado, uma questão de produção, de consumo e de transação. Um mercado e um lance ou assunto asperamente discutido por ocasião das reuniões do GATT[16] e também do OMC (Organização Mundial do Comércio), especialmente por ocasião das negociações sobre o acordo geral do comércio e dos serviços (AGCS). É contra essa concepção e, sobretudo, contra estas práticas que muitos países levaram para dentro da UNESCO a batalha da convenção para a diversidade cultural. Voltaremos a isto mais adiante.

3. As culturas em movimento perpétuo

Posições identitárias, posições de desprezo, posturas superficiais ou mercantis... mas, especialmente, nada de conclusões apressadas: numerosos são também os que se recusam a considerar uma cultura *fora de suas relações com outras culturas*, de sua própria evolução, de sua própria mestiçagem. Uma dinâmica cultural em que esquecemos normalmente uns dos outros, por exemplo, quando opomos com uma rapidez bastante superficial o Ocidente ao resto do mundo. Isto pode, sem dúvida, ser-me criticado muitas vezes nas páginas a seguir. O Ocidente é também um lugar de instalação de diásporas,[17] um universo que acolhe uma grande parte dos 30 ou até 50 milhões de pessoas da diáspora chinesa, de 5 a 6 milhões da diáspora indiana, o universo de destino de migrações históricas, de refugiados políticos,

---

[16] General Agreement on Tariffs and Trade.
[17] Uma definição interessante sobre a dinâmica das diásporas encontra-se no excelente *Atlas des migrations dans le monde* (Paris: Éditions Autrement, 2005).

do êxodo dos cérebros... Uma anedota, entre outras: no IRG[18] promovemos por duas vezes trabalhos com estudantes da universidade de Columbia, de New York, para se ter uma ideia da visão americana de assuntos tais como a governança mundial ou a divisão espacial das ONGs no mundo. Columbia, para uma visão americana? Sim, pelo quadro universitário, mas num total de sete estudantes somente um era americano, os demais eram da Malásia, da Suécia, de Ruanda, da Índia, do Japão e da China. O que é a América? O que é o Ocidente?

Esta questão pode ser colocada, por outro lado, diante de qualquer universo cultural supostamente homogêneo. Axel-Long Leroy Deval, um dos antigos estudantes do *Sciences Po*, logo adianta a sua experiência da heterogeneidade chinesa.

> ### O que é um chinês?
>
> Nos meios comerciais, os franceses muitas vezes têm o hábito de rotular os chineses em bloco com este ou aquele tipo de comportamento em suas relações de trabalho. Ao longo de um estágio de seis meses efetivado em Pequim em meio a colegas "chineses", pude constatar o contrário, uma grande diversidade de modos de proceder entre eles. O caso que mais me marcou foi o da divergência flagrante entre dois colegas – um cuja procedência era o norte da China e outro o sul. O superior hierárquico do escritório onde trabalhávamos era do Cantão, uma grande metrópole ao sul da China. Os que conhecem um mínimo da China sabem que uma das críticas feitas aos chineses do sul – e até pelos próprios chineses – é a de serem calculistas e de não serem francos. Sem cair em caricaturas, é verdade que o nosso chefe dava a impressão de ser

---

[18] NT.: Provavelmente, o autor refira-se ao *Institut de recherche et débat sur la gouvernance*.

uma pessoa fria. Ao mesmo tempo, parece que não era seu estilo de gerenciamento manter todas as pessoas do escritório informadas até os mínimos detalhes sobre as últimas evoluções de alguns dossiês. Ao contrário, um outro colega meu era de Pequim e criticava o nosso superior pela falta de transparência no que lhe dizia respeito. Este colega corresponderia sob este ponto de vista ao retrato que os chineses fazem das populações mais ao norte: diretas, dando mesmo, em certas ocasiões, preferência à franqueza no que diz respeito a um compromisso. A frequência de incidentes entre estes colegas no escritório, incidentes que no mais das vezes tinham suas origens profundas nesta diferença de abordagem na gerência e no trabalho, levou-me a compreender os limites dos estereótipos que vagam por aí sobre "os chineses em geral". A tudo isso é importante acrescentar, ao que me parece, o histórico próprio das pessoas sobre as quais estamos falando. Os dois colegas em questão fizeram ao longo de anos estudos superiores no exterior, mas em dois países cujas culturas eram bastante díspares. Nosso chefe cantonês tinha se formado no Instituto de Ciências Políticas de Paris, enquanto que o meu colega pequinês tinha estudado na HEC de Montréal.[19] Tive a impressão de que estas formações acabaram por reforçar ainda mais as características próprias de sua região de origem na China, superpondo as diferenças entre as culturas de trabalho francesas e norte-americanas. É por isso que fico um tanto cético no que diz respeito à descrição de uma cultura chinesa única no campo dos negócios e à ideia de uma uniformização das técnicas gerenciais para a globalização.

Axel-Long Leroy Deval, maio de 2007.

---

[19] NT.: O autor se refere ao centro de estudos avançados (MBA) *HEC Montréal*, especializado em gestão, especialmente, de negócios internacionais.

No *L'Imposture culturelle*, Hélé Béji, escritor tunisiano, universitário e funcionário da UNESCO, evoca de um modo direto esta *declinação* de uma concepção congelada das culturas: "Quantas vezes não denunciamos os preconceitos do mundo ocidental diante de seus antigos colonizados! Mas nos demos ao trabalho de assinalar os preconceitos dos descolonizados por sua vez? Este desconhecimento é inquietante, uma vez que nenhum dos dois não vê como o ocidental não é mais o mesmo e como o outro se tornou ocidental. O intelectual é campeão nestes mal-entendidos. Neste face a face, cada um crê ter feito o outro imutável, e é aqui que a consciência cultural mesma se torna coagulada. Seria o mesmo que cada um recusar ver como o outro o determina (...). Cada um conserva do outro uma imagem artificial, como um recurso para impedir de reconhecer o quanto ele é ainda cativo desta imagem".[20]

Um cientista me falava recentemente de sua enorme dificuldade em calcular as trajetórias das sondas espaciais. Se elas se relacionassem a dois objetos fixos, isto seria bastante simples. Sim, como um caçador atirando numa lebre, eles partem de um ponto fixo para um ponto em movimento, e ele tem aqui uma dificuldade suplementar. Mas o verdadeiro problema vem do fato de que os dois objetos – a Terra e Marte, por exemplo – não cessam de eles mesmos se movimentarem! Assim são as culturas: a nossa e a do outro estão num movimento perpétuo, e nossas visões devem seguir esta mudança contínua.

Aculturação, interculturação, enculturação, transculturação...

Como jamais são estáticas, as culturas são profundamente dependentes dos fenômenos de *aculturação*, ou da *interculturação*, influências recíprocas que podem chegar a mestiçagem e mesmo ao sincretismo cultural (integração num conjunto único de atitudes de fatores de origem

---

[20] Cf. Hélé BÉJI, *L'Imposture culturelle*. Paris: Stock, 1997.

geocultural ou religiosa diferentes). A aculturação foi definida em 1936 por Melville Herskovits como "conjunto de fenômenos que resultam do contato direto e contínuo entre dois grupos de indivíduos e de culturas diferentes, com mudanças subsequentes nos tipos de culturas de um ou de outros grupos".[21] Uma realidade que se constitui ainda hoje, incontestavelmente, no grande temor de nossas sociedades mundializadas: na França, a psicose da "islamização do território" agitada especialmente, mas não somente, pela extrema direita,[22] o terror de ver alterada a pureza da língua francesa etc. No *La mutation des signes*, René Berger[23] pensa que, quando duas culturas entram em contato e interagem uma com a outra, podem produzir-se três situações: "na primeira, a população mais vulnerável cede e termina por desmoronar (é o caso atual de quase todas as sociedades ditas primitivas); a segunda leva a compromissos socioculturais das populações mais sólidas; e, na terceira, uma nova tomada de consciência ocorre na passagem de uma cultura para uma outra (...). Ao longo de sua história, todas as sociedades por sua vez 'se enculturam' e outras se 'aculturam'".[24] Mencionemos ainda o termo *transculturação* empregado pelo cubano Fernando Ortiz (falando de um modo particular da "transculturação africana na América") para expressar o fato de que o processo de transição de uma cultura para outra "implica necessariamente a perda ou extirpação de uma cultura precedente, o que se poderia chamar de desaculturação, bem como a criação de fenômenos culturais novos, uma neoculturação".

---

[21] Cf. R. REDFIELD – R. LINTON – M. J. HERSKOVITS, "Memorandum on the study of acculturation", in *American Anthropology,* 1936, p. 3.
[22] Veja-se a respeito deste assunto, Azouz BEGAG, *Un mouton dans la baignoire*. Paris: Éditions Fayard, 2007.
[23] Cf. R. BERGER, *La mutation des signes*. Paris: Éditions Denoël, 1972.
[24] O conceito de *enculturação*, mais cômodo no modo inglês de falar que no modo francês, foi definido por Melville J. Herskovits no *Les bases de l'anthropologie culturelle* (Paris: François Maspero Éditeur, 1967). É o processo pelo qual o indivíduo assimila durante toda a sua vida as tradições de seu grupo e age em função dessas tradições. A enculturação é, claro, antes de tudo, um fenômeno individual, mas vale também para as sociedades e se desenvolve ao mesmo tempo que a aculturação.

O conceito de aculturação lembra que quando alguém se preocupa em ler, para fins profissionais, a cultura de outrem, ele encontra forçosamente o resultado de influências cruzadas e ele vai provavelmente ler também algo de sua própria cultura.

Escreve Amin Maalouf: "desde o momento em que alguém concebe sua identidade como sendo feita de pertenças múltiplas, algumas vinculadas a uma história étnica e outras não, algumas relacionadas a uma tradição religiosa e outras não, então desde o momento em que ele vê em si mesmo e em seus próprios grupos de origem, em sua trajetória, diversas confluências, diversas contribuições, diversas mestiçagens, diversas influências sutis e contraditórias, cria-se uma relação diferente com os outros, bem como com sua própria 'tribo'. Não existem mais simplesmente um 'nós' e um 'eles' – duas armadas em ordem de batalha que se preparam para um enfrentamento próximo e, depois, uma próxima revanche. Já existem a 'nosso' lado pessoas com as quais não tenho senão, ao fim das contas, algumas coisas em comum, e existem, de 'seu' lado (do lado de lá), pessoas das quais posso me sentir extremamente próximo".[25]

Esta ideia, ou melhor, esta realidade, vai ao encontro de uma antiga escola de pensamento principalmente americana, isto é, o *culturalismo*, da qual Samuel Huntington, citado mais adiante, é de certa maneira o herdeiro.

O culturalismo

O culturalismo insiste sobre o caráter arrasador do fator "cultura" em comparação com outros fatores da vida em sociedade (a produção material ou mesmo, segundo Margaret Mead, figura de proa do culturalismo, o sexo biológico). Ele postula que o mundo estaria dividido em áreas culturais formando sistemas relativamente

---

[25] Cf. A. MAALOUF, *Les Identités meurtrières*. Paris: Éditions Grasset, 1998.

> fechados, no seio dos quais se forjam a personalidade dos indivíduos, e que os comportamentos humanos dependem antes de tudo do fator cultural de sua própria área (bem mais que fatores como os econômicos e sociais). Pela insistência na separação e na irredutibilidade das culturas entre si, o relativismo cultural subestima a realidade dos fenômenos da aculturação. Para o antropólogo Arjun Appadurai, o culturalismo não é outra coisa que "a mobilização consciente das diferenças culturais a serviço de políticas nacionais e transnacionais, (...) quase sempre associadas a uma luta por um reconhecimento cada vez maior dos Estados-nações existentes".

Ter consciência, não somente da necessidade, mas também da realidade das interações e do diálogo entre universos diferentes, é definir a cultura como um fenômeno vivo, o elemento indispensável para a melhoria do "viver juntos", da redução dos conflitos e mesmo do progresso econômico. É operar de algum modo a passagem mental do cultural para o intercultural.

4. Da cultura ao intercultural

As palavras compostas da cultura

Uma multidão de palavras, começamos a ver, foram compostas em torno da cultura. Algumas entre elas (aculturação, interculturalidade...) não fazem outra coisa que designar uma realidade, e outras (culturalismo, multiculturalismo...) são portadores de uma posição, de uma doutrina. Todas são reveladoras de debates unidade-diversidade e merecem uma nova escala semântica.

As palavras *pluricultural* e *multicultural* não designam outra coisa que o múltiplo, a justaposição de fenômenos culturais, e relacionam-se com sociedades nas quais diversas culturas coexistem, mas elas não dizem nada de seus interlocutores. A África do Sul do *apartheid* era uma sociedade multicultural onde o diálogo estava ausente, é o mínimo que se pode dizer!

Acrescentar um "ismo" ao multicultural lhe dá uma dimensão mais dinâmica, importante em países como Canadá ou Austrália: fazer referência ao *multiculturalismo* nestes países é reivindicar o estatuto oficial para a pluralidade cultural sobre o território nacional e requerer que todas as comunidades culturais e, com isto, as dos autóctones sejam tratadas em pé de igualdade. Armand Matterlart e Éric Neveu[26] não são em nada delicados em relação a esta noção que eles qualificam de "*caoutchouteuse*"[27] e que eles encaixam no registro da ideologia: nos Estados Unidos, a manipulação do termo pode levar ao comunitarismo; na França, "paradoxalmente, ele conseguiu suscitar a animosidade dos controladores de uma identidade cultural conservadora, juntamente com a dos intelectuais da esquerda vinculados ao universalismo do modelo republicano, na recusa de um 'comunitarismo' que seria típico do modelo anglo-saxônico".

Multiculturalismo integrado, multiculturalismo dispersante

Em sua obra *La Différence*, Michel Wieviorka distingue claramente dois tipos de multiculturalismo.[28] Na Austrália, na Suécia ou no Canadá, pode-se observar um "multiculturalismo integrado": ele associa o social e o cultural e propõe regulamentos que, simultaneamente, atendem às diferenças culturais e reduzem as desigualdades

---

[26] Cf. A. MATTERLART – E. NEVEU, *Introducion aux Cultural studies*. Paris: La Découverte, 2003.
[27] NT.: Termo derivado, provavelmente, de *caoutchouc,* borracha, e conotando algo referente a "amortecer" ou desviar a atenção.
[28] Cf. M. WIEVIORKA, *La Différence*. Paris: Éditions Balland, 2001.

sociais que atingem os membros das minorias. O oposto disso temos claramente nos Estados Unidos, onde encontramos um "multiculturalismo dispersante" que se apoia grandemente na famosa *ação afirmativa* (discriminação positiva), introduzida em 1965 pelo presidente Lyndon Jonhson. Depois dessa data, nota Michel Wieviorka, "as administrações (...) começaram a definir os grupos raciais e étnicos suscetíveis de beneficiarem-se de um tratamento preferencial, depois de elaborar cálculos sábios, especialmente para definir a percentagem desejável destes grupos por tipos de empresa".

A palavra *intercultural* refere-se às relações entre as culturas, relações estas que podem ser pacíficas ou bélicas, de simples coexistência ou de diálogo, o que supõe uma caminhada: o intercultural não designa somente uma realidade, ele pode ser considerado como uma arte, como o resultado de uma caminhada e, mesmo, como um meio para produzir uma cultura nova. O sociólogo Doudou Gueye, autor de uma memória sobre os lares senegaleses, luta assim por uma passagem do *intracultural* (o que acontece no interior de uma mesma comunidade) para o intercultural, "processo carregado de uma dinâmica que consiste de formas de negociação ou ensejando a presença de uma ou de diversas formas de práticas culturais novas aceitas por todos os protagonistas".[29]

A explosão do fenômeno intercultural

Não nos enganemos: o encontro das culturas, o fervilhamento, os choques e as mestiçagens são tão velhos como o mundo, velhos como a guerra, velhos como as cruzadas, velhos como as *Lettres persanes* ou as *Voyages de Gulliver*, velhas como o mito de Babel, por outro lado, tão mal compreendido.

---

[29] Cf. Doudou GUEYE, "Memoire". In N. JOURNET (Ed.), *La Culture, de l'universel au particulier*. Auxerre: Éditions Sciences Humaines, 2002.

"É uma Babel!"

É uso corrente, diante de uma mistura de línguas e de nacionalidades diferentes, e mesmo para caracterizar o heteróclito, o caos, exclamar-se: "é uma Babel!".

Ora, Babel é o contrário. No mito bíblico,[30] a torre de Babel teria sido construída pelos homens que "falavam a mesma língua, usavam as mesmas palavras" e teriam dito a si mesmos: "Vamos! Ao trabalho para construir uma cidade com uma torre cujo topo toque o céu! Assim ficaremos célebres e evitaremos ser dispersos por toda a face da Terra". *Babel não é, portanto, o símbolo da diversidade, mas o da unidade.* Foi somente depois que Deus, em sua cólera, interrompeu a construção da torre que a diferença – que muitos consideram desde então como um presente divino – apareceu entre os homens: "O Senhor desceu do Céu para ver a cidade e a torre que os homens construíam. Depois do que ele disse: 'Vejam, eis que todos formam um povo único e falam a mesma língua! Se começam assim, já nada os impedirá de realizar tudo o que projetam. Vamos! Desçamos e coloquemos a desordem em sua língua e impeçamos que se compreendam uns aos outros'. O Senhor os dispersou dali para toda a Terra, e eles tiveram de abandonar a construção da cidade. Eis porque ela leva o nome de Babel. Foi ali, com efeito, que o Senhor colocou a desordem na língua dos homens, e é a partir daí que ele dispersou os homens sobre o mundo inteiro".[31]

---

[30] Gênesis 11,1-9.
[31] Há alguns anos, elaborei um ensaio com uma visão literária e separada do mito de Babel no *Un matin sur Babel, une soir à Manhattan,* na coleção "Grand Pollen" da Éditions Alternative (Paris, 2001). Tentei propor aí uma reflexão sobre este "dom da diferença", ainda tão mal administrado no mundo contemporâneo.

Mas os tempos mudaram: embaralhemos aleatoriamente uma frase na forma do inventário de Prévert, o que milhares de livros e artigos da imprensa já disseram: mundialização, globalização econômica, aceleração das comunicações e da mobilidade humana, revolução da internet, queda do muro de Berlim, abertura da China, interdependências crescentes, recomposição e compressão do tempo e do espaço, extensão planetária dos efeitos predatórios da atividade industrial, retorno com toda a força do cultural e do religioso nos conflitos armados, crise da governabilidade e regulações internacionais etc.

Depois de quinze ou vinte anos, a questão das relações entre as culturas assumiu uma intensidade incontestavelmente nova, com uma configuração radical, a do espaço: o espaço industrial tornou-se um espaço mundial – não somente o da circulação de bens e de pessoas, mas também o do salário com as deslocalizações. O espaço dos meios humanitários e da cooperação internacional também mudou radicalmente depois de algumas dezenas de anos. Lembro-me dos encontros ditos mundiais que organizávamos nos 1970 e 1980. Tínhamos delegados da África, da América Latina e da Europa e nos organizávamos para que houvesse tradução em francês, inglês e castelhano, e tínhamos a ilusão de que o mundo todo estivesse sendo contemplado, esquecendo simplesmente, com toda a Ásia, pelo menos metade do planeta.

A internacionalização das profissões e o envolvimento da população ativa no meio multicultural são hoje em dia um dos maiores fenômenos. As estatísticas disponíveis, apesar de incertas e contestadas, indicam que mais de 190 milhões de pessoas no mundo viviam, em 2005, fora de seu país de origem, das quais uns 50 milhões eram refugiados e os demais teriam imigrado por motivos profissionais ou de reagrupamento familiar.[32] Quanto à população francesa que vive fora da França – entre 1,5 e 2 milhões – ela aumentou em mais de 40% ao longo dos últimos anos.[33]

---

[32] Departamento de assuntos sociais das Nações Unidas, site: http://www.un.org/esa.
[33] Os dados são da *Direction des Français de l'étranger* do Ministério francês para assuntos estrangeiros.

Estar, por motivos profissionais, na presença de referências e contatos culturais diferentes já não é mais uma exceção. Em parte alguma as culturas estão isoladas, livres de influências das outras, e já o mesmo pode ser dito quanto à homogeneidade (mas elas o foram algum dia?); todas as nossas sociedades, ou quase todas, passaram a ser pluriculturais. Por escolha ou obrigados, um número cada vez maior de profissionais – de empresas, humanitários ou de forças de manutenção da paz e de organismos internacionais... – vivem e trabalham hoje num meio geocultural que não o seu ou se encontram imersos humana e profissionalmente em meios fortemente pluriculturais: professores, profissionais urbanos, agentes sociais etc.

A problemática intercultural está, portanto, hoje em dia, no coração de uma multidão de práticas profissionais e em todo o engajamento cidadão no contexto de mundialização. Face à explosão desta problemática, como os indivíduos, os grupos sociais, os Estados reagem?

5. A diversidade de atitudes diante da diversidade

O álibi intercultural

A diversidade é muitas vezes uma desculpa cômoda. Quantos de nós não veem o irreconciliável em toda parte e põe em ação a fatalidade e o álibi intercultural para evitar a correção de problemas! Um conflito acontece entre dois indivíduos ou grupos e logo lançamos mão da fórmula, desta fórmula rasteira e fatalista: "estamos no âmbito do intercultural". Claro, a interculturalidade é onipresente, especialmente nas relações entre diferentes meios profissionais e sociais, ou ao nível do "viver juntos" num mesmo enquadramento local, quando o quadro de pessoas é ele mesmo multicultural – escola, empresa, cidade, comunidade... Mas este "estamos no meio intercultural" se refere um tanto frequentemente às relações entre as *tradições geoculturais*.

Pierre Calame, diretor da Fundação Chales Léopold Mayer e autor de um bom número de obras que analisam profundamente temas sobre a governabilidade,[34] tem o costume de denunciar algumas subculturas transnacionais resultantes de sua organização na forma de "tubos de órgão" da sociedade em todos os seus níveis, do local ao mundial: uma sociedade "desmembrada" que funciona em *batalhões*, na qual os mais altos escalões de funcionários de Los Angeles e de Bombay, formados nos mesmos bancos escolares de administração pública, portadores da mesma referência, podem agir como clones, estando na ignorância total, para o primeiro, das raízes da situação explosiva dos guetos negros de L. A. e, para o segundo, da organização (até minuciosa) da vida dos *dalits* nas favelas que estão às suas portas. Assim, a ideia pronta de que um chinês e um francês teriam necessariamente mais dificuldade em compreenderem-se que dois franceses entre si, muitas vezes é contradita pela realidade das situações socioprofissionais efetivas. Pode até ser que haja menos diferença cultural entre um neuropsiquiatra italiano e um tailandês, e entre um pesquisador francês e um funcionário de alto escalão berlinense ou um operário agrícola da Baixa Saxônia. Tendo dito isto, ou suposto, nada pertence a um universo único. Se eles fazem parte da mesma elite, da mesma comunidade científica, e tem as mesmas influências profissionais, os nossos dois neuropsiquiatras têm, por outro lado, muito provavelmente, relações com a família, com a religião e com o tempo livre muito diferentes.

Como o formula sem meias-palavras Dominique Blu,[35] a cultura da boa coluna: nas relações ditas interculturais, "distinguir o que diz respeito à cultura – às culturas – e aos jogos de poder e às condições sociais é um exercício perigoso". Perigoso mesmo. Por exemplo, a famosa questão "da gestão das minorias" na cidade está longe de ser um assunto de respeito ou de não respeito aos costumes ou de compreensão dos modos de vida de uns e dos outros. Ela é indissociável das tensões econômicas e sociais que existem entre os diferentes grupos sociais no universo urbano.

---

[34] Veja-se, especialmente, P. CALAME, *La Démocratie en miettes*. Paris: Éditions Charles Léopold Mayer et Descartes & Cie, 2003.
[35] CDTM. *Se former à l'interculturel – expériences et propositions*. Paris: Éditions Charles Léopold Mayer, dossiê para um debate, n° 7, 2000.

O kit de certezas

Na contramão dos que abusam disso, um bom número de profissionais do âmbito internacional se mostra naturalmente fechado ao dado intercultural, pouco curioso para conhecer os fundamentos e as lógicas da cultura do outro, pouco atento aos possíveis mal-entendidos, pouco dados à dúvida. Já me aconteceu diversas vezes de ouvir de representantes do mundo dos negócios que a escolha do país onde eles trabalham é "secundária"!

Uma velha lenda chinesa[36] resume com humor a dificuldade intrínseca que todos temos de tomar certa distância em relação a nosso próprio ponto de vista. Um peixe pede a um seu amigo sapo para falar sobre a terra firme. Ele não conhece senão o meio aquático e gostaria de saber como são as coisas no seco, lá no alto. O sapo explica-lhe longamente a vida sobre a terra e nos ares, os pássaros, os sacos de arroz, as charretes e, por fim, ele pede para que o peixe repita o que ele acabara de dizer. O peixe responde: "Peixes bastante gozados, estes aí da tua área! Se compreendi bem, vocês têm peixes que voam, grãos de peixe são colocados em sacos e são transportados em peixes que estão montados em quatro rodas". Eis uma maneira de lembrar que quando buscamos compreender uma cultura que não é a nossa, nossa tendência natural é de seccioná-la, de dissecá-la e de descrevê-la *seguindo nossas próprias referências.*

É uma atitude no mais das vezes inconsciente. O filósofo Heidegger chamava atenção para o fato de que o objeto que mais vemos mal é o par de lunetas que colocamos diante de nossos olhos! Margaret Mead, pioneira da antropologia humanista, observava quanto a ela, para voltar aos nossos amigos de barbatanas, que "se um peixe pudesse ser um antropólogo a última coisa que ele imaginaria estudar seria a água".[37]

---

[36] Cf. Yue DAI YUN, *La Licorne et le dragon.* Paris: Éditions Charles Léopold Mayer, 2001.
[37] Citado numa conferência por G. SPINDLER, no *Doing the ethnography of schooling.* New York: Hole, Rinehart and Winston, 1982.

Mas esta é uma atitude cheia de consequências, uma vez que a leitura do mundo, seguindo nossos próprios critérios, nossos métodos e hábitos, leva-nos, mesmo que involuntariamente, à busca de conformação deste mundo, a nossos critérios, métodos e hábitos.

Assim, não são raros os profissionais do âmbito internacional que se lançam hoje em dia em sua "missão" com o seu kit de certezas, sua panóplia de métodos, de evidências, de pretensões e até de generosidade no mais das vezes, sem se colocar a questão de saber se estas evidências são também as das pessoas junto às quais eles vão se instalar, e se esta generosidade, muitas vezes misturada com uma impaciência extremada, é exatamente a que lhe é pedida que ele tenha. É necessária assim, a dramática experiência do retorno, a partir do ponto de vista do outro que eles ignoram, e muitas vezes, até involuntariamente, retorno da diferença, como o ilustra lindamente a imagem do pato-lebre.

O pato-lebre

Pelo fim do século XIX, o psicólogo americano Joseph Jastrow tinha ilustrado com uma imagem simples (uma ilusão de ótica) o fato de um mesmo objeto, uma mesma realidade, poder ser percebido de maneira totalmente diversa segundo o ângulo de observação no qual o observador se coloca.

Um pato cacareja aqui horizontalmente voltado para a esquerda, como o vemos tendo esta página diante dos olhos na horizontal, mas quando a posicionamos verticalmente a figura se torna uma lebre. Veremos nas páginas que seguem numerosos exemplos de diferentes visões de uma mesma realidade: o tempo, a distância, a autoridade...

Esta observação sobre o kit de certezas e sobre as evidências inconscientes parece-me válida para quase todos os meios: a cooperação técnica, as instituições internacionais, as ONGs, a diplomacia, as empresas ou empreendimentos... No âmbito comercial ou industrial, diversas negociações, implantações no estrangeiro, deslocamentos, fusões, *joint-ventures,* fundamentadas sobre uma abordagem exclusivamente econômica, fracassaram por não terem sido levadas em conta as diferenças culturais. Diferenças estas geradoras não somente de erros, mas também, como assinala L. Hebert, criadora de um "estresse na relação entre os parceiros de uma aliança estratégica".[38]

Quanto à insistência neste risco de erro, não pretendemos aqui julgar o seu valor: no mais das vezes, estes profissionais que são inevitavelmente *formatados* por sua cultura de origem, por sua profissão ou por sua educação, não são – ou o são muito pouco – sensibilizados para o desafio da *alteridade*, essencial no trabalho internacional.

O desafio da alteridade

Se a alteridade é um termo que encontramos permanentemente no domínio do intercultural, ele é muitas vezes utilizado a torto e a direito. Em sua acepção mais estrita, é o ser de um outro, o caráter daquilo que é outro.[39] O problema, assinala o estudioso canadense Gérard Baril, é que no mundo contemporâneo "indivíduo algum ou grupo algum quer ser definido como outro de qualquer um (ou comparado a uma cultura padrão) e que todos reivindicam serem plenamente *um qualquer um*".[40] Não ver em todos os lugares senão alte-

---
[38] Cf. L. HEBERT, *La Gestion des alliances stratégiques, défis et opportunités*. Montréal: Presses HEC, 2000.
[39] Definição do dicionário *Le Robert*.
[40] De uma nota da revista *Alterités* (vol. 1, n. 1, automne 1996).

ridade acabaria no fim das contas por simplesmente negar as nossas identidades e a fluidez dos diálogos que poderíamos ter entre pessoas de culturas diferentes. Cada um de nós já deve ter experimentado este desconforto de ser classificado, definido e escalonado como um caso em oposição a um outro. Ninguém é só por sua nacionalidade o embaixador de seu país, ninguém pode aceitar – pelo menos não mais – numa situação de cooperação, de formação ou de negócios, ser o francês, o chinês, o africano da vez, lembrado sem cessar para caracterizar sua cultura de origem.

Apesar dessas diretrizes ou advertências – que, por outro lado, questionam as tendências bastante acentuadas para o exotismo de certas escolas de antropologia –, a noção de alteridade continua importante. A alteridade, erigida em princípio e não mais como uma simples constatação de Emmanuel Lévinas, que não precisamos seguir no seu aspecto místico e transcendental, parece-me ser uma das palavras-chaves do trabalho intercultural: o reconhecimento do outro em sua diferença, a compreensão do outro.[41]

O princípio da alteridade combina com o da tolerância? Não tenho tanta certeza assim, uma vez que o termo pode estar contaminado com traços de paternalismo que esta palavra pode ter. De minha parte, prefiro o primeiro princípio ao segundo. Os atritos interculturais não são solucionadas com a tolerância, mas com a aprendizagem, com o esforço de conhecimento e de compreensão. Como, na vida profissional do meio multicultural ou numa cultura distante, passar do estágio do "estas pessoas são muito loucas" ao estágio do "nós nos compreendemos mal"? Eis, do meu ponto de vista, o grande desafio.

---

[41] Cf. Simone PLOURDE, *Levinas, Alterité et responsabilité: guide de lecture*. Paris: Éditions du Cerf, 1996.

Etnocentrismo, culturocentrismo, umbilicalismo

A dificuldade de sair de si, a propensão de privilegiar o grupo humano ao qual se pertence e de o fazer seu único modelo de referência são muitas vezes designadas por palavras como *etnocentrismo* ou *culturocentrismo*. Entretanto, esta atitude não é um assunto só de etnia, ele é um caso de formatação profissional, assunto de um clã ao qual se pertence. Tzvetan Todorov define o etnocentrismo, de um modo bem amplo, como "a atitude que consiste em erigir, de modo indevido, os valores próprios da sociedade à qual se pertence, em valores universais".[42] Isto não é, necessariamente, da estratégia e da dominação consciente; é pior. Vem da convicção profunda e não erradicável de que não existe modo de pensar melhor que o nosso.

Esta convicção tem raízes históricas, simbólicas e filosóficas muito profundas, e estamos muito longe de encontrá-las somente na esfera ocidental! Vemos o signo dela, e isto não é só anedótico, na denominação de certas cidades no mundo: Cuzco, capital do Império Inca, significa "umbigo"; o México pré-colombiano (Tenochtitlan) considerava-se também como o centro do mundo. O mesmo podemos ver na Roma antiga, ou em Pequim, a capital do "Império do Meio". Os egípcios continuam a dizer que Cairo é a "mãe do mundo".[43] Também podemos pensar do mesmo modo quanto a Meca: segundo a religião muçulmana, Deus teria implantado a matéria da Caaba no centro do caos e depois organizado a seu redor todo o mundo. Podemos pensar em Delfos, depois que Zeus soltou duas águias nas duas extremidades da Terra e que as águias ali voltaram a encontrar-se: os sábios gregos demonstraram isso matemati-

---

[42] Cf. T. TODOROV, *Nous et les autres – la réflexion française sur la diversité humaine*. Paris: Éditions du Seuil, 1989.
[43] No árabe egípcio popular, assinala Larbi Bouguerre, Cairo e Egito são designados pela mesma palavra, *Misr*.

camente, que a pedra, "*omphalos*",[44] demarcando o lugar do encontro, seria exatamente o centro do disco plano do universo. Podemos ainda lembrar de Sevilha, que no século XVI reinava em um império sobre o qual o sol nunca se punha; da Babilônia, que continha a torre de Babel; de Bagdá, dos califas; de Bizâncio imperial... de todas essas cidades que em um dado momento da história pensaram-se *ao centro*, dessas capitais que sinceramente se viram não como as de um império entre outros, mas como as "do Império". Em quase todos os casos, a sua complexidade interna, adverte Jérôme Monnet, "por fazer um mundo em si, reflete e formata por sua vez o mundo exterior".[45] Poderíamos continuar a lista de Manhattan a Jerusalém, passando pela Londres do século XIX ou pela Paris do século XVII, e mesmo por Dubai, que projeta a criação do maior centro comercial da Terra, fixando-se como o futuro centro de um mundo claramente modernista.[46] Mencionemos ainda Brasília, cidade onde podemos ver uma multidão de pirâmides, uma vez que algumas pessoas dali estão convencidas de que a sua cidade, sempre na vanguarda, é o centro do planeta e o melhor lugar para captar ondas celestes. Até em tempos recentes, podemos navegar no espantoso site www.nombril.com, hoje inativo, que oferecia uma lista complementar bem rica de lugares centros do universo: Ayer Rocks, na Austrália, Tebas, Stonehenge, Ilha de Páscoa, o monte iraniano Demavan, o monte Kailas no Tibet, o monte Aratat, a ilha de Malekula no Vanuatu e muitos outros ainda. Fiquemos nesses para não chegar até a estação de Perpignan, cuja fachada pareceu subitamente a Salvador Dalí como sendo "o centro cósmico do mundo"!

A variedade de planisférios ilustra também a lógica da visão autocentrada do mundo. Adquirimos o hábito de ver a Europa no centro

---

[44] NT.: Ομφαλος – ônfalo, termo grego que significa "centro do mundo".
[45] Jérôme Monnet, em conferência na *Universidade de Todos os Saberes,* em 12 de abril de 2000.
[46] NE.: O centro comercial de Dubai, o Dubai *Mall*, foi inaugurado em novembro de 2008, poucos meses após a publicação de *L'intelligence de l'autre*.

do planisfério; as Américas e a China procedem, evidentemente, de um modo diverso e se colocam também elas no centro. Na Austrália, encontramos normalmente planisférios de cabeça para baixo, que colocam a Austrália na primeira linha ou acima, e não como um "país do Sul", mas de um modo provocante no centro e no alto do mapa.

Uma última chamada visa atenuar a conotação pejorativa da palavra umbilicalismo. Além de tudo, o símbolo de autocentramento poderia ter sido uma outra parte do corpo humano: o rosto, os olhos, o torso... Mas, não, foi o umbigo, isto é, o lugar que lembra o vínculo vital com a mãe, o signo da criação. O umbilicalismo expressa inevitavelmente o enraizamento profundo numa cultura, a interface com nossa origem, o resultado de uma longa gestação.[47]

---

[47] No *Esprit des religions,* obra já citada, Hesna Cailliau chama atenção para que, se no Ocidente a expressão "olhar o próprio umbigo" lembra uma pessoa muito preocupada consigo mesma, "ela tem na Ásia um sentido exatamente contrário, como o demonstram as estátuas dos Budas e dos *bodhisattvas* em meditação. Com efeito, o umbigo é o símbolo budista da humildade: ele lembra que a vida nos foi dada por uma outra pessoa. A natureza colocou um sinal bem visível no centro do corpo, para contrapor a tendência humana de se atribuir muita importância".

O universalismo à ocidental

Assim, o Ocidente está longe de deter o monopólio de umbilicalismo, mas foi carregado de uma tradição complementar que explica a origem de muitas de nossas características: uma tradição "universalista" militante que é ao mesmo tempo religiosa (levar o Evangelho às nações) e racionalista, com o Século das Luzes, a Revolução Francesa, a Declaração dos Direitos Humanos. Sobre o primeiro ponto – a vontade de converter – essa tradição não é, certamente, única, e podemos encontrá-la no Islã. Sobre a segunda – o orgulho racionalista – a herança ocidental é particular. Muitos dos universalistas de ontem e de hoje têm a convicção de que existem valores absolutos, válidos para todos, uma vez que são inerentes à natureza humana, indiscutíveis, e julgam ser natural impô-los ali onde alguém ainda se recusa a aceitá-los.[48] Uma vez que a Declaração Universal dos Direitos Humanos deve ser aceita por todos os Estados que desejam ser membros da Organização das Nações Unidas, e uma vez que todos são membros, o passo seguinte torna-se até fácil de ser dado, isto é, de ver aí a prova irrefutável do caráter universal dos valores, em grande parte ocidentais, que ali estão inscritos.

Há, também, segundo a fórmula de Benjamim Matalon, um "universalismo tolerante, que põe preferencialmente o acento em nossa pertença comum à humanidade", mas, mesmo que não tenhamos senão um pequeno verniz de cultura filosófica e histórica, esta ideia da existência de verdades universais vincula-se à nossa consciência de modo quase indelével.[49] Em outras latitudes, ao contrário, a

---

[48] O século XVIII europeu libertou-se do direito divino, substituindo-o pela razão e pelo conhecimento. Para os filósofos das Luzes, sendo o ser humano um ser racional, e a natureza humana sendo universal, a razão é universal.
[49] Cf. B. MATALON, *Face à nos différences: Universalisme et relativisme*. Paris: Éditions L'Harmattan, 2006.

concepção da verdade é totalmente relativa, e a propensão a acolher os elementos de outras culturas é, no mais das vezes, muito grande. Um intelectual suíço em visita a um mosteiro no norte da Tailândia solicitava já há algum tempo a um monge budista o que ele pensava que seria a verdade. O monge refletiu longamente e respondeu que esta questão seria bem interessante, mas que ele jamais se tinha posto. "Na realidade, disse ele, vocês falam da 'verdade', e eu não sei o que dizer. Mas na minha língua os artigos não existem. Se você me pede o que penso sobre 'verdade', então é outra coisa: existe tanta coisa a ser compreendida e a se dizer sobre 'verdade' que minha cabeça é muito pequena para dominar este assunto e expressá-lo em todas as suas dimensões!"[50]

Sem dúvida é difícil negar que de uma cultura à outra, de uma sabedoria ou de uma religião à outra, não possam existir valores comuns. Em todo o caso, isto é a conclusão de um estudo levado adiante sobre os cinco continentes, com o apoio da Fundação Charles Léopold Mayer, pela equipe de André Lévesque, e apresentada no livro *Des goûts et des valeurs*.[51] Mas, dependendo da cultura e das circunstâncias, a *hierarquia destes valores* e suas modalidades de efetivação podem apresentar-se muito diferentes.

Sem pender para o excesso do inverso do universalismo, penso que é importante que os profissionais que lidam no âmbito internacional, em particular os ocidentais, estejam cada vez mais conscientes das "aderências" universalistas que são as suas e cada vez melhor formados para

---

[50] Édith Sizoo, que contou esta história por ocasião do Seminário no *Sciences Po*, acrescentava que um teólogo cristão lhe recordou que Jesus Cristo mesmo ignorava em sua própria língua (o aramaico) o uso dos artigos definidos e que, portanto, ele não teria podido dizer "eu sou o caminho, a verdade e a vida" (tradução atual do Evangelho de João, 14,6), mas teria dito "eu sou caminho, verdade, vida", o que muda tudo!
[51] Cf. A. LÉVESQUE et ali., *Des goûts et des valeurs – ce qui préoccupe les habitants de la planète, enquête sur l'unité et la diversité culturelles*. Paris: Éditions Charles Léopold Mayer, 1999.

decifrar a cultura do outro, por razões que tem a ver com a ética e as práticas profissionais, como dissemos de início.

O relativismo cultural

Em oposição ao universalismo, uma posição corrente é a do "relativismo cultural", promovido por alguns antropólogos que avaliam que as diferenças entre as culturas são irredutíveis. Eles afirmam que as culturas formam entidades separadas, cujos limites são claramente identificáveis, impossíveis de serem comparados, e "incomensuráveis" entre elas. Mas o relativismo cultural é igualmente entendido como a posição segundo a qual "todas as culturas valem", posição esta que impede o juízo de valor ou a hierarquização das culturas e que assimilamos, de modo equivocado, à tolerância. A tolerância pode ser um julgamento: "tolerar" a cultura do outro não deixa subentendido que na realidade nós a reprovamos?

A noção de "transcultural" aclara esta questão com uma luz particular. O transcultural, segundo Jacques Demorgon, designa "tanto as características comuns que perpassam diversas culturas, quanto as características comuns que não dependem dos próprios sistemas culturais".[52] O que é interessante neste conceito é a questão que ele apresenta para o uso do condicional: existiriam universais culturais? E se estes universais existirem, de onde vêm eles? Da biologia, das contribuições das grandes tradições espirituais?

E uma vez que aqui e acolá invocam-se os *valores* universais, de que se fala então? O que é um valor, e qual a relação entre o valor e a crença? Os valores seriam, como pensa Agustí Nicolau, "estas raízes míticas sobre as quais muitas vezes, de um modo bem inconsciente, cada cultura

---

[52] Cf. J. DEMORGON – E.-M. LIPIANSKI, *Guide de l'interculturel en formation*. Paris: Retz, 1999.

funda sua maneira de conceber a realidade"?[53] São elas construções? Ou são elas pretextos, padrões, instrumentos de dominação, este "bem" ou este "mal" que depois de 11 de setembro justificam mesmo a ilegalidade? Parece-me por demais simplista varrer o problema com uma marcha-ré – "todas as populações do mundo partilham dos mesmos valores de base" – e afirmar que não existe valor algum universal, e pensar que o próprio universal não tem sentido algum. A tese dos valores comuns me parece, ao contrário, potencialmente perversa quando ela é posta a serviço da difusão e da imposição de seus próprios valores, ou de sua própria hierarquia de valores. Entramos, assim, no coração das estratégias de resolução da equação unidade-diversidade.

---

[53] Cf. N. AGUSTÍ, *Propositions pour une diversité culturelle et interculturelle à l'époque de la globalization*. Disponível em htttp://infonet.awele.net/d/f/2001/2001_FRE.pdf?public=ENG&t=.pdf

2

CULTURAS E MUNDIALIZAÇÃO
As estratégias de resolução da equação unidade-divesidade

Nas páginas precedentes insistimos sobre as atitudes de relacionamento com o outro mais ou menos espontâneas, embasadas sobretudo em pressupostos e heranças culturais. Edward Hall falou a respeito disso, chamando-o de "inconsciente cultural", advertindo que "uma parte importante dos sistemas de projeção funciona fora do campo da consciência. A formação, o desenvolvimento, o emprego e a mudança destes sistemas de projeção caem, portanto, em sua maior parte, na cultura do não consciente".[1]

Mas existem hoje as *estratégias coletivas,* fundamentadas muitas vezes sobre uma clara consciência das redes interculturais e que correspondem no mais das vezes a interesses econômicos ou ideológicos bem precisos. Segundo estudiosos da economia ou da sociedade relacionados com isso, podem ser estratégias de uniformização, defensivas, estratégias de alternativas ou estratégias de diálogo. Trataremos de cada uma delas sem esquecer que, no interior dos Estados mesmos, a diversidade cultural é muitas vezes forte e que existem ao mesmo tempo estratégias nacionais, ou seja, locais de "governabilidade" da diversidade.

---
[1] Cf. D. HALL, *La Danse de la vie: temps culturel, temps vécu.* Paris: Éditions du Seuil, 1984.

1. As estratégias de uniformização

O unilateralismo americano: realidades e limites

Estamos nós em um mundo ainda unilateral dominado pelo rolo compressor de uma cultura comercial e política americana?

É difícil refutar que, por meio das mídias, da moda, das marcas de vestuário, do cinema ou da música, os Estados Unidos continuam a imprimir sua marca sobre as culturas do mundo. Desde que, é claro, precisemos: "sobre as culturas *das cidades* do mundo", ou "sobre as culturas de *certos bairros* das cidades do mundo", ou ainda "sobre *certas categorias sociais* de alguns bairros das cidades do mundo", e convenhamos que, se a base das cidades é importante, o mundo não se urbanizou senão em seus 50%. Posso aceitar a ideia de que os sonhos de um adolescente de Paris, Pnom-penh, Dakar ou Sydney sejam os mesmos que os de um adolescente de Los Angeles, mas gostaria então de precisar de que adolescentes se trata, qual é seu meio e o que sabemos dos fundamentos profundos de seus sonhos. A presença simultânea das mesmas formas culturais ocidentais em *certos* setores de *certas* cidades de *certos* quatro cantos do mundo não pode de modo algum ser tomada como prova de que o mundo é homogêneo. O alinhamento progressivo dos códigos do vestuário é um fenômeno superficial. Uma verdadeira homogeneização suporia uma mutação generalizada das representações e dos imaginários, o que não corresponde à realidade.[2]

A internet é muitas vezes invocada como um instrumento decisivo para a uniformização, o que é certamente menos verdadeiro hoje em dia que no passado, exatamente pela extraordinária diversificação dos lugares de realização dos sites, mas não podemos esquecer que a intensidade do uso deste meio de comunicação é ainda bastante fraca no Hemisfério Sul. A platafor-

---

[2] Cf. J. XAVIER INDA – R. ROSALDO, (Eds.), *The Anthropology of Globalization*. London: Blackwell Publications, 2002, especialmente a excelente "Introdução" de Jonathan Xavier.

ma TeleGeography[3] apresentava não há muito tempo uma carta impressionante do fluxo de conexões da internet no mundo, que mostra a esmagadora assimetria de seu uso entre o Norte e o Sul.

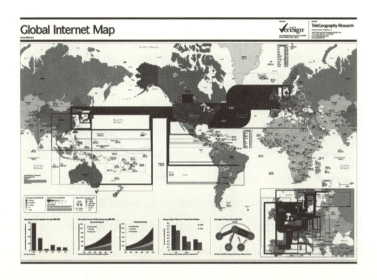

Que exista, por outro lado, uma tendência a uma americanização das culturas políticas sobre todo o planeta é um fato. Num livro memorável, *Encore un siècle américain?*,[4] o inglês Nicholas Guyatt desmonta os mecanismos do fenômeno, mostrando de um lado que este movimento – e o da globalização econômica ao estilo americano – tomou todo o seu impulso sob a presidência de Clinton e que ele se desenvolveu a partir da "formatação" das mentes das futuras camadas dirigentes do mundo inteiro nas grandes universidades da Costa Leste, tais como a Kennedy School of Government de Harvard, em um número bem maior que no Salão Oval, ou mesmo nas sedes dos grandes conglomerados industriais. Ninguém contesta a forma que teve até aqui o imperialismo cultural americano, modo especial de imperialismo que Herbert Schiller tinha muito bem teorizado

---

[3] TeleGeography. Division de PriMetrica, Inc.
[4] Cf. N. GUYATT, *Encore un siècle américain?*. Paris: Éditions Charles Léopold Mayer, 2002.

já há trinta anos como "um conjunto de processos pelos quais uma sociedade é introduzida no coração de um sistema mundial moderno e a maneira com a qual sua esfera dirigente é levada, pelo fascínio, pela pressão, pela força ou pela corrupção a modelar suas instituições sociais para que elas correspondam aos valores, às estruturas do centro dominante do sistema".[5]

Mas este fenômeno, o sabemos, já está perdendo velocidade: a Ásia, que retoma a passo acelerado sua parte no bolo do mundo moderno, não está toda ela integrada, e até está longe disso, aos estereótipos americanos. O título de uma publicação recente de Emmanuel Todd, *Après l'empire: essai sur la décomposition du système américain* (Depois do império: ensaio sobre a decomposição do sistema americano), terá certamente, e logo, mais banalidade que provocação.[6]

Por outro lado, já é tempo de cessar a assimilação entre mundialização e o unilateralismo americanos. A mundialização tem sem dúvidas muito mais aspectos positivos (mobilidade, melhor conhecimento da diversidade cultural, intercâmbio de valores especialmente em termos de direitos humanos etc.) que aspectos negativos. No *Democratie en mittes*, Pierre Calame[7] distingue claramente a mundialização, realidade irreversível, da *globalização econômica*, que é ao mesmo tempo estratégia, fenômeno efetivamente impulsionado em sua origem por firmas americanas e ideologia ultraliberal conforme o famoso *consenso de Washington*,[8] segundo o qual só o mercado e o livre intercâmbio podem solucionar os problemas do mundo, incluindo aqui a pobreza.[9] A globalização em si não é nem uma estratégia e nem, forçosamen-

---

[5] Cf. H. SCHILLER, *Communication and cultural domination*. New York: M. E. Sharpe, 1985. A citação usada aqui é de Armand MATTERLARD, *Diversité culturelle et mondialisation*. Paris: Éditions La Découverte, 2005.
[6] Cf. E. TODD, *Après l'empire: essai sur la décomposition du système américain*. Paris: Éditions Gallimard, 2002.
[7] Cf. Pierre CALAME, *Democratie en mittes*, op. cit.
[8] Lista de prescrições econômicas recomendadas aos países em dificuldade, proposta em 1989 pelo economista John Williamson. Esta lista resumiria a posição da maior parte dos especialistas das instituições financeiras internacionais (Banco Mundial, FMI – Fundo Monetário Internacional) e do Departamento do Tesouro americano.
[9] Sabemos que em inglês a palavra *globalization* designa, sem distinguir, estes dois fenômenos.

te, um mecanismo de uniformização. Ela se constitui, antes, no estágio mais recente (e o mais intenso) de um movimento histórico longo, no seio do qual os fenômenos de aculturação, de interculturação ou de transculturação estão envolvidos há muito mais tempo.

Outro sinal dos limites da uniformização cultural ao estilo americano: o conteúdo de uma mensagem cultural está longe de ficar só nas mãos do produtor; ela depende também dos canais de emissão e, sobretudo, do receptor, que a insere em suas próprias representações e a sujeita a suas próprias referências. Um exemplo muitas vezes apresentado como comprovando essa ideia é o estudo realizado em 1990 por T. Liebes e E. Katz[10] sobre as diferentes leituras culturais feitas do famoso seriado americano *Dallas*. Os dois estudiosos levantaram dados nos Estados Unidos, no Japão e em Israel (onde eles interrogaram pessoas de origem e de inserção diferentes: árabes, russos, judeus marroquinos, trabalhadores dos kibutz...). Os resultados referentes ao terrível personagem JR são espantosos: os americanos e as pessoas dos kibutz interpretam seu cinismo pela frustração de não ser como o seu irmão Bobby, o preferido pela mãe. Para os russos, JR é o produto de um determinismo no qual cada um se conduz em função do lugar que lhe foi determinado pela sociedade (homem de negócios, mulher, agricultor...). Os árabes, segundo eles, têm menos interesse por JR que pelo jogo das relações familiares no qual ele está situado. Liebes e Katz insistem sobre um fenômeno essencial nas relações interculturais e, por outro lado, em todo o ato de produção cultural, que é o "encontro criativo" entre as representações (*symbolic resources*) do receptor e as intenções do produtor (*symbolic offerings*).

Um exemplo complementar de reapropriação cultural de uma mensagem supostamente imperialista em sua origem é a dos aborígenes Warlpiri, mais marginal talvez, do deserto central da Austrália, que, segundo Eric Michael,[11] não

---

[10] Cf. T. LIEBES – E. KATZ, *The export of meaning: Cross cultural Readings of Dallas*. New York: Oxford University Press, 1990.
[11] Cf. J. XAVIER INDA – R. ROSALDO (Eds.), *The Anthropology of Globalization*, op. cit., material citado por Eric Michael.

fazem jamais a distinção entre ficção e realidade, uma vez que, segundo eles, toda história é verdadeira. A partir disso, os filmes hollywoodianos são tomados ao pé da letra, e isso os desvia de sua intenção primeira. Podemos também evocar, evidentemente, os múltiplos arranjos e adaptações sincréticas operadas pelos povos indígenas cristianizados de boa vontade ou à força por ocasião das conquistas coloniais. Encontramos traços disso aqui e acolá – naturalmente, fora do quadro oficial da Igreja Católica, que não os tolera muito – no candomblé brasileiro, no vodu haitiano, em certos ritos animistas africanos: reapropriação de santos cristãos, ajustamento dos mesmos às cosmogonias locais etc.

Imperialismo cultural ou influências múltiplas?
O "reverse cultural flows" [12]

No domínio intercultural, não desconfiaremos nunca demais dos reducionismos e das simplificações. A evolução cultural contemporânea não se ancora, como observa Michel Wieviorka,[13] "nem na massificação uniforme dos modos de consumo – a famosa 'Mcdonaldização do mundo' –, nem numa fragmentação suscetível de chegar ao retorno dos fragmentos sobre eles mesmos e à sua necessária confrontação, mas em sua combinação (...) em jogos inéditos entre o local e o planetário, nas interações entre culturas geograficamente distantes".

Assim, o sentimento de muitos de nossos compatriotas de pertencer a um mundo dominado pela cultura norte-americana mereceria, do meu ponto de vista, ser posto à prova de um descentramento brutal, permitindo-se ir ver o que está acontecendo para além de nossos ares nacionais. Inicialmente, percebemos que a influência europeia não é necessariamente menor que a americana em muitas regiões; depois, devemos tomar as devidas medidas do

---

[12] NT.: Em inglês, no original, *inversão do fluxo cultural*.
[13] Cf. M. WIEVIORKA, *La difference,* op. cit.

fenômeno de influências inesperadas. Todo o mundo (e aqui compreendida tal ou tal esfera de engravatados parisienses surpreendidos lendo mangás, enquanto engolem três sushis na hora da pausa do café da manhã) conhece a influência da indústria japonesa nas histórias em quadrinhos do mundo. Sabemos muito pouco ainda até que ponto, por meio de sua indústria cinematográfica, a Índia e, em escala menor, Hong-Kong e Taiwan, estão a caminho de exercer uma forte marca cultural sobre muitos países do sudoeste asiático – Malásia, Indonésia –, mas também sobre o continente africano: África do Leste e do Norte, África Ocidental Anglófone etc. Em todo o norte da Nigéria, por exemplo, a presença de filmes indianos em projeções ao ar livre ou na televisão é muito mais importante, depois de uns quinze anos, que a presença de filmes americanos e, sobretudo, decisiva, como o demonstra Bryan Larkin, na evolução da vida familiar, social e mesmo religiosa da população Haoussa.[14] Essa indústria aporta uma espécie de modernidade alternativa, e tanto mais motivadora, uma vez que vem de países "primos" colonizados no passado, o que permite, sem dúvida, uma identificação mais natural, uma comparação – especialmente nas questões familiares e sexuais – menos perigosa, uma vez que está, como no caso dos Haoussa, em terras muçulmanas.[15] Constatamos do mesmo modo no ano passado com Martin Vielajus assistindo, num cinema a céu aberto em Ouagadougou, a três horas de projeção de uma epopeia bollywoodiana em hindi com legendas em inglês. Os risos, os movimentos de indignação, as reações espontâneas a este filme, cujas legendas em inglês apenas uns poucos jovens espectadores poderiam compreender, falavam muito do impacto deste tipo de ficção sobre o público africano.

---

[14] Cf. B. LARKIN, *Itineraries of Indian cinema: African videos, Bollywood, and Global Media*. In XAVIER INDA, J. – R. ROSALDO (Eds.), *The Anthropology of Globalization,* op. cit., p. 334-351.

[15] A Nigéria produz já seus próprios filmes, no mais das vezes seguindo o modelo dos filmes indianos.

O cinema e as produções televisivas egípcias não são uma sobra: na imensidade do mundo árabe, muitos dos nomes dados às crianças, nomes totalmente novos na maior parte dos países, têm a influência dos seriados egípcios.

Um outro fenômeno é o das telenovelas brasileiras. Estes seriados sentimentais estão longe de limitar seu raio de influência à América Latina ou a Portugal. Elas impregnam progressivamente também a cultura de alguns países africanos ou do noroeste da África (Argélia), ou, de um modo até surpreendente, a cultura da Rússia. Pelo fato de colocar muitas vezes em cena a confrontação entre os ricos e os pobres, elas se avizinham mais claramente da realidade dos países do Sul e do Leste que os seriados ocidentais.

No domínio das mídia, levantamos muitas vezes a questão da esmagadora influência da cadeia americana CNN International sobre a formação de opinião e das representações. Podemos lembrar que a BBC World Service, a TV5, e agora o France 24 desempenham um papel análogo, mas sobretudo considerar, como um evento importante, a abertura de 15 de novembro de 2006 de uma versão anglófona da cadeia do Quatar Al-Jazira, a Al-Jazeera English (AJE), que pode modificar sensivelmente o mercado da informação internacional (mesmo que o Ocidente até agora não seja lá muito permeável).[16]

Por fim, podemos nos colocar a questão de saber se a explosão de crescimento chinês e a penetração do ex-Império do Meio nos mercados mundiais continuará por longo tempo um fenômeno puramente econômico ou não conduzirá, progressivamente, para uma extensão de influência cultural. Num artigo recente de um jornal de Hong Kong traduzido para o *Courrier International*, Pan Xiaotao, comentando a viagem à África do presidente Hu Jintao, em 2006, lembra de uma "potência colonial na África" e ele carrega as cores quando lida com o tema da difusão de métodos

---

[16] Uma cadeia televisiva bem conhecida que fez muito e obteve muito na propagação do véu islâmico no noroeste africano.

de trabalho, dos quais ele tem uma visão bem pouco elogiosa: "Parece que a China caminha atualmente sobre os passos dos colonizadores ocidentais de outrora. Uma vez que são cada vez maiores, e a potência econômica chinesa sendo cada vez mais importante, as necessidades e o apetite da China por recursos naturais já ultrapassaram os dos antigos colonos ocidentais. As empresas chinesas começam a investir em larga escala na África, mas os homens de negócios chineses não são modelos de integridade, eles levam com eles métodos chineses de gerenciamento: litros de vinho, concussão, fraudes, atentados ao meio ambiente etc. Partindo disso, a 'pilhagem' da África não pode ter senão consequências ainda mais graves".[17]

As culturas "desterritorializadas"

Assim como o colocou bem em evidência o antropólogo Arjun Appadurai, para muitos países do terceiro mundo, a ameaça de uma americanização ou de uma ocidentalização não é mais preocupante que a de uma *indianização,* ou de uma *sinização,* ou de uma *arabização*.[18] Saímos assim dos esquemas claramente ultrapassados e, portanto, sempre levados a sério pelos economistas dos anos 1960 ou 1970 sobre as relações centro-periferia (onde o centro seria os Estados Unidos e a Europa) e nos damos conta da importância dos fluxos culturais que se desviam ou contornam literalmente o Ocidente. O unilateralismo norte-americano continua globalmente a realidade mais visível, mas não mais a única, uma vez que se desenvolvem, por outro lado, as influências inversas, o que Inda e Rosaldo chamam de *reverse cultural flows.*[19]

---

[17] Extraído do jornal *Yazhou Shibao Zaixian* de Hong Kong, traduzido para o *Courrier international*, n. 831 (5 a 11 de outubro de 2006).
[18] Cf. A. APPADURAI, *Modernity at large: Cultural Dimensions of Globalization.* Minneapolis: University of Minesotta Press, 1966.
[19] Cf. J. XAVIER INDA – R. ROSALDO, "Tracking Global Flown". In XAVIER INDA, J. – R. ROSALDO (Eds.), *The Anthropology of Globalization,* op. cit., p. 3-46.

Pode-se objetar que isto não é coisa nova – "música de outros lugares", "imagens de outros lugares", "saberes de outros lugares" –, mas a globalização ajuda a ampliar estes movimentos, todos azimutes,[20] compreendidos aqui da ex-periferia para o ex-centro, como podemos facilmente constatar na França, observando-se o desenvolvimento das influências chinesas, árabe-muçulmanas e mesmo indo-paquistanesas.[21] A cultura encontra-se cada vez mais "desterritorializada", para retomar ainda mais uma vez os termos de Javier Inda e Rosaldo, o que quer dizer que um pouco em todos os lugares o vínculo entre uma cultura e o espaço geográfico tende a enfraquecer-se cada vez mais.

O desenvolvimento das culturas empresariais: passagem do **bulldozer** *ou mestiçagem gerencial?*

É sem dúvida no lado dos estados-maiores das firmas cuja atividade ultrapassa o território nacional que se encontram, definitivamente, as estratégias mais fortes de uniformização. Lembremos por ordem de grandeza: tendo como fonte o *World Investment Report de 2003,* da CNUCED, a Ford Motor Company empregava, em cifras redondas, 190.000 assalariados fora dos Estados Unidos, sobre um efetivo total de 354.000; a General Motors, 148.000 sobre um total de 365.000; a Nestlé empregava 223.000 fora da Suíça, sobre um efetivo que não contava nem 7.000 a mais; Vivendi tem 79.000 fora da França, sobre um efetivo de 257.000 etc. A vaga atual das deslocações leva a pensar que o fenômeno não vai senão se ampliar.

---

[20] NT.: Conforme Dicionário Houaiss: Ângulo formado pelo plano vertical de um astro e o plano meridional do ponto de observação (Astronomia). Talvez o sentido provável que o autor queira dar seja o de que tudo de algum modo, tem valor para alguém; ou seja, como as estrelas são localizadas a partir de uma referência, assim também os fenômenos culturais.

[21] Estas influências não são mais que folclóricas ou superficiais? O avanço da medicina alternativa, a prática crescente da ioga, do shiatsu, a popularização da música raï parecem provar que não.

A maior parte desses impérios industriais desenvolveu-se sobre a base de uma forte estratégia "da cultura empresarial". Como sistema de representação e de valores compartilhados por todos os membros da empresa, a cultura empresarial é em si uma coisa nobre. Para Nadine Lemaître, a existência de uma cultura da empresa significa muito simplesmente que "cada um, na empresa, adere a uma visão comum daquilo que é a empresa, de seu papel econômico e social, do lugar que ela ocupa em relação a seus concorrentes, de sua missão diante de seus clientes, de seu pessoal e de seus acionistas...".[22] Cada um, acrescenta ela, "tem uma ideia precisa de seu próprio papel no sistema, do que é esperado dele e da melhor maneira segundo a qual ele pode responder a esta expectativa. Em contrapartida, cada um sabe o que pode esperar da empresa se cumprir corretamente sua missão".

As coisas se complicam quando a partilha desses valores é decretada unilateralmente e imposta por um polo cultural único. Partindo de sua própria experiência de empresário internacional, Jacques Maisonrouge, ex--presidente da IBM Europa, declara, por exemplo, que "para sobreviver no meio internacional é necessário criar uma cultura empresarial. Os mesmos princípios de base, os mesmos métodos de trabalho, os mesmos objetivos. Tudo isso cria um terreno de compreensão que une, que federa. Uma das regras de reunião da IBM, por exemplo, será de não falar de trabalho".[23]

Isso não quer dizer que algumas firmas não chegam a integrar e mesmo a tirar partido das diferenças culturais. Na Austrália, a existência de muitas origens étnicas no seio de uma mesma empresa é muitas vezes até mesmo considerada como um trunfo, e não como uma deficiência.[24] Exemplos que

---

[22] Cf. N. LAMAÎTRE, "La culture, facteur de performance". Revue française de gestion. 1984, 47-48 (citado por Thomas Boucher).
[23] Citação feita em C. CAMILLERI – M. COHEN-EMERIQUE, Chocs des cultures: concepts et enjeux pratiques de l'interculturel. Paris: Éditions L'Harmattan, 1989.
[24] Cf. Productive diversity: A New Australian Model for Work and Management. Sydney: Pluto, 1997.

confirmam são propostos por Nigel Holden, num de seus trabalhos recentes, com uma visão de clara ruptura com a literatura habitual sobre a administração intercultural. Ali ele apresenta as culturas na empresa não como demarcadores de diferenças e como fontes de conflitos, mas como formas de *organizational knowledge* (conhecimento organizacional), como *corpus* de saber que podem ser integrados e entrar em sinergia.[25] Ele cita especialmente o caso de multinacionais como a Novo Nordisk, uma firma farmacêutica de origem dinamarquesa; Matsushita Eletric; LEGO, graças à qual todos nós fizemos com que nossas crianças brincassem; ou a firma suíça Sulzer Infra, todas empresas que souberam tirar partido da multiculturalidade.

Mas a grande tendência continua sendo a da cultura empresarial protetora e simplificante. Gilles Bastien, da Hewlett Packard France,[26] não hesita em afirmar que: "podemos considerar a *HP way* como uma cultura empresarial que substitui todas as outras na sociedade".

Entretanto não devemos pensar que os altos dirigentes das multinacionais sejam idiotas. Os hábitos locais, claro, são levados em conta e analisados como o que Armand Mattelart chama de "esquemas apátridas das ciências de gestão". É isto que designamos normalmente sob o vocábulo "mestiçagem gerencial", geralmente limitado aos aspectos mais superficiais das ditas culturas locais.

Sob o plano do marketing, a constatação de que o impacto de uma mensagem publicitária não é necessariamente a mesma numa ou noutra cultura, numa "comunidade de consumidores" (*consumers community*) e noutra, leva a promover, dentro do campo comercial, a ideia da "glocalização', que não é outra coisa que a adaptação de *slogans* de empresas globalizadas às particularidades locais. Adaptação de *slogans*, mas também de produtos; a Coca-Cola,

---

[25] Cf. N. HOLDEN, *Cross-cultural management – a Knowledge Management Perspective*. Harlow: Financial Time/Prentice Hall, Harlow, 2002.
[26] Citado por C. CAMILLERI – M. COHEN-EMERIQUE, *Chocs des cultures*, op. cit.

marca emblemática da globalização americana, teve de se adaptar a cada um dos países onde ela foi introduzida em função das expectativas de cada um: mais ou menos gaseificada, mais ou menos doce ou perfumada, "embalada" de maneira diferente num outro país. Mas estamos aqui mais nos registros das pesquisas sobre as melhores vantagens ou lucros, o que é, por outro lado, a regra do jogo da empresa, do que no diálogo intercultural...

Em busca de uma "eficácia intercultural"

Assim que explorarmos a literatura disponível sobre o campo intercultural, o que chama atenção é a importância na proporção de títulos que emanam de autores norte-americanos ou americano-holandeses (Fons Trompenaars e Gert Hofstede em especial), autores que tratam de fato a comunicação intercultural como um meio de instalar uma cultura empresarial ocidental nos quatro cantos do mundo, sem incomodar muito.[27] Desde o fim da Segunda Guerra Mundial, uma abundante produção de estudos e de manuais foi elaborada nos Estados Unidos a serviço das firmas industriais e comerciais confrontadas com a necessidade de "superar" o obstáculo do campo intercultural nos negócios internacionais e nas relações diplomáticas e estratégicas, muito antes que os intelectuais francófonos se preocupassem em atacar o problema contemporâneo do encontro das culturas. Como relata Gérard Marandon, "o ato de nascimento (do setor de formação para a 'comunicação intercultural') em 1946 remonta à decisão do governo americano de confiar ao *Foreign Service Institute* a missão de formar diplomatas para as línguas e culturas de seus futuros lugares de destino (...)".[28]

---

[27] Cf. F. TROMPENAARS, *Riding the waves of cultures*. London: Nicholas Breadley Publishing, 1997; G. HOFSTEDE, *Culture's consequences: International differences in work-related values*. Newbury (CA): Sage Publications, 1980.
[28] Cf. G. MARANDON, *L'Empathie et la rencontre interculturelle*. Paris: Éditions L'Harmatan, 2001.

Em seguida, os Estados Unidos interessaram-se pela maneira com que seus voluntários (*Peace Corps*), seus empresários nos diversos lugares do exterior, seus assistentes técnicos poderiam ganhar em "eficácia cultural". Um grande número de estudos foram elaborados nesse sentido depois de quatro décadas sobre estes mesmos tipos de pessoal internacional, levando a uma espécie de consenso em torno de seis critérios específicos da eficácia intercultural: empatia, respeito, interesse legítimo pela cultura local, flexibilidade, tolerância e competência técnica...

Se toda esta literatura anglo-saxônica contém estudos e reflexões bastante apaixonantes sobre a psicologia, as expectativas e os mal-entendidos interculturais, e aqui também para aqueles para quem os negócios não são só uma xícara de chá, ela foi também fértil em receitas simplistas e em instrumentos brutos de fundição para "afrontar" a diferença, instrumentos mais voltados para uma defensiva que para um cuidado com um diálogo no qual todos podem aprender com todos. Temos em mente, por exemplo, as obras de H. N. Seelye, *Culture clash, managing a multicultural world*[29] é um livro em fascículos, uma espécie de "pau para toda obra" a serviço do campo intercultural, ou o *Teaching Culture: strategies for intercultural communication*,[30] que contém um capítulo com um título bem ilustrativo: "Building a kit for culture shock"![31] Ou ainda o livro de L. Copeland e de L. Griggs, *Going international: How to make friends and deal effectively in the global market place*.[32] Os próprios títulos revelam uma maneira bem peculiar de lidar com a questão intercultural. Sob as palavras aparece uma estratégia de domínio do âmbito intercultural e da autoproteção contra as reações do outro, que

---

[29] Cf. H. N. SEELYE – A. SEELEY-JAMES, *Le Choc des cultures*: *gérer un monde multiculturel*. Chicago: NTC Business Book, 1995.
[30] Cf. H. N. SEELYE, *Teaching Culture: strategies for intercultural communication*. Chicago: NTC Business Book, 1993.
[31] "A construção de um kit para o choque cultural."
[32] "Trabalhando de modo internacional: como fazer amigos e lidar efetivamente no mercado global" (New York: Random House, 1985).

inculca uma atitude sobre a qual podemos nos perguntar, no fim das contas, se é muito eficaz, já que pode ser mal recebida. Mas é também a ambição "científica" dos instrumentos desenvolvidos por estes trabalhos que chama atenção: *mapeamentos* de "distância cultural", medida em relação à incerteza, graus de "masculinidade" das sociedades etc., como sendo indicadores que teremos ocasião de evocar nos capítulos adiante.

Onde a empresa não tem mais o monopólio da cultura empresarial: igrejas e ONGs internacionais

As firmas internacionais seriam as únicas a promoverem uma cultura internacional empresarial, ignorando implícita ou explicitamente as culturas locais? É claro que não. Não passei senão pouco tempo – dois anos e algumas missões – no sistema das Nações Unidas (Bureau international du travail et consulations FAO), mas dele guardei uma impressão clara: o fato, para uma organização internacional, de contar em seu meio com colaboradores de todo o planeta não é de modo algum uma garantia de diálogo intercultural. A mistura, cuidadosamente organizada nos limites do sistema de cotas, é visível a olho nu, mas ela não se encarna muito nos métodos dominados por sistemas de modelos operacionais (*operational framework*), de avaliação de projetos (*project appraisal*), de monitoramento (*monitoring*)... dominados pela onipotência do "Res-rep" (*Residente Representativo* do PNUD),[33] que coordena as ações das agências nos países. Ter um chefe de coordenação das ações paquistanês, uma secretária húngara, um subdiretor moçambiquense não muda nada nisto tudo.

De uma capital a outra pelo mundo afora – trabalhando com pessoas muitas vezes apaixonadas pelo que fazem e muitas vezes desinteressadas –, cheguei, sonhando com uma cultura onusiana, a fazer comparações com

---

[33] Programa das Nações Unidas para o desenvolvimento.

estas cadeias de hotéis internacionais que embasam suas mensagens publicitárias no argumento de que em Berna, em Kuala Lumpur, em Toronto, em Buenos Aires ou em Libreville os senhores vão ter sempre o mesmo quarto, com o mesmo minibar, a mesma disposição da cama e a mesma janela, a lâmpada de cabeceira no mesmo lugar, a mesma temperatura... É isto que fatalmente nos acontece quando trabalhamos numa estrutura em escala planetária? Constatamos simplesmente a força da cultura da empresa nas organizações internacionais e a separação que podemos muitas vezes constatar entre seus quadros e suas próprias culturas de origem.

Trata-se da ocorrência de uma cultura empresarial de matriz anglo-saxônica ou, mais especificamente, norte-americana? Geralmente sim, mas em certos casos a cultura latina imprimiu uma forte marca também. A escolha do logo bem conhecido da UNESCO (as letras formam colunas de um peristilo do panteão grego) parece-me ser um sinal.

Essa constatação pode ser feita em muitos outros casos, por exemplo, da Igreja católica romana, poderosa empresa internacional se a consideramos pelos números: mais de um bilhão de católicos recenseados no mundo em 2004;[34] uma população católica que aumentou em 45% em um quarto de século, no mesmo ritmo da população mundial; uma divisão de seus membros cada vez mais internacional, uma vez que o número de católicos triplicou na África nesse período e aumentou em 50% na Ásia,[35] e em 80% na América. Conta com cerca de 5.000 bispos, mais de 460.000 padres e religiosos, cerca de 780.000 religiosas e aproximadamente 3 milhões de catequistas... A Igreja católica se define, e o sabemos, por seu caráter universal ("Ide, e de todas as nações fazei discípulos").[36] Tudo isso não deveria necessariamente fazer supor o desenvolvimento de uma cultura uniforme.

---

[34] Fonte: Escritório Central de Estatísticas da Igreja Católica e Agência Internacional Católica de Notícias.
[35] Ainda que a proporção dos católicos dali não seja mais que 3% da população católica mundial.
[36] Cf. Mt 28,19.

Além do mais, encontramos no Evangelho a famosa frase: "Na casa de meu pai, existem muitas moradas",[37] e o Concílio Vaticano II abriu o caminho para um sem-número de adaptações locais das liturgias.

Mas a tendência centralizadora e uniformizadora do Vaticano vem, normalmente, a galope e permite duvidar de que a hierarquia atual da Igreja esteja realmente aberta à diversidade cultural. Entre os exemplos recentes: os textos sobre a Eucaristia, um sacramento descrito pelo Papa em abril de 2003 em sua encíclica *Ecclesia de eucharistia* como "um tesouro muito grande e muito precioso para que se arrisque empobrecê-lo ou levar-lhe estragos com experiências e práticas introduzidas sem que seja objeto de uma verificação atenta pelas autoridades competentes (...) em ligação estreita com a Santa Sé (...). Porque a Santa Liturgia (...) não pode ser determinada pelas igrejas locais isoladamente sem referência à Igreja universal". A mesma Encíclica lamentava que depois do Concílio, "em vista de um sentido mal compreendido da criatividade e da adaptação, não faltaram abusos (...), inovações não autorizadas e muitas vezes de mau gosto".

Um ano depois, a Congregação para o Culto Divino e a Disciplina (*sic*) dos Sacramentos acrescentava mais um prego com 186 diretrizes da instrução *Redemptoris Sacramentum,* em que dizia que a hóstia não poderia ser feita de outra coisa senão do pão ázimo e, sobretudo, nada de cereais tropicais, que seria necessário banir toda a forma de cálice que não fosse sólida: nada de terracota.

Essas declarações, felizmente, foram claramente ignoradas por uma parte do clero, mas ilustram bem de meu ponto de vista a tendência uniformizante do Vaticano. Falar de inovações inoportunas e de mau gosto a propósito dos esforços de apropriação e de adaptação da Liturgia pelas igrejas dos cinco Continentes é dizer que existe um modelo único, uma norma única e quase que uma língua única, como entre os construtores de

---

[37] Cf. Jo 14,2.

Babel; é negar a diversidade cultural capaz de efetivamente trazer um enriquecimento mútuo, bem ao contrário deste "empobrecimento" reforçado por João Paulo II; é esquecer de se perguntar se as evidências do Vaticano são as mesmas das *favelas* brasileiras, das megalópoles indianas, dos meios rurais subsaarianos. Reconheço aqui umas migalhas de mau humor a respeito disso e creio que é honesto explicar e precisar que aqui não se trata de um notório anticlerical, mas, ao contrário, de um católico de formação e de convicção que está se expressando.

O próprio meio das ONGs não deixou de desenvolver também ele formas de culturas empresariais uniformizantes, inclinadas a isso um pouco por todos os lugares do mundo e sem dúvida, inevitavelmente, especialmente quando se trata de ONGs multinacionais como a OXFAM, que trabalha com mais de 3.000 organizações parceiras numa centena de países e irradiadas por meio de uma dezena de ramificações; a Action Aid, que emprega quase 18.000 pessoas em 40 países; ou a Médicos Sem fronteiras, que envia atualmente mais de mil voluntários para mais de 40 países. A tendência de reproduzir alhures, de um modo um tanto superficial, os modos de funcionamento profundamente vinculados a uma cultura anglo-saxônica, escandinava, latina é inevitável, e algumas ONGs internacionais já tomaram consciência disso. Sou testemunha de numerosos debates sobre este ponto com o secretariado internacional de Médicos do Mundo, que consciente dos riscos incorridos por seu pessoal fora de suas pátrias, devido ao fato de uma gestão insuficiente da relação intercultural, elaborou alguns estudos sobre isso e sobre as necessidades em termos de formação. Podemos notar, por outro lado, que a propensão das ONGs a buscarem certa uniformidade de gestão dos projetos está ligada também à exigência dos financiadores[38] que as sustentam e que, muitos entre eles, exigem um

---

[38] NT.: O termo é um tanto ambíguo, mas se trata mais dos que proporcionam os fundos para as organizações, são os que tem com isso também algum interesse.

formato único na documentação de avaliação ("quadro lógico")[39] e na prestação de contas.

Todas essas estratégias uniformizantes não impedem a presença de tendências identitárias, ao contrário, com todos se sentindo cada vez mais ameaçados por isso em seu enquadramento cultural, tornam-se cada vez mais difundidas. Daqui decorrem, pois, a multiplicação de estratégias defensivas.

2. As estratégias de proteção

Huntington: a estratégia da calafetagem

Há uns quinze anos, em 1993, um sociólogo americano, Samuel Huntington, desenvolveu na revista *Foreign Affairs* a famosa tese do "choque de civilizações", em reação à teoria do "fim da história", de Francis Fukuyama.[40] O sucesso deste artigo, retomado depois num livro, não foi pequeno.[41] Anunciando a acentuação da clivagem entre oito grandes entidades culturais (ocidental, confucionista, japonesa, islâmica, eslavo-ortodoxa, latino-americana e africana), o artigo apresentava a ideia segundo a qual os principais conflitos do século XX viriam inicialmente de enfrentamentos culturais e interculturais, e não tanto de desavenças ideológicas, políticas e econômicas, que teriam provocado as guerras do século precedente. E como, sempre segundo Huntington, as civilizações islâmicas e confucionistas já trazem em si traços de algumas pretensões ao imperialismo cul-

---

[39] NT.: Instrumento de planejamento elaborado nos anos 1960 e muito usado pelas agências internacionais.
[40] Artigo publicado por Fukuyama, na revista americana *National Interest*, em 1989.
[41] Cf. S. HUNTINGTON, *Le Choc des civilisations*. Paris: Éditions Odile Jacob, 2000.

tural, o Ocidente estaria ameaçado e deveria proteger-se. Além do mais, Huntington não vê nada de anormal nisto, na medida em que ele pensa que todas as nações, para salvaguardar sua coesão, têm necessidade de inimigos!

Huntington que não era conhecido senão por um pequeno grupo antes de 11 de setembro de 2001, apareceu, evidentemente, como um profeta espetacular no dia depois da destruição das Torres Gêmeas, antes ainda que a política de represálias de George W. Bush no Afeganistão e no Iraque pudesse mostrar até que ponto o famoso choque de culturas seria também, ou antes de tudo, segundo a fórmula do intelectual palestino Edward Saïd, um "choque de ignorâncias".[42] Tratar as diferenças somente na forma de enfrentamento e jamais em termos de análise e do diálogo não pode levar senão ao espiral bélico. Deste ponto de vista, as democracias ocidentais parecem descobrir um dos fundamentos essenciais do poder: o medo. Os filmes de Michael Moore, em especial *Farenheit 9/11*, ilustraram eficazmente o uso do medo no cotidiano, via grandes cadeias de televisão, para justificar a política do governo Bush. Quanto aos países europeus, o tema "recusar a invasão islâmica" está a caminho de ultrapassar facilmente os quadros tradicionais da extrema direita para inquietar amplos setores de opinião. E o que não se falou na França, no momento da ampliação para 25 (o número de estados-membros) da União Europeia, a respeito do encanador polonês, antes que as pessoas implicassem com os chineses exportadores de têxteis!

O temor da "invasão", a calafetagem, a proteção em relação ao inimigo não são, claro, novidades. Da grande muralha da China ao muro de Berlim, a História nos fornece inumeráveis exemplos. Mas em 2007 a atualidade da atitude de muro é total (mesmo se enquadrado), mesmo que esta técnica se apresente muitas vezes também ineficaz, como foi o caso da linha de Maginot ou do muro de Adriano, na Escócia.

---

[42] Título de um artigo publicado no jornal *The Nation,* em 4 de outubro de 2001.

Muros e arames farpados no mundo: a atualidade de uma paranoia

Em 2007, os muros levantados em diversos pontos do globo são numerosos:

– A "linha de Átila", que separa os gregos e os turcos insulares em Chipre.

– O muro leste, em construção desde 2002, para proteger o território israelita em Jerusalém e ao longo da fronteira com a Cisjordânia.

– As barreiras de arame farpado impedem os clandestinos de penetrar nos enclaves de Ceuta e Mellila na costa marroquina.

– Os muros chamados de "linhas da paz" não desapareceram ainda na Irlanda do Norte.

– Uma parte dos 3.360 quilômetros da fronteira entre os Estados Unidos e o México foi guarnecida com barreiras anti-imigração.

– Entre a Corcia do Norte e a do Sul, existe uma faixa de terra desmilitarizada.

– No Paquistão, um muro deverá atravessar o território de Pachtoun de um lado ao outro na fronteira com o Afeganistão.

– Na Índia, uma barreira de 4.000 quilômetros aferrolha a fronteira com Bangladesh.

– Os Emirados Árabes Unidos construíram um muro de separação com o sultanato de Omã para impedir a imigração.

– Na Botsuana, uma barreira eletrificada foi estendida por 500 quilômetros para impedir a entrada de imigrantes clandestinos.

Fonte: Dossier "Les murs de la peur".
La Croix, 30 de junho a 1º de julho de 2007.

A Unesco e a proteção da diversidade cultural

Uma outra estratégia de proteção e de preservação, claramente mais pacífica, é a da Unesco quando ela busca promover a diversidade cultural. Há mais de trinta anos, desde a criação da Cnuced, associa-se a noção de diversidade cultural à de biodiversidade, antes mesmo da Cúpula da Terra, no Rio de Janeiro, em 1992, liga ao conceito de desenvolvimento durável ou sustentável.[43] Propondo, assim, "um equilíbrio dos ecossistemas culturais", a Unesco adotou em 2001 uma "Declaração universal sobre a diversidade cultural" (este título não frisaria um oximoro?), depois, em outubro de 2005, publica a "Convenção para a proteção e a promoção da diversidade das expressões culturais".

Esta última convenção, aprovada por voto quase unânime (148 votos sobre um total de 156) na 33ª Conferência Geral, e que entrou em vigor em 18 de março de 2007, reconhece em direito internacional a natureza específica dos bens e serviços culturais enquanto portadores de valores, de identidade e de sentido. Ela afirma o direito dos Estados a adotarem políticas culturais que visem a assegurar a diversidade de expressões culturais em seu território, mas também – certos consideram isto um paradoxo, outros como uma simples condição de equilíbrio mínimo – o direito de protegerem de influências externas (por cotas sobre o conteúdo nacional, subvenções, créditos de impostos, regras sobre propriedade estrangeira etc.). Enfim, ela estabelece algumas disposições pelas quais os países desenvolvidos se envolvem numa – ou se comprometem com uma – ajuda aos países do Sul, para sustentarem o desenvolvimento de suas próprias indústrias culturais em emergência.

A convenção é o resultado de um combate de longo fôlego levado

---

[43] Conferência das Nações Unidas para o Comércio e o Desenvolvimento.

adiante essencialmente pela França e pelo Canadá, não sem oposição, dentro da própria Unesco. Ela mostra uma vontade de lutar contra as ameaças de erosão das culturas nacionais e, como o disse muito bem A. Mattelart, "evitar a redução à uniformização por meio da desculturação".[44] Os sólidos fundamentos de um tal combate não foram admitidos por todos, mas a ideia já está sendo apoiada, segundo a qual convém frear a destruição progressiva, por razões econômicas, das formas de expressão cultural (música, teatro, cinema...) que não correspondem à *world culture,* especialmente nos países do Sul. Entretanto, o texto da Convenção mostra seus limites quando se procura uma referência qualquer à *interação* entre as culturas e ao que se tinha portanto sido, em 2001, o objeto de um "ano das Nações Unidas pelo diálogo entre as civilizações". Já assinalamos mais acima os riscos de uma concepção enrijecida, quase museológica das culturas (simples patrimônio a ser preservado), dos quais estão conscientes os agentes da Unesco, mas pode muito bem ser que nem todos. Proteger pode não ser suficiente para uma cultura, que, como chamamos atenção acima, não é jamais estática, ou, se for o caso, deixa de ser.

A estratégia onusiana sobre a diversidade cultural é um passo ulterior de outro debate que diz respeito à "exceção cultural". Sabemos que o GATT[45] apresentou uma solicitação da União Europeia (fortemente influenciada no momento pela França), por meio de uma cláusula da exceção cultural, cujo objetivo seria subtrair o setor áudio-visual das regras normais do livre-comércio. Sabemos que os Estados Unidos lutam fortemente contra esta cláusula e tentam reintegrar o setor cultural no sistema de livre-comércio, especialmente por ocasião das negociações em relação ao acordo geral sobre o comércio e serviços (AGCS).

---

[44] Cf. Armand MATTERLART, *Diversité culturelle et mondialisation.* Paris: Éditions La Découverte, 2005.
[45] General Agreement on Tariffs and Trade (Acordo Geral de Tarifas e Comércio).

As estratégias de defesa da língua

A França, que é pioneira na luta pela exceção cultural, sustenta já há um bom tempo um outro combate que os valonenses, os quebequenses e os suíços romanos gostam de lembrar que não se trata de uma questão de somenos: a defesa da língua francesa no mundo. Ali temos uma estratégia defensiva, sempre honrosa, uma vez que não derivaria para a substituição de um imperialismo (o da língua inglesa) por um outro. Essa batalha da francofonia e da promoção da cultura francesa, que parece perdida já há tempos no domínio científico, não tem sentido, para mim, senão quando ela se torna uma ocasião de intercâmbios culturais sérios. Deste ponto de vista, pode-se constatar uma evolução até positiva quando vemos que muitos centros culturais franceses no exterior se esforçam para contribuir tanto na promoção das culturas e línguas locais, quanto na "irradiação do francês", e que estruturas como a Agence de la Francophonie já promovem obras e traduções em outras línguas além do francês.

3. As estratégias alternativas

Diante do risco da volta de um hegemonismo e das estratégias de uniformização, os primeiros anos de século XXI presenciaram a emergência de movimentos que as mídias puderam logo classificar de antimundialistas e que ganharam muito em seguida por tornarem-se "altermundialistas", passando assim a um "alter", um outro, seguindo o *slogan* dos fóruns sociais mundiais "um outro mundo é possível".

Criado em Porto Alegre para ser um contraponto do Fórum Econômico Mundial de Davos, o Fórum Social Mundial (FSM) não cessa de assombrar, fascinar e irritar. Tive a possibilidade de participar de três deles (em Porto Alegre, em 2003 e 2005, e em Mumbai, em 2004) e pude verificar o progresso realizado em termos de internacionalização e de organização, um verdadeiro desafio para eventos que reúnem agora várias centenas de milhares de pessoas. Este movimento, que é essencial ser conhecido por quem se interessa pela problemática unidade-diversidade no mundo atual, foi apresentado muitas vezes de um modo superficial e anedótico. Saudamos a emergência visível de uma sociedade civil mundial, descrevemos, não sem condescendência, a efervescência, a juventude, a vitalidade desta nova ágora do século XXI, relatamos o arrebatamento das discussões, mas esquecemos de falar da seriedade de alguns debates, da importância destas ocasiões de encontro para os movimentos, para as ONGs e mesmo para os representantes administrativos nacionais e internacionais, da abundância de proposições que ali foram feitas em termos de estratégias alternativas. Pode-se ler, para convencer-se disso, o trabalho realizado por uma equipe pluricultural por iniciativa da Alliance des éditeurs indépendants – *As 100 proposições do Fórum Social Mundial*.[46] Ele mostra, em torno de uma dezena de temas como os direitos humanos, a economia solidária, a construção da paz, as tecnologias, o meio ambiente etc., que o FSM é uma coisa bem diversa que um bazar alegre, que um encontro internacional simpático e, mesmo, que um lugar de fonte de recursos bastante útil para os militantes que têm necessidade, de tempos em tempos, de tomar consciência de que eles não estão sozinhos em seu combate. Mesmo seus organizadores não estando isentos, como acontece em muitos outros meios, de certo romantismo universalista, mesmo o diálogo das culturas não acontecendo sempre senão de um modo superficial, o FSM continua sendo hoje uma tentativa corajosa de construção de uma comunidade mundial que assume suas diferenças e que produz hoje, para além do *slogan* um pouco ousado que diz que um outro mundo é possível, *insights* intelectuais e proposições concretas alternativos à tendência hegemônica do pensamento dos detentores da ideologia da globalização econômica.

---

[46] Cf. *Les 100 propositions du Forum social mondial*. Éditions Charles Léopold Mayer, 2005.

Contra as monoculturas: uma ecologia dos saberes

Boaventura de Souza Santos, professor das universidade de Coimbra e de Wisconsin, ressituou o movimento do FSM no meio ambiente internacional atual, invocando o que ele chama de "sociologia da ausência".[47] Ela consiste, da parte das estratégias do hegemonismo, em negar a existência ou em desacreditar tudo o que não corresponde aos critérios dominantes da verdade, da racionalidade e da eficiência. Ele mostra como os movimentos presentes no FSM propõem opor-se, aos diferentes tipos destas monoculturas que encontraremos várias vezes nos capítulos a seguir: a monocultura da ciência, de início, decretada nos países mais ricos como sendo a unida vara com a qual medir a verdade: todos os que duvidam disto são considerados ignorantes. Depois, a monocultura do tempo linear e a ditadura do *forward,* do depois, da progressão, que relega ao *status* de retrógrados medievais todos os que, especialmente dos países do Sul, funcionam com uma outra lógica do tempo. A monocultura das classificações, que transforma em quantidade negligenciável todos os que recusam os tipos de classificação racial, sexual etc., o mais corrente. A monocultura da escala dominante, do universal, do global, que nega as capacidades inventivas dos níveis mais locais; enfim, a monocultura da produtividade que é a da salvação do mercado.

Assim, para Boaventura de Souza, o sistema dominante transforma em "não existente" cinco tipos de sujeitos: o ignorante, o retardatário, o inferior, o local e o não produtivo. Face a esta tendência, de Souza pensa que os movimentos sociais representados nos FSM propõem, entre outras coisas, uma nova "ecologia do saber", que dá lugar a modos de conhecimento que brotam da experiência que a ciência nunca leva em conta,[48] uma nova ecologia do tempo que integre as outras concepções do tempo

---

[47] Artigo disponível em: http://www.choike.org/documentos/wsf_s318_sousa.pdf.
[48] Ver, mais adiante, o capítulo 7.

(cíclico, circular etc.)[49] e uma nova ecologia da produtividade que recupere e valorize todos os sistemas de produção tradicionais que já deram suas provas de eficiência, desenvolva as potencialidade das organizações dos trabalhadores, das cooperativas e da economia social e solidária. Essa análise pode ser um pouco otimista no que ela espera de um movimento mundial que está em vias de, ao que parece, murchar, mas ela mostra muito bem a natureza da defesa dos agentes do FSM, especialmente das ONGs do Sul, por um mundo mais respeitoso da diversidade.

4. As estratégias de diálogo

Face aos grandes desafios interculturais da mundialização, outros agentes ou atores sociais chamaram atenção, depois de alguns anos, para a necessidade *operacional* do diálogo intercultural. Podemos citar o que acontece no meio religioso, militar, humanitário e científico.

Um novo sopro do diálogo inter-religioso

Mesmo se os conflitos com componentes religiosos estão muito longe de diminuir no mundo, mesmo se os integralismos de todo tipo prosperam, as iniciativas de diálogo inter-religioso assumiram uma dimensão que não conhecíamos, depois do parêntesis de coexistência pacífica das três religiões monoteístas da Andalusia no século XVI. É verdade que, com o encontro que aconteceu em 1893, do Parlamento das Religiões do Mundo, durante a exposição universal de Chicago, um diálogo formal entre tradições religiosas e espiritualidades, especialmente entre as do Oriente e do Ocidente, foi retomado no fim do século XIX. Este parlamento, convoca-

---

[49] Assunto a ser trabalhado no capítulo 5.

do inicialmente por um americano e por um indiano (Swami Vivekananda), reuniu-se depois a cada cinco ou dez anos, e o último encontro foi em 2004, por ocasião do Fórum Universal das Culturas em Barcelona.

Mas foi sobretudo a partir de 1986, com a organização em Assis de um encontro das grandes religiões, organizado por João Paulo II, que o movimento tomou a amplitude atual. Seguiram-se, relacionadas ou não a este encontro, as reuniões ecumênicas europeia de Bale (1989) e de Graz (1998) da Conferência das Igrejas europeias, a "Carta da organização das tradições unidas" elaborada ao longo de uma reunião de representantes mundiais com o Dalai Lama em 1997, os encontros da Conferência mundial das religiões pela paz, a Assembleia inter-religiosa do ano do Jubileu, no Vaticano (2000), a Cúpula do milênio dos chefes espirituais e religiosos organizada pelo Secretário-Geral das Nações Unidas em New York, em 2000 etc. Podem-se mencionar as mediações decisivas da comunidade Santo Egídio nos conflitos sangrentos de caráter religioso, ou a existência na França e no Oriente Médio de numerosas estruturas de dialogo judaico-muçulmano, islamo-cristão ou judaico-cristão.

O encontro inter-religioso de Assis em 1986

Paulo VI o havia sonhado, João Paulo II o realizou, contra as advertências de diversos de seus conselheiros. O encontro, muito simbólico, seria antes uma proposta de oração em comum que um simpósio, aconteceu em 27 de outubro de 1986. Reuniu representantes de numerosas religiões: islamismo, judaísmo, cristianismo, budismo, hinduísmo, zoroastrismo, jainismo, siquismo, espiritualidades animistas africanas... Numerosos chefes de Estado se associaram à iniciativa e responderam ao apelo do Papa, diversos países em guerra propuseram um cessar fogo, sua motivação por este passo. Conhecemos a famosa fotografia do grupo de representantes destas religiões e espiritualidades, intercambiando-se num frio glacial, em sinal de paz, o Papa e o Dalai Lama lado a lado.

Nem todo mundo concorda em conceder a este encontro uma influência decisiva. Odon Vallet, historiador das religiões, pensa, por exemplo, que o "diálogo inter-religioso não se decreta. Assis não teve uma posteridade e resultados". Outros, especialmente dentro da Igreja católica, desconfiam dele e consideram este encontro como um germe de uma espécie de sincretismo e de relativismo que os atemoriza. Mas, por ocasião de cada aniversário do encontro, o segundo e o vigésimo em especial, as iniciativas se multiplicaram no sentido de prolongar o efeito simbólico do evento com encontros de intercâmbio e de trabalho.

Não se deve deixar de sinalizar a escolha de Assis como lugar do encontro, que está muito longe de ser neutra. Em seu elogio permanente à Criação, acolhendo o sol como um "irmão" e a lua como uma "irmã" (cântico das criaturas), em seu vínculo apaixonado com os animais, com os quais (o lobo de Gubbio) instaura um verdadeiro diálogo, São Francisco de Assis é a figura conhecida da Igreja católica que une mais as cosmogonias orientais, africanas e andinas. Um símbolo forte para tematizar um diálogo, como o foi igualmente o célebre encontro de Francisco de Assis com o sultão do Egito em 1219, na época em que este tipo de diálogo teria sido julgado simplesmente como impossível.

Os militares e o diálogo intercultural

Entre as numerosas estruturas armadas, especialmente no meio das forças de manutenção da paz da ONU, os esforços de conhecimento cultural das populações implicadas assumem uma importância que não havia há dez ou vinte anos. Veterano das forças de interposição no Líbano e no Kosovo, o ex-comandante das forças de manutenção da paz na Somália, o general Sacchi de Sannes, convidado em 2005 para o Seminário intercultural no Instituto *Sciences Po*, insistia sobre os efeitos do vínculo entre a ignorância da cultura do outro e o medo, este medo que potencializa os desgastes num conflito ("Quando temos medo, atiramos mais rápido"). E, de mais a mais, não sem dificuldades e sem bravura, os exércitos trabalham em vínculo estreito com as ONGs locais para melhor compreender as condições culturais nas quais eles intervêm.

Contrariamente às representações que muitos ainda têm dos militares (no caso das forças armadas no Iraque e no Afeganistão infelizmente isso não se desmente), o papel destes na construção das relações sociais internacionais e do diálogo entre lógicas e pontos de vista culturais diferentes está tendendo a evoluir rapidamente. Um número crescente de responsáveis militares, conscientes dos impasses das soluções armadas, volta-se hoje em dia para um tema aglutinador, o da construção da paz. O mundo militar descobre o que o vincula ao poder político, ao mundo intelectual e à mídia e à sociedade civil. Pudemos ver especialmente no Chile, em 2005, por ocasião de um espetacular encontro organizado pela Fundação Charles Léopold Mayer e a Escola de Paz de Grenoble, que não somente reuniu oficiais de diferentes culturas (como o general francês Cot, o almirante Ramdas, veterano chefe da marinha indiana, o general colombiano Medina...), mas que também confrontou – e o símbolo do Chile não é sem importância – militares e militantes dos direitos humanos e as suas respectivas ONGs. Resultou disso uma formação progressiva de uma "Aliança de militares pela paz" que ilustra uma das formas entre as mais inesperadas de diálogo intercultural.

As ONGs e sua internacionalização

Henri Rouillé d'Orfeuil, presidente da Coordenação Sul, da federação francesa das ONGs, elaborou em diversos documentos e, especialmente, em sua ação internacional o conceito de "diplomacia não governamental".[50] Este conceito se aplica a uma realidade cada vez mais visível, que é a da implicação das redes de ONGs, de sindicatos, de militantes da sociedade civil no debate público e nas grandes negociações internacionais relativas, por exemplo, o comércio mundial, os preços agrícolas, a luta contra a AIDS, o tribunal penal internacional etc. A influência das organizações da sociedade civil nesta agenda é, portanto, muito maior do que aquela da sociedade estruturada, dentro de cada país, em cada continente e em nível internacional. Ora, a constituição de plataformas temáticas suscetíveis de permitir ações de defesa eficaz supõe, previamente, uma estratégia de diálogo intercultural que permita determinar onde e como se pode encontrar elementos de uma posição comum. As organizações militantes têm, certamente, entre os diversos países, uma forma de cultura comum, mas vemos claramente na prática as dificuldades que surgem quando uma federação francesa de ONGs, uma indiana, uma brasileira e uma senegalesa põem-se a trabalhar juntas. Tive a ocasião de constatar isso trabalhando durante um ano com Henri Rouillé d'Orfeuil e Jorge Eduardo Durão, em 2003, no quadro de funcionários da federação Coordenação Sul e na implantação de um programa de intercâmbio entre as ONGs francesas e as brasileiras. Temos então aí presentes concepções de tempo, de prioridades, de relações internas dos organismos (maior ou menor aptidão com as lógicas *bottom-up*, relacionamento com a hierarquia...), concepção do estatuto da palavra etc, que se opunham. Lembro-me, em especial, do mal-estar que sentimos na França, ao admitir o que chamo de "tempo e custo da democracia" no Brasil, estes tempos necessários, num país imenso, para reunir os parceiros, deixar a palavra e a diversidade de tempo para que todos se expressem, até emergirem as decisões coletivas. Do lado deles, os brasileiros se sentem mal, às vezes, ao compreender nosso modo de trabalhar e de gerir nossas urgências. O

---

[50] Cf. Henri Rouillé D'ORFEUIL, *La Diplomatie non governamentale – Les ONG peuvent-elles changer le monde?*, Paris: Éditions Charles Léopold Mayer, 2006.

erro seria concluir destas diferenças, que se ampliaram quando estendemos a colaboração à Índia e à África, que nós não podemos trabalhar juntos. A tarefa de desenvolver um fluxo de intercâmbios e de elaborar posições comuns nas negociações da agenda internacional revelou-se suficiente para superar as diferenças.

> ### Uma plataforma de diálogo e de ação para as ONGs de quatro continentes
>
> Desde 2003, as federações de ONGs de urgência e de desenvolvimento da França (Coordenação Sul) e do Brasil (Associação brasileira de organizações não governamentais – ABONG) trabalham juntas num programa de intercâmbio e de elaboração de plataformas de defesa quanto a questões agrícolas, urbanas e da economia solidária. Este binômio estendeu-se rapidamente para a federação indiana – VANI – e depois para a senegalesa – CONGAD –, cada uma das quatro confederações levando consigo progressivamente às outras federações de seus próprios continentes a plataforma europeia CONCORD, a Mesa de Articulação latino-americana etc. Esta aliança, já presente à margem ou ao lado dos governos no momento das negociações da agenda internacional (OMC, G8 etc.), conseguiu por meio da articulação unidade-diversidade ter peso no debate mundial.[51]

Este tipo de redes internacionais e interculturais orientadas para a ação é um daqueles que apoiam há muitos anos a Fundação Charles Léopold Mayer (FPH)[52], que fala delas como "alianças cidadãs": alianças interna-

---

[51] Cf. www.coordinationsud.org.
[52] Fundação para o Progresso do Homem (*Fondation Charles Léopold Mayer pour le progrès de l'Homme*).

cionais de juristas, de jornalistas, de artistas, de engenheiros, de pescadores etc. Um movimento que se desenvolveu ao longo dos anos 1990 no âmbito de uma rede mundial intitulada *Aliança por um mundo responsável, plural e solidário*. A dinâmica desenvolvida pela FPH e pela aliança global tem sido complexa, e ela tem batido de frente com diferenças de representações e de caminhadas sobre os diferentes continentes, mas no final ela tem demonstrado que é uma ocasião de um diálogo muitas vezes difícil, porém real. Seu ponto de orgulho foi a espetacular Assembleia de cidadãos de Lille em 2001, em que os líderes ou profissionais de todos os horizontes geográficos se reuniram (com a ajuda de centenas de intérpretes) para formular as proposições para os decênios à frente, preparar a elaboração de uma carta de responsabilidades humanas e uma agenda de ação coletiva para o século XXI. Quatrocentos participantes de todas as regiões do mundo estiveram aqui reunidos, a China e a Índia foram representadas pelo maior contingente, o que não era ainda uma evidência de sua importância na época. Vinte e cinco meios profissionais diferentes estiveram representados, pescadores e camponeses, sindicalistas e chefes de empresas, cientistas e universitários, autoridades eleitas locais e funcionários internacionais, militares e juristas... Para Pierre Calame, diretor da FPH e principal organizador da Assembleia, esta mostrou "que é possível técnica e humanamente encontrar em cada região do mundo, e em todos os meios, personalidades representativas de sua sociedade desejosas de diálogo e conscientes de suas próprias responsabilidades".

Os meios sindicalistas

A globalização econômica provoca, não duvidamos disto, desgastes nas condições de exercício do direito sindical, mas forçosamente não silencia a vitalidade do movimento sindical em seu todo. Os desafios dos quais o direito tem de dar conta (deslocamentos, estratégias multinacionais) requerem, com efeito, esforços de reestruturação, campanhas internacionais que reivindicam códigos de conduta adequados, um novo diálogo entre os sindicatos do mundo, que acontece, especialmente, depois de um longo período de distanciamento devido à Guerra Fria. A criação em Viena, em novembro de 2006, de uma nova internacional sindical, a Confederação sindical internacional (CSI),[53] que ocorre depois da dissolução da Confederação internacional dos sindicatos livres (CISL) e da Confederação mundial do trabalho (CMT), é um dos sinais, claro que ainda considerados insuficientes por muitos observadores, de um desejo de adaptar a ação sindical às novas dimensões do mundo econômico e social. A CSI representa cerca de 170 milhões de trabalhadores de mais de 300 organizações afiliadas nacionais em 153 países e territórios. Ela leva adiante, no plano internacional, uma série de campanhas relacionadas à questão da igualdade, da migração, dos direitos humanos e sindicais etc.

Os meios de pesquisa e de difusão de ideias à espreita de novas formas de diálogo

Existe um conhecimento científico universal indiscutível? A maior parte dos estudiosos das ciências "duras" recusam, sem dúvida, o termo "indiscutível", mas ninguém dirá que as grandes conquistas da pesquisa matemática, da física, da biologia são mais válidas numa área geocultural que em outra. Por outro lado, as pesquisas de comparação são moedas corrente nas ciências humanas e políticas, o que não significa que elas constituam os passos mais apoiados. Depois que citamos, em 2006, o Instituto de pesquisa e debate sobre a governança (IRG), apostamos no diálogo intercultural entre os meios socioprofissionais e geográficos muito diferentes. Depois, cada encontro internacional, cada nova instância

---

[53] www.ituc-csi.org.

editorial nos faziam medir ou perceber a distância cultural que existe entre universidades, correntes de pensamento, laboratórios de pesquisa quanto aos grandes conceitos de governança. Cada um organiza suas pesquisas em torno de uma concepção culturalmente demarcada de identidade, de sociedade civil, de democracia, de poder, mas a ideia de confrontar o que todos e cada um colocam por trás destes termos é nova e parece que hoje corresponde a uma verdadeira exigência. Isso tudo simplesmente porque, como precisaremos na última parte deste livro, começamos a compreender aqui e acolá que as palavras não são neutras, que elas constituem-se em uma arma política essencial e que o diálogo sobre as palavras não é outra coisa que um diálogo sobre a sociedade, sobre o viver juntos, sobre a regulação ou legislação.

Sobre o terreno do meio ambiente, o conhecimento dos diferentes pontos de vista culturais e da natureza das informações científicas existentes de um canto ao outro do planeta é considerado cada vez mais como algo previamente indispensável para a ação internacional. Isso tem presidido, por exemplo, a criação pela Organização Metereológica Mundial e pelo Programa das Nações Unidas para o meio ambiente de um grupo de peritos intergovernamental sobre a evolução do clima (GIEC). O GIEC tem por missão avaliar, sem pontos prévios de partida, de maneira metódica e objetiva, as informações científicas, técnicas e socioeconômicas disponíveis em relação com a questão da mudança climática. Buscando dar conta dos diferentes pontos de vista culturais e das incertezas, identificando tudo o que pudesse chegar a um consenso na comunidade científica, o GIEC está preocupado com o cotidiano pela equação unidade-diversidade, num domínio onde as diferenças de concepções do controle da natureza são importantes. No domínio da comunicação, o apetite pelo diálogo e pela compreensão intercultural existe também aqui e ali, como o mostra, por exemplo, o enorme sucesso de um jornal como o *Courrier international*, que traduz cada semana dezenas de artigos de jornais do mundo inteiro e manifesta a diversidade de olhares da atualidade.

Um outro sinal deste apetite pode ser visto na maneira com que a Aliança dos editores independentes para uma outra mundialização (AEI) encontrou eco junto a numerosos editores no mundo.[54]

Esta Aliança tem sua origem no programa intercultural que programamos durante alguns anos com Catherine Guernier, Suzanne Bukiet e Etienne Galliand no âmbito da Fundação Charles Léopold Mayer. No início, o programa promovia uma série de trabalhos de coprodução e de tradução levados adiante por editores da China, Índia, Uruguai e França... Pouco a pouco, essas operações se multiplicaram, e reunimos em 2001 os editores mais preocupados que quaisquer outros e que manifestavam um interesse por esse tipo de colaboração. Eles então insistiram, entre outras coisas, sobre o tema da independência em vista dos grandes grupos financeiros e da comunicação e, com isso, uma aliança foi sendo constituída em 2002 com o apoio da Fundação. Dois dos momentos importantes foram depois o encontro internacional de Dakar em 2003 e as Sessões internacionais de edição independentes em Paris, em 2007. Trata-se de criar um lugar para a colocação de projetos em comum e de propor uma palavra coletiva face às ameaças que pesam para os lados da diversidade cultural – a ocorrência daquilo que os editores, por sua vez, chamaram de "bibliodiversidade" – e ao movimento de concentração existente no domínio da editora.

Bibliodiversidade

A bibliodiversidade é um conceito que surgiu no albor do século XXI, no âmbito da editoria independente hispanófone, diretamente relacionada com a UNESCO e amplamente assumida pela Aliança dos editores independentes (AEI). Essa expressão aplica ao

---

[54] www.alliance-editeurs.org.

> domínio do livro e dos escritos o princípio da biodiversidade defendido para o mundo da biologia e da ecologia. A biodiversidade, é ao mesmo tempo:
>
> – *a variedade* (número de espécies). No caso dos livros trata-se do número de títulos;
>
> – *o equilíbrio*: o equilíbrio entre as espécies permite evitar que umas não terminem passando por cima das outras e, por fim, devorando-as. No domínio do livro, assegurar o diálogo entre as áreas culturais, realizar edições interlinguísticas, favorecer as traduções é contribuir para garantir este equilíbrio e evitar que *Harry Potter, O Código Da Vinci* e os diários de Monica Lewinski tenham sucesso às custas de outras produções, evitar que uma proporção esmagadora de traduções se faça do inglês para as outras línguas e não o inverso etc.;
>
> – *a disparidade*, que é a distância qualitativa entre as espécies. Para o livro, isso significa uma luta contra a estandardização dos conteúdos.[55]

Esses encontros foram momentos intensos de diálogo intercultural: os editores, representando sensibilidades tão diversas, como a da China, do Magreb, da Índia, dos Estados Unidos ou da África francófone e lusófone, puderam entender-se sobre plataformas comuns de defesa, estruturar-se em redes linguísticas e consolidar projetos editoriais ambiciosos. A coleção "Enjeux Planète", para citar só este exemplo, foi levada adiante na esfera da AEI em condições espantosas; doze editores da Europa, do Canadá, do Magreb, da África francófone concordaram sobre um programa editorial, sobre autores, delegando, a um entre eles e diferente para cada livro, o processo de edição e de fabricação e realizando a impressão num só e mesmo

---

[55] Proposta paralela de Françoise Benhamou por ocasião das Assises internationales de l'édition indépendante em Paris, em julho de 2007.

lugar (de início na Tunísia). O conjunto dos custos foi repartido de modo solidário, os editores do Sul arcando três vezes menos com as taxas que os do Norte, o que lhes permitia vender os livros nas condições que correspondem ao poder de compra de seus países. O leque de editores lusófonos da Aliança (Brasil, Portugal, Angola, Guiné-Bissau...) assumiu em peso essa proposta, e alguns livros da série estão sendo traduzidos para o castelhano, inglês e árabe...

Falaremos mais adiante de outras coleções realizadas na esfera do AEI: a série franco-chinesa "Proches Lointains" e a coleção "Palavras do mundo", que reúne editores da França, China, Índia, Estados Unidos e do Morrocos; em cada caso, o diálogo pôde produzir-se entre os operadores que, *a priori*, não tinham nada a ver uns com os outros, senão pelo fato de serem de uma mesma profissão (o que já é muita coisa) e o interesse comum de encontrar meios para reduzir os custos, mutuar, simplificar, partilhar os custos de tradução etc.[56] Hoje a AEI conta com cerca de 80 editores em 40 países e impôs-se no cenário internacional como um grupo de editores comprometidos com certa visão das relações interculturais.

5. As estratégias nacionais de gestão da multiculturalidade

Como já sinalizamos, existem em muitos países do Norte e do Sul situações de intensa multiculturalidade caracterizadas por uma variedade de línguas, de religiões ou de grupos étnicos. Alguns destes países (Canadá, Bélgica, Tailândia, Quênia, Indonésia...) vivem essa situação já há mais

---

[56] As Assises internationales de l'édition indépendante mostraram, em julho de 2007, que os pontos sobre os quais o diálogo entre editores pode enguiçar, manifestam a diferença das realidades econômicas, jurídicas, fiscais e políticas que existem em todos os países, mas tocam também questões puramente interculturais: diferentes ritmos de realização de um projeto editorial, diferenças na percepção do indivíduo e do grupo, diferença quanto ao peso da cultura mesma etc.

tempo em sua história; outros (França, Reino Unido) descobriram isso mais tardiamente, como o resultado de migrações internacionais essencialmente orientadas no sentido Norte-Sul.[57] Essa situação, como sabemos, é geradora de inúmeras tensões, muitos dos habitantes originais dos países que recebem os migrantes são de opinião que a insegurança e o desemprego são resultados diretos da imigração e da multiculturalidade.

Face a este novo dado, os Estados adotaram estratégias muito diversas para a gestão da multiculturalidade. Bruce Jacka descreve sete:[58]

– Neutralidade administrativa (*neutral proceduralism*), que visa simplesmente garantir a igualdade de direitos em relação à Lei e abstém-se de toda política intervencionista. É mais ou menos o caso, pelo menos em tese, dos Estados Unidos.

– Modelo "assimilacionista", que acentua o aspecto da coesão nacional e insiste na necessidade de integração. Desde a extrema direita à esquerda francesa, as políticas de tratamento da diversidade são evidentemente muito diversas, mas a ideia da "assimilação", que pode levar alguns a uma simples fagocitagem e outros a uma mestiçagem ou ao refúgio do comunitarismo, é constante forte que encontramos muitas vezes nas políticas aplicadas pelos diversos governos.

– O modelo dicotômico (*bifurcationism*), no qual distingue-se estritamente de um lado a esfera política e pública (a constituição, a bandeira, o serviço militar), na qual a unidade é exigida, e de outro a esfera privada e cultural, na qual o Estado não tem que de modo algum meter o nariz.

– O modelo "evolucionista", no qual o Estado leva muito a sério as minorias e encoraja a promoção de suas expressões culturais e tenta influir

---

[57] As estatísticas do Departamento dos Assuntos Sociais das Nações Unidas informam que 191 milhões de pessoas viviam em 2005 fora do país onde nasceram, um terço delas viria de um movimento de populações de um país em desenvolvimento para um país industrializado.
[58] Bruce Kackan é pesquisador do Ash Institute, da Kennedy School of Government (Harvard University).

sobre suas percepções recíprocas dos diferentes grupos culturais e os persuade de passar do "nós" ("us", restrito à sua própria comunidade) e do "eles'" a um "nós" verdadeiramente coletivo.

– Federelismo à canadense ou ao estilo belga.

– O *consorcionismo*, um modelo que está ainda em estado de projeto, foi proposto por Arend Lijphard nos anos 1960. Este modelo busca assegurar o equilíbrio multicultural em todos os níveis de governança, instaurando sistemas de veto mútuo e de representação proporcional das minorias.

– Enfim, ou mais simplesmente, uma política consistindo em instaurar sistemas de autonomia das províncias/estados (Espanha, Etiópia) ou provocar (ou sofrer) uma dispersão ou uma reconfiguração das fronteiras nacionais (Iuguslávia, Etiópia/Eritreia etc.).

* * *

Poderíamos descrever muitas outras estratégias coletivas de resolução adequada da equação unidade-diversidade e assinalar muitos outros contextos de diálogos das culturas no novo contexto da mundialização. Mas todos estes elementos foram evocados somente para situar a esfera global, na qual um profissional do campo internacional é chamado a exercer hoje seu trabalho. Nos capítulos seguintes, vamos buscar precisar o que constitui o objeto principal deste livro: os diferentes aspectos culturais que podem ter uma incidência sobre as relações profissionais.

Há alguns anos, durante um seminário intercultural do *Sciences Po*, um de meus convidados, um agente financeiro internacional, despacha estas palavras lapidares: "Se podemos evitar que se levantem questões, ganhamos uma enormidade de tempo". Ele reconheceu, claramente, depois disso, ter exagerado em seu pensamento, mas a fórmula resume de maneira impressionante, de meu ponto de vista, as duas tendências evocadas nas páginas precedentes, tendências essas que me parecem ser a fonte de mal-entendidos ou de acidentes de comportamento no trabalho de um expatriado ocidental: de um lado, a certeza absoluta dos sólidos fundamentos de seus próprios métodos e da pertinência da cultura empresarial que ele veicula; de outro lado, o ódio, a angústia da ineficácia e do tempo perdido, que leva o expatriado a buscar como prioridade sua própria realização, com custos eventuais para avanço coletivo do projeto industrial, ambiental ou de desenvolvimento do qual ele participa. Não penso que os efetivos dos profissionais do campo internacional contêm, já de início, mais imbecis e gente de má vontade ou profissionais perversos que os outros grupos de profissionais. Constato que os que iniciam nestas profissões não têm, às vezes, aquelas disposições de espírito essenciais para uma verdadeira eficácia: a dúvida e a paciência. A dúvida que não impede de se ter convicções, e a paciência que não impede de sermos dinâmicos.

Armando-me de paciência e encorajando o leitor a fazer o mesmo, proponho exatamente assumir no presente o tempo de limpar um conjunto de noções que nos são familiares, mas que merecem ser visitadas, tendo-se em mente as diferentes culturas. Tempo de construir um esquema, uma lista de questionamentos que permitam, numa situação de expatriação, tentar analisar o surpreendente, o falsamente implícito, o menos evidente que nem tínhamos em mente: onde estão as proximidades, onde estão as distâncias entre nossas culturas no que diz respeito à história, à religião, ao tempo, ao trabalho, à riqueza etc. Em que domínios funcionamos do mesmo jeito em várias culturas diferentes, em que podemos notar as divergências profundas de abordagens, as separações entre as concepções que fazem com que corramos riscos de mal-entendidos e de dificuldades nas colaborações?

Segunda Parte

INTERROGAR A CULTURA DO OUTRO
A consciência de referenciais diferentes

A RELAÇÃO COM A HISTÓRIA E COM A RELIGIÃO
Combinações entre tradição e modernidade

Em 2006, o caso das caricaturas de Maomé colocou, ao que me parece, em questão a capacidade dos ocidentais, dos franceses em particular, de admitir que possa haver outros valores além dos seus. Ele revelou sua dificuldade de compreender a fonte dos comportamentos que lhe parecem ser incompreensíveis, mas que são realidades a serem levadas em conta. Lembramos da história: um jornal dinamarquês publica em 2005 caricaturas medíocres representando o profeta sob traços de um terrorista. Passadas despercebidas durante longos meses, as caricaturas foram subitamente copiadas e denunciadas por meios integralistas muçulmanos e desencadearam reações de hostilidade de uma violência inaudita em numerosas capitais do mundo árabe-muçulmano: *fatwa*,[1] bandeiras queimadas, consulados queimados. Na França, o país de Voltaire, numerosos foram aqueles que se perturbaram com o tamanho dessas reações, e fiz parte deste número. Mas fui surpreendido pelo semanário *Charlie Hebdo*, que acreditou ser necessário envenenar um clima já tenso, assinalando a publicação das caricaturas dinamarquesas na França, sendo seguido imediatamente, em nome da laicidade republicana, e sustentando a liberdade de imprensa por vários outros apoios. Eu me perguntava se não estávamos assistindo aí a um ato ideológico gratuito, irresponsável, vindo de jornalistas fanáticos de um modo neurótico, por um pequeno número de valores herdados das Luzes, de tal

---
[1] Declaração de guerra.

modo seguros deles mesmos que nem mesmo lhes veio à mente a questão de saber o que poderia passar-se na cabeça de uma multidão em cólera, de buscar uma explicação pelo menos lógica de tais comportamentos.

Claro que essas multidões foram manipuladas, claro também que na origem da publicidade feita desses desenhos dinamarqueses estavam questões políticas de alguns mandatários muçulmanos, e é claro ainda que um francês não poderia aprovar isso. Mas podemos buscar nos informar – as populações aparentemente perturbadas vivem em países onde o islã é o verdadeiro código legislativo que organiza toda a vida civil, política e econômica. Podemos nos lembrar, além do mais, de que mesmo em se tratando de destruir os outros existiu um tempo em que os cristãos, em nossa própria tradição, preferiam morrer na arena romana que abjurar a fé. Eles não podiam transigir com seus próprios dogmas e suas próprias convicções, o que compreendo perfeitamente, ao menos pode evitar colocar mais lenha na fogueira. Evitar, aqui, não é abdicar; é dar provas de responsabilidade.

Este episódio nos lembra, de um modo um pouco violento, do que não é, certamente, uma novidade: os pesos da tradição, da história, da religião são muito diferentes de uma cultura para outra. E seria praticar a política da avestruz considerar que nada disto interfere na vida profissional. Lembraremos disto neste capítulo sob quatro registros: o da coexistência da tradição e da modernidade em cada cultura; o da relação indivíduo-coletivo; o da aderência da história nas relações interpessoais; e o do peso do fator religioso nos comportamentos individuais e coletivos.

1. Tradição e modernidade: universos que se ignoram, completam-se ou combatem-se?

A literatura sobre as questões interculturais fervilha de tipologias, diverte-se com dessemelhanças, disseca, separa, opõe. Ela leva a forçar o traço especial das particularidades da tradição das culturas as mais distantes das nossas, como se os indivíduos e os grupos não estivessem voltados *ou* para a tradição *ou* para a modernidade. Ousmane Sy, antigo ministro malês, com quem trabalhamos muito na IRG para demarcar as questões de vínculo entre tradição, modernidade e governança, insiste sempre sobre o fato de que na mente de um africano do oeste de hoje em dia coexistem muitas referências, e todas a seu modo vinculadas uma com as outras: de início, as referências aos valores animistas da época que precedeu à penetração do islã; depois, a referência muito forte para a maior parte dos malianos, do islã; e, por fim, a referência do período colonial e pós-colonial com todas as suas aquisições e traços da modernidade e da mundialização. O universo de um habitante de Bamaco ou de Mopti hoje é ao mesmo tempo o marabu, vinculado à mesquita, ao vilarejo de origem, à linhagem, à papelada da administração, à Coca-cola e ao celular. Se entrarmos numa favela de Bombay, vamos passar pelo casebre da internet antes de chegar nas desordem das caçarolas e acessar às divindades de cobre sobre pranchas e telhas. Uma parte da China sem dúvida derivou para a modernidade – os prédios modernos, os negócios, os tipos de vestuários são uns dos muitos exemplos disso –, mas, nos métodos de abordagem da realidade e da natureza, na cozinha, no modo de falar da família e na ordem de prioridades dos elementos de um discurso ou de uma conversa, os chineses parecem que estão ainda muito vinculados a suas tradições.

O equívoco da assimilação entre modernidade e ocidentalização

Constatamos, por outro lado, um equívoco permanente no discurso sobre a relação tradição e modernidade: a ideia de modernidade é muitas vezes de um modo rápido e superficial assimilado à de ocidentalização. Em dois casos que apresentamos (a China e a África), confundem-se frequentemente os dois. Durante um seminário intercultural da *Sciences Po*, o jornalista Chen Lichuan insistia sobre as duas maneiras de conceber a relação tradição-modernidade: "a modernidade, como uma ruptura com a tradição, é a corrente de pensamento de ocidentalização, que representa o movimento de 4 de maio de 1919;[2] a modernidade, como uma continuidade da tradição, é a corrente de pensamento da modernização". Esta passagem da ocidentalização à modernização traduz uma evolução na mentalidade chinesa, uma tomada de consciência da necessidade de buscar um equilíbrio entre a tradição e a modernidade. "A modernidade, acrescentava Lichuan, não significa fazer do passado uma tábula rasa. Infelizmente, foi um pouco o que aconteceu depois de um quarto de século na China. Tomemos o exemplo da urbanização. As necessidades de alojamento e a expansão da economia não explicam tudo. As primeiras cidades que os chineses viram depois da abertura do país foram Hong Kong, Singapura, Tóquio. E, depois, New York, Chicago, Los Angeles. Eles acabaram pensando que a modernidade é verticalidade. E por todos os lugares eles demoliram as cidades horizontais para construir cidades verticais. Pequim é agora uma cidade completamente desfigurada (...). Algumas cidades parecem que sobreviveram a esta vaga de modernização que chamo de banalização, Xi'an, Hangzhou e Suzhou. Tudo o mais praticamente foi afetado (...)."

Por ocasião de um debate organizado em Bamaco, em janeiro de 2007, pelo IRG, sobre o tema "Entre tradição e modernidade, qual tipo de governança para a África?",[3] o sociólogo Jean-Pierre Olivier de Sardan sugeria romper com "este costume ocidental de pensar tudo o que não corresponde à modernidade ocidental como resquício da 'tradicionalidade'. Existe, acrescentava ele, uma modernidade africana específica. Os cultos de possessão de hoje são diferentes dos cultos antigos, os espíritos não são mais os mesmos. O islã mudou, os praticantes do tradicional não cuidam ou dão conta de tudo como no passado. Deve-se parar de remeter o que é diferente do Ocidente a uma tradição congelada do passado". Uma reflexão compartilhada por muitos sociólogos de

---

[2] Insurreição de estudantes que se opuseram a certas formas de tradição chinesa e ao poder dos mandarins.
[3] Os resumos podem ser obtidos no IRG: info@insitut-gouvernance.org.

outras áreas culturais, tal como Shmuel Eisenstadt,[4] que fala de uma "modernidade múltipla", e Dilip Gaonkar,[5] que lembra das "modernidades alternativas" que não têm evidentemente necessidade de um recapeamento ocidental para existir.

A ilusão de um espaço virgem

Um outro erro frequentemente cometido nas relações entre o Ocidente e as outras culturas é a tendência que temos de fazer como se, quando chegamos com nossas injunções e nossas proposições num país do terceiro mundo, nós nos encontrássemos num espaço virgem, privado de história.[6] O caso de preceitos da "boa governança" apresentado, especialmente ante os países da África, para as instituições financeiras internacionais é característico dessa ilusão. Fala-se da necessidade, para os países africanos, de se "apropriar da governança" ou de "se apropriar da descentralização", mas nos esquecemos de que esses países já conheceram, pelo seu passado, sistemas políticos dos quais alguns já fizeram a experiência e dos quais omitimos no mais das vezes os fundamentos para repensar os sistemas políticos de hoje. Os sistemas institucionais de gestão das sociedades africanas, por exemplo, não datam da colonização. Esses sistemas, em especial dos grandes impérios, contemporâneos à Idade Média europeia, têm suas instituições próprias, seus modos de gestão administrativa pública, de organização e de transmissão do poder político, seus próprios modos de legislação e de regulação das relações sociais, de gestão e de normatização dos conflitos.

---

[4] Cf. S. EISENSTADT, *Multiple modernity*. Transaction Publishers, 2002.
[5] Cf. D. GAONKAR, *Alternative modernities*. Durham: Duke University Press, 2001.
[6] Aproveitando a expressão do sociólogo Nancy Thède, por ocasião de um seminário na Universidade de Montréal, em 2005.

Um exemplo histórico de gestão coletiva é o encontro de Kulukanfuga, que reuniu em 1235 todos os chefes de províncias do império do Mali, para entrarem num acordo quanto às regras comuns de gestão de seus territórios. A África sudano-saeliana foi também marcada pela propagação do islã, de início pacífica, nos tempos dos impérios de Gana, Mali e Songhay, depois no estilo de conquista em certos casos como o do reino de Peul. Os estados teocráticos que existiam nos séculos XVII e XVIII implantaram novos modos de gestão para os afazeres públicos.

Estratos da carta de Kulukanfuga[7]

Artigo 1º: A sociedade do grande Mandé está dividida em dezesseis portadores de aljava, cinco classes de marabutos, quatro classes de nyamakalas. Cada um destes grupos tem uma atividade e um papel específicos.

Artigo 2º: Os nyamakalas devem dizer a verdade a seus chefes, ser seus conselheiros e defender verbalmente as regras estabelecidas e a ordem sobre todo o reino.

Artigo 4º: A sociedade está dividida em classes por idade. À testa de cada uma delas está um chefe eleito. São da mesma classe de idade as pessoas (homens e mulheres) nascidas ao longo de um período de três anos consecutivos. Os Kangbés (classe intermediária entre os jovens e os velhos) devem ser convidados a participar nas tomadas das grandes decisões no que diz respeito à sociedade.

Artigo 6º: Para ganhar a batalha da prosperidade, fica instituído o Kon gbén wolo (um modo de supervisão) para lutar contra a preguiça e a ociosidade.

Artigo 7º: Fica instituído entre os Mandenkas o sanankunya

---

[7] Fonte: Atelier regional de acordo entre comunicadores e tradicionalistas de Maninka, Kankan, de 3 a 13 de março de 1998.

(primos de brinquedo)[8] e a tanamanyoya (uma forma de totemismo). Por isso, qualquer diferença que surja nestes grupos não deve degenerar ou descambar, e o respeito ao outro deve ser a regra.

Artigo 17º: As mentiras que sobrevirem por quarenta anos devem ser consideradas como verdades.

Artigo 22º: A vaidade é um sinal de fraqueza e a humildade é um sinal de grandeza.

Artigo 23º: Não vos atraiçoeis entre vós. Respeitai a palavra dada.

Artigo 24º: Não enganeis os estrangeiros.

Artigo 42º: Nas grandes assembleias, contentai-vos com vossos legítimos representantes e sede tolerantes com os dos outros.

Artigo 43º: Balla Fassèkè Kouyaté foi designado o grande chefe das cerimônias e mediador principal do Mandé. Ele está autorizado a *brincar* com todas as tribos, tendo por prioridade a família real.

A África pré-colonial fundou, assim, Estados que colocaram em prática dispositivos e procedimentos institucionais, geraram comunidades, organizaram ou normatizaram relações entre as pessoas e etnias, regularam as crises e conflitos internos e externos. Ela soube governar-se segundo as regras compreendidas e admitidas por suas próprias comunidades. Muitos agentes da cooperação com a África têm consciência dessa riqueza institucional do passado e da vantagem que podemos tirar dela.

Decifrar o presente a partir do passado

O que é, afinal de contas, a tradição: uma velha história ou um instrumento explicativo dos comportamentos de hoje? Para Michel Meslin,

---

[8] A parentela de faz de conta é um modo de gestão da diversidade e dos conflitos na África: é um pacto segundo o qual, sob a forma de brinquedo ou de faz de conta, pode-se dizer tudo, sem que haja oposição ou ressentimento.

coordenador de um seminário de história das religiões na Sorbonne, a resposta não deve ter dúvidas: a tradição é um "conjunto de atitudes e de condutas que se referem a um passado para guiar a ação do presente, graças à tomada de consciência de um princípio de identidade vinculando gerações". Em todo o mundo, entre nós como entre os demais, mas claro que muito mais nas culturas não ocidentais, a referência a um passado fundante tremula no presente mesmo quando não for explícito e remete-se, preferentemente, a um inconsciente coletivo. E ela não se resume a um simples conservadorismo, a um reflexo imitativo inerte do passado. "Existe, afirma Ysé Tardan Masquelier, uma relação dialética muito forte entre a tradição e a atualidade, conservadorismo e inovação, memória coletiva e espontaneidade da experiência individual. Na realidade, se o passado desempenha um papel tão importante, é porque o homem de hoje decifra melhor ali que no presente os elementos fundantes e permanentes de toda a vida. O passado não é importante porque ele é passado, mas porque vemos ali o eterno presente, uma lei para todas as épocas, um *dharma* cósmico."[9]

2. A força do coletivo nas tradições: o "eu" e o "nós"

As concepções e as representações entre o "eu" e o "nós", a relação entre o indivíduo e a comunidade, figuram entre os principais pontos de ruptura entre as culturas. Ousmane Sy, de quem lembramos no início deste capítulo, tem o costume de denunciar, por exemplo, a maneira como são redigidas as constituições nacionais dos países do oeste africano francófono. Como na constituição francesa, da qual elas não são, muitas vezes, senão fotocópias, elas focam exclusivamente os direitos do indivíduo, definindo a cidadania como individual, o que não tem sentido algum para um Continente onde o grupo, a comunidade da vila, é o próprio funda-

---

[9] Cf. Y. T. MASQUELIER, *Les spiritualités au carrefour du monde moderne*. Paris: Éditions du Centurion, 1993.

mento da sociedade. O conceito de identidade nacional, no Ocidente, é o da identidade *individual*; ora, pensa Ousmane Sy, "a identidade nacional na África está acima da identidade individual".[10] O sistema de escrutínio majoritário, centrado também ele no indivíduo, com seus ganhadores e perdedores, com o corolário "um homem, um voto", não corresponde de modo algum à tradição africana do consenso: gasta-se o tempo que for necessário para a palavra, todos têm voz na eleição e busca-se encontrar uma fórmula coletiva à qual cada um pode aderir. Mas, quando se explica a um ancião, numa vila do oeste africano, que sua voz não tem mais peso efetivamente que a de um jovem de 18 anos na eleição legislativa ou presidencial, ele simplesmente não compreende nada.

A dificuldade de dizer "eu"

Essas características não são próprias da África somente. Num bom número de culturas não ocidentais, o "eu" tem tão pouco sentido que um indivíduo tem dificuldade de falar em seu próprio nome, uma vez que, antes de tudo, ele se identifica com sua comunidade. Lembro-me da apresentação de uma das teses primeiras em 2005, na esfera do prêmio *Le Monde* de pesquisa universitária.[11] Sua autora, Fanny Duthil, tinha explicado os impasses nos quais ela se encontrara em sua pesquisa para recolher histórias de vida de mulheres aborígenes na Austrália. Ela teve de recorrer a suas minas de paciência e de diplomacia para recolher uma palavra mais pessoal, e tudo isso simplesmente porque estas mulheres se recusavam obstinadamente a usar o "eu" em suas entrevistas (o fato de constrangê-las a formulações ocidentais seria ele legítimo?).

---

[10] Seminário intercultural *Sciences Po*, 2007.
[11] Prêmio mantido pela Fundação Charles Léopold Mayer (ver www.lemonde.fr/mde/prix). O trabalho de Fanny Duthil é *Histoire de femmes aborigènes*. Paris: PUF, 2006.

Encontramos a mesma reserva sobre o "eu" na cultura árabe-muçulmana. A palavra "eu" existe ali, mas pronunciá-la é algo inconveniente. "Utilizar este pronome pessoal", assinala Hesna Cailliau, "é julgar-se ou portar-se mal diante dos seus. Se um árabe escutar, inadvertidamente, alguém dizer esta palavra, ele o repreenderá imediatamente pela fórmula normal da redenção: *Que Deus nos preserve da palavra 'eu',* subentendido que 'não seria senão o demônio a pretendê-lo'. Dizer 'eu' é já lançar-se no caldeirão de Satã".[12]

A confrontação entre a concepção francesa e a chinesa quanto ao registro do "eu" e do "nós" não podia ser mais instrutiva. Os chineses e os franceses definem bastante diferentemente sua identidade, tanto em relação ao outro como em relação ao mundo. No Ocidente, a experiência de alteridade é, digamos, paradoxalmente o que melhor define a identidade: "eu" sou eu pela minha relação a um outro, e uma distância intransponível nos separa. É por esta distância que podemos falar de identidade e de alteridade. Se a existência desta distância for constitutiva de minha identidade, a alteridade é feita pela separação. Emmanuel Levinas assim o demonstrou, no *Le temps et l'autre*, até que ponto é no caráter irredutível desta distância com o outro que faço a experiência de minha própria identidade.[13] Na China, não é na distância do outro, mas, antes, na *relação* com o outro que a identidade se elabora. Por outro lado, pode-se observar que a língua chinesa se constrói por associação de ideias, enquanto que as línguas ocidentais são construídas pelo sentido da diferenciação. A mesma separação vemos quando se considera as relações com o mundo: do *Cogito ergo sum* de Descartes ao *J'existe* do existencialismo de Sartre, a "consciência de si" e a experiência do "eu" são percebidas no Ocidente como a experiência suprema. Na China, não existe uma tal ruptura entre o sujeito e o mundo

---

[12] Cf. H. CAILLIAU, *L'esprit des religions,* op. cit.
[13] Cf. E. LEVINAS, *Le temps et l'autre*. Paris: PUF, 2006.

que o cerca. O esquema do pensamento é menos voltado para a busca de uma certeza do existir que para o cuidado de agir *no* mundo em harmonia com o mundo. O "eu" cartesiano perde seu sentido no momento em que se considera que não existe valor algum absoluto e que ele não faz sentido senão pelo modo como se inscreve no mundo em harmonia com o mundo.[14] No *L'écriture subjective: devenir "je"*, Jin Siyan descreve até mesmo um "eu" chinês que "desliza, delicadamente, fluido, até mesmo evanescente num jogo de códigos múltiplos".[15]

Um outro aspecto significativo das diferenças de concepções do "eu" e do "nós" entre o Ocidente e o Oriente é o que diz respeito à ordem do patrônimo e do prenome na declinação da identidade dos indivíduos: enquanto que somos habituados a dizer de início o prenome (que sinaliza nossa individualidade) e depois nosso nome de família (o que significa nossa descendência, uma pertença a um grupo familiar), os chineses começam com o patrônimo e colocam o prenome em segundo lugar: o chinês é antes de tudo parte de um grupo, define-se, de início, de algumas das centenas de patrinômios chineses e somente depois por sua própria identidade no seio deste grupo.[16]

Identidade e solidariedade

A natureza da relação do "eu" e do "nós" se revela igualmente quando se questiona as representações de centenas de culturas sobre a noção de

---

[14] Todas estas observações foram desenvolvidas numa exposição memorável por ocasião do seminário intercultural de 2005 no *Sciences Po,* por Hélène Nieul e Véronique Caillau.
[15] Cf. J. SIYAN, *L'écriture subjective: devenir « je »*. Paris: Éditions Maisonneuve et Larose, 2005.
[16] O jornalista Chen Lichuan chama atenção para o fato de que a China, com mais de 1,3 milhão de habitantes, não tem mais que uma centena de nomes de família, enquanto que na França temos muitas centenas de milhares.

solidariedade. Na Índia, nos conta Ghalib Hussein,[17] "os moradores das vilas construiriam juntos um poço sem pensar nisto. Não esperamos do outro nem que diga 'por favor' para que irrompa de maneira automática a ajuda coletiva mútua. Ela se fundamenta sobre um acordo implícito mútuo no seio da comunidade. Se algum tem um problema, ele não precisa pedir ajuda. A reciprocidade é o cimento da comunidade. É por isso que, em certas culturas, as palavras nem sempre são ditas, uma vez que sendo pronunciadas elas destruiriam alguma coisa. As línguas que têm uma palavra para o 'por favor' representam muitas vezes sociedades onde a partilha mútua não tem lá grande prevalência".[18]

Na obra *Identité*, da coleção "Les Mots du monde", assinalada mais acima, N. Jayaram afirma que não existe documento de identidade na Índia e que certo número de "marcadores da identidade" são necessários para sermos percebidos pelos outros, como a tatuagem, o vestuário, o turbante, a barba ou o bigode. Cada um é, pelo seu próprio nome de família (com prefixos e sufixos que lhes são afixados), visto como sendo antes de tudo um elemento do "nós", de uma casta ou de uma subcasta, de uma profissão vinculada a uma casta etc. Logo após a independência, Jawaharlal Nehru declarava: "é o grupo que importa, o indivíduo não ocupa senão um lugar secundário". A noção de cidadão livre e responsável suposto oficialmente (constitucionalmente) como sendo o elemento de base da "maior democracia do mundo" passa para um segundo plano. Na tradição hindu, afirma Martine Laffon,[19] "o indivíduo não é o centro do universo, mas ele tem seu lugar afixado na ordem cósmica como tudo o que existe. O indivíduo enquanto tal é, portanto, menos importante que seus atos. À questão 'quem

---

[17] Cf. G. HUSSEIN, *Ce que les mots ne disent pas*. http://www.eclm.fr/fileadmin/administration/pdf_livre/33.pdf.

[18] Larbi Bouguerra nota que esta forma de solidariedade perdura entre os tunisianos originários do sul do país e instalados na França. A cada verão, eles ajudam a construir a casa onde eles viverão sua aposentadoria, quando voltarem para seu país.

[19] Em sua análise da coleção "Les Mots du monde".

é você'?, a resposta não pode então ser outra senão a coletiva. E é antes de tudo em termos coletivos, segundo N. Jayaram, que o indivíduo deve na Índia negociar sua identidade devido ao fato da existência de grande número de grupos e da hierarquia que é estabelecida entre eles".

"Quanto mais nós somos, tanto mais eu sou"

Assim, em um bom número de culturas, as características do grupo são muito mais fundamentais, na vida profissional, social ou política, que um ocidental possa geralmente imaginar. No Japão, componente algum, projeto algum, negociação alguma pode ser dissociada da regra sutil do *Nemawashi*, palavra que designa o processo de trabalho em comum ou, em outros termos, deve-se tomar todo o tempo necessário para informar o conjunto de interesses e chegar a um acordo sobre o mesmo. Perda de tempo, poderia dizer um ocidental; ganho de tempo pensa um japonês, uma vez que, em suas condições, as decisões são executadas mais rapidamente. No outro lado do planeta, no Brasil, algumas associações de educação popular concluíram, pela sua experiência de trabalho, esta fórmula muito bonita: "quanto mais nós somos, tanto mais eu sou".

Eu, nós e os outros: identidade privada e identidade social no Japão

Como um francês expatriado por algum tempo no Japão, Nicolas Minvielle explica a dicotomia tradicional, no arquipélago, entre as noções de Uchi e Soto.[20] Uchi agrupa tudo o que pertence à "casa" – ao Japão ou à empresa – enquanto que Soto representa o que está fora da casa – o mundo, o outro, o estrangeiro. O espaço

---

[20] Para detalhes, acesse: http://www.institut-gouvernance.org/fr/analyse/fiche-analyse-6.html.

> Uchi não existe somente de modo físico. Trata-se, na realidade, de uma esfera no seio da qual as pessoas em relação são próximas. As pessoas membros desta esfera perdem então, de certo modo, sua individualidade para se fundir no Uchi. A relação entre Uchi e Soto pode ser definida por algumas oposições do tipo interior-exterior, nacional-internacional, fechado-aberto, escondido-revelado, familiar-não familiar, privado-público etc. A identidade do japonês pode então revestir-se de dois aspectos: identidade social – o Tatemae – e a identidade individual – o Honne –, que contem suas verdadeiras aspirações sociais. No espaço externo de tipo Soto, precisa Minvielle, um japonês terá a tendência a não apresentar de si mesmo senão o Tatemae, sua identidade pública. Assim, não é desejável que um japonês apresente seu Hon'ne num espaço tipo Soto. Ao inverso, no espaço Uchi, ele não precisa limitar-se ao Tatemae, e os sentimentos verdadeiros podem aparecer. Em termos de relações interculturais e de negociações internacionais, esta decantação de duas identidades tem consequências não desprezíveis. Assim, é extremamente raro, diz Minvielle, de ver representantes japoneses elevarem o tom durante reuniões internacionais, o que seria uma contradição com o fato de encontrar-se na zona Soto não deve ser percebido como uma aquiescência e não impedira estas mesmas pessoas de se mostrarem mais explícitas no momento de reuniões de menor importância.[21]

Vemos claramente que as concepções de identidade diferem radicalmente de uma cultura para outra. Em contextos culturais em que o ser humano é desde o início definido como parte de uma comunidade, explica Édith Sizoo, "o modo como se concebe a pessoa está ligado mais de perto

---

[21] Intervenção por ocasião do seminário internacional no *Sciences Po,* em 2005.

às mudanças de estatuto social ao longo de sua vida. Estes se expressam, muitas vezes, como uma mudança de nome por ocasião dos ritos de iniciação, do casamento, do nascimento das crianças, de posição adquiridas pelo simples fato de ser o mais velho etc. Nas sociedades onde o ser humano é já desde o início visto como um indivíduo, o seu nome ficará o mesmo desde o nascimento até a morte. O indivíduo descobre sua identidade enquanto pessoa por meio, ou melhor, graças a sua relação como os outros. É, pois, sua capacidade de entrar em relação que é vital para a busca de conhecimento de si mesmo".[22]

3. A questão do capital histórico e da "retaguarda histórica" nas relações interculturais

Como se reescreve a História

A polêmica violenta que aconteceu na França em torno do Artigo 4 da Lei adotada pelo Parlamento francês em 23 de fevereiro de 2005, sobre a colonização, Lei que celebra os aspectos positivos da empresa colonial sem realçar as derrapagens, chamou atenção para a extrema sensibilidade da opinião pública na França ou no exterior quanto à maneira em que se pode reescrever ou reinterpretar a História.[23] Condicionados por esta sensibilidade, os franceses fora do país oscilam, em relação a seu próprio passado histórico, entre duas atitudes extremadas, sendo que nenhuma delas facilita o fluxo nas relações, endividados que estão com os habitantes dos países nos quais trabalham.

A primeira é o postulado da culpa hereditária que os impulsiona a fazerem-se, na África, por exemplo, mais discretos, o mais inexistentes

---

[22] Cf. G. HUSSEIN, *Ce que les mots ne disent pas,* op. cit.
[23] Artigo 4 da Lei: "Os programas escolares devem reconhecer os aspectos positivos da colonização nos países da África do Norte". A Lei foi até promulgada, mas este artigo foi anulado pelo Conselho Constitucional.

possível e não se sentirem autorizados a falarem a verdade, e finalmente, às vezes, a não prestarem para nada por excesso de prudência e por medo de prolongar as atitudes colonialistas que muitos nacionais, por outro lado, não esquecem de os lembrar.

A segunda, que não é de modo algum construtiva, é a de negar toda relação entre sua situação, seu trabalho, seus envolvimentos profissionais e o acontecido entre as potências colonialistas e os países colonizados. Eles acabam por ser encorajados a isso pelas tomadas de posição política do tipo clamor emocional de Nicolas Sarkozy na véspera do segundo turno das eleições presidenciais de 2007 ("Quero acabar com a forma de arrependimento que é uma forma de ódio de si. E concorrência de memórias que alimentam o ódio para com os outros"). E para alguns pensadores com a mesma tendência de Pascal Bruckner, que no *La Tyrannie de la pénitence*[24] estigmatiza a primeira das duas tendências: "o mundo inteiro nos odeia e nós bem o merecemos: tal é a convicção de uma maioria dos europeus e *a fortiori* dos franceses. Depois de 1945, nosso continente foi habitado por tormentos de penitência. Remoendo seus abomináveis passados, as guerras incessantes, as perseguições religiosas, a escravidão, o fascismo, o comunismo, não vemos em sua longa história senão uma continuidade de mortandades que levaram a dois conflitos mundiais, que se pode muito bem dizer que foram suicídios entusiásticos. A esse sentimento de culpabilidade, uma elite intelectual e política apresenta suas condecorações de nobreza, voltadas à diversão do remorsos, como outrora às guardiãs do fogo: o Ocidente seria assim devedor de tudo o que não é dele, sujeito à justiciamento em todos os processos, condenado a todas as reparações". Poderíamos julgar talentosa e pertinente essa análise, se ela não fosse seguida imediatamente de uma afirmação de uma pretensão extraordinária: "Nesta ruminação doentia, as nações europeias esquecem que elas, e somente elas, fizeram

---

[24] Cf. P. BRUCKNER, *La Tyrannie de la pénitence – essay sur le masochisme occidental*. Paris: Éditions Grasset, 2006.

o esforço de superar a barbárie, curando-a e libertando-se dela". Elas, e somente elas! Que fique claro, por fim, que somos os melhores, mas os muito melhores...

A ambiguidade das heranças

Ter a consciência, pelo menos, da retaguarda histórica, "ser o que se é" até na herança histórica e cultural da qual somos portadores para dialogar e trabalhar com o outro, na verdade parece-me essencial, especialmente para superar os momentos e as situações onde o outro, precisamente, abusa de certas facilidades ou instrumentaliza a História. "Não há diálogo possível", dizia Albert Camus, "senão entre pessoas que continuam sendo o que são e que falam a verdade".[25] Falar a verdade, compreender a verdade, compreender-se para compreender o outro, eis o que encontrei magnificamente bem expresso no diário de bordo de Anne Dewees, uma de minhas antigas estudantes, enviado regularmente a seus amigos para traçar suas impressões de expatriada na China, onde ela trabalha atualmente sobre questões de energia e de meio ambiente numa grande firma francesa.

> **Estar sobre suas raízes**
>
> Eu que vim de livre vontade à China como uma página em branco, recusando toda e qualquer etiqueta, anestesiando toda as recordações ou toda a projeção para poder imergir mais facilmente, compreendo que tudo isso foi em parte um erro. Um *expatriado*, eu o sou num outro país, e não aceitá-lo é condenar-me ao sofrimento. Ser expatriado é chegar de qualquer lugar e viver fora deste lugar. Sou

---
[25] Cf. A. CAMUS, "Actuelles I. Chroniques 1944-1948". In A. CAMUS, *Essais*. Paris: Bibliothèque de La Pléiade, 1965.

um ex-patriado, ou de um outro país, e não aceitar isto é condenar-se ao sofrimento (...) Alguém dizia que para ver o mundo intercultural é necessário ficar sobre suas próprias raízes. Na época, eu achara isso bom e interessante, mas não estava certa de poder compreender bem isso (...). Mas no momento descubro que o mundo intercultural é bem radicalmente uma descoberta de si pelo encontro com o outro. (...) Não é suficiente encontrar o outro, é necessário permitir que o outro nos encontre. Se não tenha nada a dizer-lhe, o outro terminará, sem dúvida, por se desinteressar e ir embora. E de minha parte ficarei ali, silenciosa, sem poder segui-lo e nem saber onde me encontrar. (...) Quando se flutua sobre o oceano, tendo esquecido a existência dos portos, esquece-se do sentido mesmo da viagem e não se tem nada para contar... Mas se tenho algo a contar é porque sei onde se encontram meus portos; eles estão ali em meu coração, sob minha grande capa de chuva chinesa, Dunquerque, Paris, Berlim, Bludenz e, de novo, Berlim, estes lugares reunidos pelo simples fato de que eu os percorri do mesmo modo, de bicicleta e sob a chuva. Eles sempre estiveram lá, jamais os reneguei, ao contrário. Mas pode ser até que os tenha guardado demais no mais íntimo de mim, sem ousar removê-los, *sem querer pensá-los como raízes*. (...) Para entrar realmente no âmbito intercultural, que é fundamentalmente um intercâmbio (*inter*), é necessário, precisamente, ter uma moeda de troca. É necessário estar seguro do valor dela para ousar utilizá-la. Admito ser um orgulho brutal o fato de ser "ciosa" de tais valores, e é certamente em parte por isso que procuro o menos possível referir-me à minha origem, nos meios estrangeiros. Nem sempre gosto dessa palavra, não; não me sinto orgulhosa de ser europeia ou francesa. Mas agora aceito como um dado, como um dos elementos de minha carne que me determina em meus anos e em meus pensamentos, seja lá o que for que eu faça. Aceitando isso, coloco-me de acordo com a imagem que me devolvem esses milhões de pares de olhos, libero-me do sofrimento

> de ser diferente, sendo que posso continuar a sê-lo totalmente. Depois de quase dois anos na China, senti necessidade de reler Proust (...), de *reescutar* Barbara, de refazer meu pão eu mesma (...) Decididamente, nunca se está plenamente satisfeito consigo mesmo; nossos subterrâneos pessoais, estamos constantemente lembrando-nos deles, e nos surpreendem muitas vezes, como nas linhas de Claude Lévi-Strauss em seu *Tristes Trópicos*: "no meio da floresta amazônica, o etnólogo sem contato com a Europa depois de meses se surpreende ao ouvir chegar a ele trechos de música clássica que ele não achava lá grande coisa, precisamente porque muito conhecida, considerada excessivamente representativas da cultura Latino-americana. Sem que ele saiba, estas melodias estão inscritas nele, indeléveis, e elas continuam em seu mais íntimo, e são elas que ressurgem no momento em que todas as referências estão perdidas".
>
> Anne Dewees, junho de 2007

No que me diz respeito, vivi em três países diferentes do ponto de vista das retaguardas históricas e culturais. A Etiópia é um país que tem fama por jamais ter conhecido a colonização. Isso não é de todo verdade, uma vez que esteve sob o tacão italiano durante seis anos (1935-1941), e também porque somente uma etnia, a dos *Amharas,* por um longo tempo dominou as demais. Mas a relação com os brancos, com os *Farendj*, continua sendo uma relação de relativa indiferença, relação na qual o orgulho etíope não se sente por nada ameaçado e que leva o expatriado a não esperar mais-valia alguma de si, por sua situação de estrangeiro, mesmo quando ela o preserva de todo e qualquer sentimento de rancor da parte dos nacionais. Entretanto, sempre foi-me lembrada a minha diferença, como o era pelo bando de meninotes que ao fim de três anos morando num mesmo vilarejo, onde eu não era por nada um desconhecido, gritavam ainda na minha passagem os famosos *farendj, farendj...*

Na Costa do Marfim, ou ainda em outros países do ex-império colonial francês onde tive a oportunidade de realizar algumas missões, observa-

-se sempre, depois de mais de meio século das independências, reações de grande ambiguidade, que atribuem ao branco poderes, habilidades que estamos, no mais das vezes, muito longe de tê-las, mas também continuamente colocando em dúvida nossas intenções, ações desinteressadas, achando que elas não são mais que estratégias neocoloniais, nas quais eles não tinham jamais pensado. Curiosamente, encontrei depois essa ambiguidade no Brasil. Ali, muitas vezes, fiquei pasmado com a imagem que os brasileiros têm da França e do que ela induz em termos de relações humanas e profissionais. Muitas vezes lamentei por ter sido, primeiramente eu mesmo tomado como o embaixador de meu país e de ter contribuído com os erros dessa França da Luzes que, segundo meus amigos brasileiros, não sustentou suas promessas, colaborado com a degeneração desta cultura francesa tão brilhante e que se tornara tão frágil... Portanto, o Brasil não tem nada a ver com qualquer um dos empreendimentos coloniais franceses (se não, com algumas breves ocupações de São Luiz durante quatro anos no século XV e durante três anos no século XVI).[26] Mas as relações entre os países foram densas durante diversos períodos da História, especialmente nos anos 1960 e 1970, em que a França acolheu numerosos refugiados políticos. Aqui o peso da História não é negligenciável, a maneira, mesmo contrastada, como estes refugiados foram recebidos, deixou fortes traços que explicam certas reações.

Não poderíamos concluir estas observações sem lembrar que a memória não é a História. A memória valoriza, como sinaliza Michel Wieviorka, "os afetos, a consciência, a emoção, as paixões".[27] Ela é, acrescenta Pierre Nora, "aberta à dialética da lembrança e da amnésia, inconsciente de suas deformações sucessivas, vulnerável a todas as utilizações e manipulações,

---

[26] NT.: Provavelmente o autor se refira à França Equinocial e à fundação de São Luiz em 8 de setembro de 1612 (século XVII) e da França Antártica por Villegaignon em 1555-1560 (século XVI).
[27] Cf. M. WIEVIORKA, *La Différence,* op. cit.

suscetível de longas latências e súbitas revitalizações".[28] Uma advertência mais do que necessária, mesmo porque, nas relações de trabalho que empreendemos fora de nossa cultura com colegas, parceiros e mesmo clientes, a concepção que estes indivíduos têm de seu passado, a maneira como sua memória foi estruturada, é dependente grandemente de uma memória mais coletiva, eventualmente manipulada, instrumentalizada. Para o especialista do estudo da memória que é Maurice Halbwachs, "não nos lembramos senão na condição de nos localizar do ponto de vista de um ou de diversos grupos e de nos recolocar dentro de uma ou de diversas correntes de pensamento coletivo. (...) A sociedade tende a descartar de sua memória tudo o que poderia separar os indivíduos, distanciar os grupos uns dos ouros, e em cada época ela remaneja suas lembranças de maneira a colocar-se de acordo com as condições variáveis de seu equilíbrio".[29]

4. O peso das religiões e das espiritualidades

Estreitamente ligadas aos dados históricos e à tradição, as questões religiosas influem bastante em muitas culturas, em suas relações com o trabalho e na cooperação.

Culturas do sagrado e culturas secularizadas

Distinguem-se, geralmente, duas grandes famílias de culturas: de um lado, as "culturas secularizadas" (as que, como a nossa, pensa que tudo o que acontece tem uma causa lógica, explicável; onde se resiste misturar os assuntos pessoais, a fé ou a espiritualidade, de um lado, e o comportamento profissional, de outro), de outro lado, temos as "culturas do sagrado", este adjetivo não se refere somente às práticas religiosas, mas também a as-

---

[28] Apud, M. WIEVIORKA, *La Différence,* op. cit.
[29] Cf. M. HALBWACHS, *La Mémoire collective*. Paris: Éditions Algin Michel, 1999.

pectos mentais, a referencias tradicionais muito solidamente vinculados às mentalidades. Os indivíduos e os grupos pertencentes a estas culturas têm a tendência a pensarem que sempre tem uma explicação de ordem espiritual nos fenômenos do mundo; referem-se normalmente a forças sobrenaturais, consideram o universo sob uma dupla dimensão, a visível e a invisível. Na África, no Japão, na China, na América Andina, estas sociedades são assim profundamente ancoradas no respeito aos ancestrais.

O peso do sagrado é encontrável, na África, em muitos domínios, por exemplo no até inesperado, do poder e da política. Por ocasião de um colóquio em Bamako, citado mais acima, os debates mostravam fraturas maiores entre o modelo democrático ocidental importado, oficialmente em vigor, e a realidade sociológica de uma grande parte da população, que tinha por base uma ordem espiritual. O poder das capitais entra em acordo com uma representação mística do poder, herdada da tradição, como o mostram os diversos interventores do colóquio: "pensamos durante muito tempo na África que o poder é um dom divino e que ele deve estar a serviço do bem público..."; "todo o poder é místico; não podemos estudar em que medida a auréola do sagrado não poderia ser restabelecida hoje de novo"; "como conciliar a mística que cerca o poder com as constituições nacionais? Podemos colocar a palavra mística nas constituições?".

A distinção entre culturas secularizadas e culturas sagradas tem, entretanto, seus limites. A cultura americana não é evidentemente classificada pelos antropólogos entre as culturas sagradas, mas os Estados Unidos são um país onde os presidentes eleitos prestam o juramento sobre a Bíblia, onde se difunde hoje em dia o rastilho de pólvora da doutrina do *intelligent design*;[30] um país onde o presidente, conta Gerhard Schröder em suas me-

---

[30] Tese dos meios ultraconservadores cristãos americanos que questionam a teoria de Darwin. Ela refuta o papel da evolução natural nas espécies vivas e preferem a ação de uma "entidade superior" que manifesta uma habilidade, um "projeto inteligente ou inteligível".

mórias, manifesta muitas vezes em seus afazeres políticos sua relação com Deus.[31] Quanto à China, o caráter "sagrado' de sua civilização encarna-se, verdadeiramente, hoje em dia, na explosão econômica do país? Devemos esperar ainda para ver isso. Resta ainda a considerar, para nós ocidentais, que nos continentes aonde somos levados para trabalhar referências outras que as ligadas a nosso tipo de racionalidade influem muito concretamente sobre o modo como nossos parceiros trabalham e sobre a organização da sociedade.

O islã, projeto total

O caso do mundo árabe-muçulmano ilustra particularmente bem a influência do sagrado sobre a organização social. Em muitas regiões do mundo, o islã é, segundo os termos de Abderrahim Lamchichi, "um projeto político e social total que engloba a espiritualidade individual, a identidade coletiva e a religião do Estado".[32] Nos países que não vivem sob o regime da laicidade oficial (Arábia Saudita, Sudão, Paquistão, Afeganistão dos talibãs...), a vida no cotidiano, o trabalho, as relações sociais são todas simplesmente indissociáveis da religião, à imagem do que teria sido a vida nos territórios cristãos nos grandes períodos de teocracia na Europa. Um índice, muitas vezes lembrado por Larbi Bouguerra, dessa impregnância da referência religiosa no cotidiano da vida, aqui compreendida também a vida profissional, é o fato de que na Tunísia ou no Egito não se diz "nos encontraremos às 17 horas", mas "nos encontraremos após a quarta oração ou depois da oração do *Asr*...".

---

[31] Cf. G. SCHRÖDER, *Entscheidungen – Mein Leben in der Politik*. Hamburg: Hoffman und Kampe, 2007. Schröder afirma a propósito de G. W. Bush: "Posso compreender muito bem que se possa ser crente (…). Mas isso se torna para mim problemático quando se tem a impressão de que as decisões políticas são a decisão de uma conversa com Deus".

[32] Cf. A. LAMCHICHI, "L'Islam entre politique et religieux". In TESTOT, L. – DORTIER, J.-F. (Eds), *La religion, entre unité et diversité*. Auxerre: Éditions Sciences Humaines, 2005.

Seria erro, entretanto, imputar somente ao islã – ou somente ao fator religioso – as diferenças de comportamento entre os agentes do mundo árabe-muçulmano e os ocidentais. "A ausência ou o fracasso da laicidade na maior parte dos regimes islâmicos atuais, escreve Abderrahim Lamchichi, remete a condições históricas complexas, não a uma pretensa 'essência' da religião muçulmana. É forçoso constatar que os debates teológicos, filosóficos e políticos nunca foram tão intensos como hoje em dia.[33] Eles lidam com questões cruciais (direitos humanos, emancipação da mulher...). Os assuntos fundamentais não são nada mais, nada menos que o desenvolvimento econômico, a invenção democrática, a conciliação das aquisições universais de uma tradição outrora florescente e as exigências da modernidade."

Um outro erro seria a assimilação ou a confusão do mundo muçulmano com o mundo árabe, que tudo somado não representa mais que um quinto dos 1,2 bilhão de muçulmanos. Da África do oeste à Indonésia, passando pela Índia, Paquistão, Etiópia ou Tanzânia, encontramos universo de uma extraordinária variedade, graduações de práticas mais ou menos abertas ou fundamentalistas. O que não impede uma grande unidade em torno do Alcorão, da língua árabe como língua de culto e da "Umma", a comunidade dos crentes.

A religião e a vida

Em que medida o conhecimento das "espiritualidades orientais" (hinduísmo, budismo, taoísmo, confucionismo), estas espiritualidades que nosso vocabulário ocidental não sabe jamais verdadeiramente definir (trata-se de filosofias, de sabedorias, de religiões?),[34] é para o que se expatria

---

[33] Sem dúvida, entretanto, muito inferiores ao que foram nos séculos IX a XII.
[34] Se seguirmos J. F. Dortier (TESTOT, L. – DORTIER, J.-F. (Eds), *La Religion, entre unité et diversité*. Auxerre: Éditions Sciences Humaines, 2005), o termo "religião" é bem-adequado, sem dúvida, ao que foram o hinduísmo indiano e o shinto japonês na alta Antiguidade, o taoísmo e o jainismo ou confucionismo por volta do século V e VI antes da era cristã.

para a Ásia uma chave de compreensão do comportamento profissional e social hoje em dia ainda? Globalmente, a mensagem de Buda, de Confúcio e de Lao-Tsé parece menos religiosa que laica. Seguindo as diversas modalidades próprias de cada espiritualidade, quase todos os "pais" da sabedoria oriental propõem antes de tudo uma ética de vida, de sobrevivência, um modo de considerar as relações entre os seres humanos, entre os humanos e o cosmos, de fato, uma verdadeira filosofia. A religião mesmo não está ausente do mundo chinês, mas a palavra não tem de modo algum o mesmo sentido. Ela se compõe de dois caracteres, *zong*, que, no ideograma, sob um telhado, figuram três manifestações (o céu, a lua e as estrelas), e *jiao*, que significa ensinamento. As religiões dependem de uma transmissão de saberes entre gerações bem mais que de uma crença.

A revanche de Deus?

Que pensar, finalmente, da pregnância das religiões no mundo de hoje; que pensar de sua influência sobre a vida cotidiana? De Augusto Comte, e sua tese da passagem da "idade teológica" à "idade positiva", a Marcel Gauchet, retomando por sua vez, depois de Max Weber, a ideia de "desencantamento do mundo", as teorias da "secularização do mundo" se multiplicaram ao longo de dois séculos. José Casanova resume este conceito em três elementos: a separação entre as esferas do religioso e do secular; o declínio das práticas e das crenças religiosas; e a relegação da religião à esfera do privado.[35] Se seguimos esta ideia, o fator religioso tenderia a desaparecer das relações interculturais. Ora, o que acontece é exatamente o contrário. Fala-se um pouco por todos os lados hoje em dia de "retorno do religioso", assiste-se com toda evidência a certo despertar do islã, ao desenvolvimento dos evangélicos

---

[35] Cf. J. CASANOVA, *Public religions in the Modern World.* Chicago: University of Chicago Press, 1994.

protestantes na América Latina e na África, à multiplicação de seitas e de religiões afro-brasileiras etc. Isto chega até ao ponto de Gilles Kepel poder intitular um de seus livros de 1991 de *A revanche de Deus*.

Essa "revanche" procede de uma aspiração individual ou coletiva profunda, da busca de novos referenciais, de uma verdadeira reespiritualização do mundo neste século de consumo triunfante, do qual Malraux já há bastante tempo tinha profetizado que "ou ele seria religioso ou nem existiria"? Ou trata-se de uma instrumentalização do religioso pelo político, explorando a facilidade de propor um projeto simples, global e bastante ignorante da complexidade do mundo, mas muito eficaz em termos de mobilização popular (ligação entre as Igrejas fundamentalistas americanas e os neoconservadores, a força do islamismo radical nas políticas dos Estados do Oriente Médio, o papel dos movimentos fundamentalistas judaicos na política israelita etc.)?[36] Os dois fenômenos coexistem e são, sem dúvida, bastante subestimados pelos franceses.

Para além da influência da religião, às vezes, da religião de Estado sob as estratégias geopolíticas no mundo, o que nos interessa aqui é, sobretudo, saber em que as religiões, por sua influência sobre os valores, condicionam os comportamentos profissionais de uma região à outra. Pudemos já lembrar disso mais acima ao falarmos da relação entre o individual e o coletivo nas culturas não ocidentais: em certas religiões ou espiritualidades (hinduísmo, budismo), o *ego* é mais ou menos um inimigo, ele deve diminuir para que se possa chegar à plenitude, e isto leva, evidentemente, a comportamentos comunitários. A ideia de performance individual, da capacidade de superação do homem, é ao contrário central nas culturas ocidentais. A religião católica tem nesse campo uma posição bem particular. De um lado, toma de um modo bastante corrente os termos do Salmo 8, que expressa uma ideia muito elevada do ser humano ("Apenas um pouco menos que um deus o fizestes"), e, por outro lado, ela desenvolve a ideia de que, devido ao fato do pecado original, o ser humano nasce

---

[36] Cf. Edgar MORIN, *Le Monde moderne et la question juive*. Paris: Éditions Le Seuil, 2006.

mau, ou pelo menos (na doutrina protestante) inclinado a fazer o mal, e que ele deve caminhar para a redenção totalmente imerso no trabalho e no controle de si. Essas dimensões continuam profundamente fincadas no Ocidente, e isso vale também para as pessoas que não têm fé alguma e distinguem nossa civilização da do Oriente, onde não se pensa que os seres humanos nasçam maus, mas eles são (para os budistas) aprisionados pelos desejos terrestres que a sociedade amplia e dos quais é importante que sejam libertados, para crescerem e progredirem na direção da inocência.

Mencionemos, enfim, que a marca religiosa se manifesta, muitas vezes, hoje, ali onde não esperaríamos. Na Ásia, por exemplo, a consideração pela circulação de energias na administração do espaço, ideia referida a dimensões espirituais, está longe de ser uma velha história. A geomancia (Feng Shui) é para os europeus, doidos por receitas exóticas, uma técnica divertida e da moda para lidar com a organização de seu apartamento, mas ela tem na China e nas zonas de população chinesas uma influência não desprezível. Não é raro, portanto, ver empresas de construção civil e de trabalhos públicos consultarem os sacerdotes taoistas para determinar a alocação adequada de um aeroporto ou de uma avenida de grande circulação. Hesna Cailliau descreve o exemplo da firma Danone, que se viu na obrigação de mudar o direcionamento de seus fornos para biscoitos numa fábrica na China depois da inspeção de um mestre de Feng Shui.[37] Ela conta também as desventuras da rede de hotéis Hyatt em Singapura, que, não conseguindo há vários anos ter uma ocupação adequada de seus quartos, consultou os geomancistas, e estes propuseram que ela mudasse o ângulo de abertura da entrada principal e, com isso, a rede encontrou de novo a prosperidade! Raj Isar[38] explica, por sua vez, que na Índia um biólogo ou um físico, seja ele até um prêmio Nobel, não deixará de consultar um astrólogo ou de ir ao templo para confirmar uma eventual hipótese científica...

---

[37] Cf. H. CAILLIAU, *L'Esprit des religions*, op. cit.
[38] Intervenção no seminário intercultural *Sciences Po,* 2007.

4

A RELAÇÃO COM A NATUREZA
Cosmogonias, visões de mundo e atitudes diante do meio ambiente

"Em Benares, às margens do Ganges, o historiador burkinabense, Joseph Ki-Zerbo, falecido em 2006, tinha o costume de dizer que não se olha o rio do mesmo modo como se faz num laboratório de física teórica." Lançando mão de um atalho para lembrar que a visão da natureza e as relações do ser humano com ela variam não somente de região para região no mundo, mas também de um universo profissional para outro. A visão sacralizada da natureza, a atenção aos sinais e aos significantes, perdeu sua importância nas civilizações ocidentais, que puderam recentemente espantar-se – e até maravilhar-se – com o fato de que, lá onde dispositivo técnico de alerta algum funcionara, os habitantes da ilha do Oceano Índico, na zona do tsunami de 2004, se salvaram porque fugiram a tempo à simples vista de movimentos estranhos na superfície da água.

Instruídos por longo tempo por suas próprias cosmogonias – estes mitos que contam o nascimento do mundo[1] – as culturas ocidentais e não ocidentais desenvolveram visões de mundo muito diferentes. Nós as lembramos de início, uma vez que estas visões têm ainda certa aderência na maior parte dos países e não pode ser eliminada dos dados que condicionam o trabalho internacional. Mas, num segundo momento,

---

[1] Sobre este assunto, consultar o excelente artigo na Wikipédia: http://fr.wikipedia.org/wiki/Cosmogonie. De um modo muito sintético, ele apresenta as semelhanças e as diferenças entre os mitos fundantes.

lembraremos que, graças a certos fatos (globalização das ameaças ao meio ambiente), as diferentes concepções evoluem hoje no sentido de certa governança.

1. Cosmogonias, visões de mundo e diferenças de postura: dominação *versus* simbiose

Em sua memorável introdução à antologia dos textos fundadores das relações ser humano-natureza, o próprio Joseph Ki-Zerbo, apesar de advertir para o caso de generalizações apressadas, estima que, por mais plurais que sejam "as sociedades humanas e suas misturas, elas adotaram duas atitudes predominantes em relação ao meio natural. A primeira consiste em apreender, dominar pela mão ou por instrumentos e compreender a natureza como um objeto utilitário e agradável, destinado ao ser humano como um meio para um fim. A segunda abordagem repudia esta secessão em relação à natureza, uma vez que se considera como uma associada ou mesmo uma parte integrante enquanto um microcosmo em simbiose no macrocosmo. O ser humano aparece então como um sujeito entre uma multidão de outros sujeitos com os quais terá de negociar, os procedimentos adequados (religiosos, éticos, simbólicos etc.), mediante a coabitação e a aliança".[2]

As posturas de dominação

A primeira atitude é a da dominação e exploração material da natureza, historicamente vinculada à influência judaico-cristã no Ocidente,[3] mas

---

[2] Cf. J. KI-ZERBO, M.-J. BEAUD-GAMBIER, *Compagnons du Soleil – anthologie des grands textes de l'humanité sur les rapports entre l'homme et la nature*. Paris: Éditions La Découverte/UNESCO/Charles Léopold Mayer, 1992.

[3] Cf. *Livro do Gênesis* (1,28), na Bíblia: "Multiplicai-vos e preenchei a Terra e dominai-a".

não unicamente: o pensamento grego define também o ser humano em oposição aos outros elementos do reino animal e lhe confere uma espécie de direito de extração sobre os elementos naturais. O ser humano é o dono da natureza, e é ela que deve curvar-se a suas exigências.[4] Podemos crer que houve entre os séculos XI e XII certa aproximação, na Europa, entre o ser humano e a natureza, especialmente com a espiritualidade de são Francisco de Assis. Mas Descartes, de início, e o Século das Luzes, depois, reavivaram o sentido do dualismo. "A natureza, escreve Hervé Kempf, não é somente distinta da humanidade, ela se torna objeto, tanto para revelar seus 'segredos' como para se adaptar às necessidades humanas. O ser humano torna-se então seu 'mestre e possuidor', segundo a célebre fórmula de Descartes".[5] Uma concepção que terminará por justificar o desenvolvimento científico e técnico e lançar o Ocidente numa aventura transformadora sem precedentes. Os seres humanos irão *para além da domesticação*, eles vão destruir a natureza. O surgimento das preocupações ecológicas é, neste sentido, uma impressionante ruptura.

As posturas de simbiose

Bem longe dessa concepção dominadora, encontram-se as concepções "holísticas": a que levam adiante, por exemplo, os índios do Peru ao ajoelharem-se diante da *Pachamama* (a mãe terra) antes de semear, como se lhe pedissem alguma autorização; a antiga nostalgia do seio materno que as civilizações do Velho Continente também conheceu no passado. São holísticas também as concepções animistas africanas em que, lembra Joseph Ki-Zerbo, "o terapeuta de outrora,

---

[4] Existe nisto uma atitude bastante geral, mas devemos evitar colocar todos os ocidentais no mesmo saco. Lembremos, por exemplo, a oposição entre o "jardim à francesa", onde a natureza é encaixada, dominada, organizada em alamedas retilíneas, e o "jardim à inglesa", que acomoda a natureza com mais liberdade.

[5] Provavelmente trate-se do H. KEMPF – Ph. PONS, "L'épuisement de la nature ménace le progrès". *Le Monde,* 26 mai 2005.

antes de cortar as folhas para fazer um remédio, recolhia-se um momento diante da árvore e lhe 'pedia perdão' por ter de mutilá-la".[6] Na tradição africana, a ideia de um mundo antropocêntrico e totalmente visível não tem sentido algum. O mundo para muitos africanos é mais vasto que isto; existe um mundo visível e um mundo invisível. Existe um mundo que é constituído não somente pelos homens, mas também pelos ancestrais, pelos espíritos, pelos animais.

A natureza, elemento do "nós" nas culturas andinas

No *Ce que les mots ne disent pas,* Édith Sizoo apresenta uma série de testemunhos de tradutores ou de militantes de associações que mostram as diferentes concepções do "eu" e do "nós" de um lado ao outro do planeta em relação com a natureza.[7] Ela insiste, de um modo particular, sobre o caso das culturas andinas: "em certos contextos culturais, por exemplo o dos povos indígenas dos Andes, a noção de 'nós' compreende não somente os seres humanos, mas se estende a todos os que vivem no mundo do visível, bem como no do invisível. A noção de comunidade e de parentela não se reduz ali ao que entendemos geralmente pela organização social (...)".

Édith Sizoo cita, para ilustrar, o modo como Rengifo Grimaldo[8] descreve o *ayllu,* comunidade andina de parentes que se compõe de "seres humanos (*runas*), de membros da natureza (*salqa*) e de membros das comunidades das divindades (*huacas*). (...). A palavra 'parentes' é estendida assim às plantas cultivadas – à 'chacra'.[9] Os camponeses andinos consideram as batatas de sua chácara como

---

[6] Cf. J. KI-ZERBO, M.-J. BEAUD-GAMBIER, *Compagnons du soleil,* op. cit.
[7] Cf. É. SIZOO, *Ce que les mots ne disent pas – quelques pistes pour réduire les malentendus interculturels.* Paris: Éditions Charles Léopóld Mayer, 2000.
[8] Citado em É. SIZOO, *Ce que les mots ne disent pas, op.cit.*
[9] NT.: Termo inexistente em francês, provavelmente o autor se refira ao termo castelhano "chacra", isto é, "chácara".

> suas filhas e, quando se trata de uma nova espécie integrada recentemente, eles chamam de noras. (...). As montanhas são consideradas as grandes mães, estendendo assim a parentela à coletividade das *huacas* (divindades). Uma vez que tudo faz parte da família estendida (a todos os seres vivos), não existem órfãos no *ayllu* e a noção de solidão não existe; em seu lugar temos a afeição".

A gestão dos bens públicos, do bem comum, como a água e o solo, por exemplo, assume então uma dimensão totalmente diferente, pelo menos no que tange às motivações dos "gestores", diversas então das do Ocidente. Na mente de muitos africanos das zonas rurais, e quase por definição, a terra é sagrada, "um dom de Deus", e não pode ser considerada como uma simples mercadoria. Os espíritos, tendo delegado o poder ao primeiro ocupante da terra, impôs ao ser humano deveres sagrados. No antigo império do Mandé, na África Ocidental, a coisa pública foi considerada como uma resultante de uma dupla relação dos vivos e dos mortos. Toda tentativa de apropriação desta coisa pública, sagrada, seria então impossível, uma vez que os próprios ancestrais, os mortos, poderiam perseguir o culpado: uma dívida diante dos vivos e *dos mortos*!

Essas representações tradicionais do valor do solo, por outro lado, está na origem dos conflitos armados do mundo contemporâneo. Eles continuam a existir por causa de litígios de terra e de desacordos quanto ao direito de posse.[10] Em países em que a população agrária não é mais de 2% da mão de obra ativa, perdemos mais ou menos a memória do que foi, entre nós, o valor sagrado da terra e esquecemos que as coisas podem não ser exatamente as mesmas nos países em que fomos destinados a trabalhar.

Mesmo se as práticas locais desmentem o peso das visões tradicionais das relações ser humano-natureza na gestão do meio ambiente, o caso da

---

[10] No caso da África, ver especialmente o "focus" do jornal *Le Monde* de 12 de janeiro de 2007: *Afrique – les nouvelles guerres pour la terre.*

Floresta Amazônica ou da África é um outro exemplo significativo das diferenças do valor atribuído aos bens naturais. Em seu artigo "Interculturaliser le développement durable"[11], o geógrafo camaronês Joseph Esoh Elame, que luta para fazer da "responsabilidade intercultural" a quarta coluna do desenvolvimento sustentável,[12] descreve a variedade das funções das florestas que revestem a África Negra: "certas florestas são a morada de divindades. Outras são cemitérios dos chefes tradicionais, de altos dignatários, de notáveis (...). Depois da morte, o defunto é enterrado no acampamento.[13] A comunidade abandona definitivamente este espaço, a fim de que o espírito do defunto possa regenerar-se adequadamente na floresta. Este local torna-se, portanto, simbólico e rico de história. Ir por aí cortando árvores num tal lugar é um verdadeiro sacrilégio. Nos bosques sagrados, prossegue Joseph Esoh Elame, todas as árvores não têm a mesma importância. Algumas encarnam espíritos, outras permitem a santificação e a purificação, ou mesmo neutralizar os azares e as maldições (...). Estes valores e estas crenças que pertencem ao patrimônio cultural desses povos determinam, em grande parte, os aspectos da natureza que eles estão motivados a preservar. Certas florestas na África Negra abrigam importantes bosques sagrados e são verdadeiros santuários, tendo a mesma importância cultural que a catedral de Notre-Dame de Paris ou a basílica de Notre-Dame de Montréal (...)". O olhar que os outros devem ter da floresta não deve, portanto, se limitar à riqueza natural e ao seu papel de pulmão da humanidade. "As florestas devem ser consideradas, de início, como bens culturais, tendo uma forte dimensão histórica e comemorativa. Elas são nossos monumentos, nossos lugares, nossos museus." E Esoh Elame continua a especificar que as florestas na África Negra pertencem, antes de tudo, aos ancestrais fundadores das

---

[11] www.francophonie-durable.org/documents/colloque-ouaga-al-esoh.pdf.
[12] Lembremos as três colunas do desenvolvimento durável ou sustentável propostas por Brundtland em 1987, que seriam a solidariedade social, a eficácia econômica e a responsabilidade ecológica.
[13] NT.: Provavelmente, o autor se refira à "clareira" ou ao pátio central da vila.

comunidades autóctones, antes de serem um patrimônio natural mundial. Para as populações autóctones, pensa ele, elas são, antes de mais nada, um bem cultural, antes de ser um bem natural.

> **Comprar nossa terra?**
>
> Conhecemos já o famoso discurso pronunciado em 1854 pelo chefe indígena Seattle em resposta às propostas de expulsão e de reinstalação feitas pelo presidente dos Estados Unidos: "O grande chefe de Washington nos apresenta seu desejo de comprar nossa terra. O grande chefe (...) é muito generoso, uma vez que sabemos muito bem que ele não tem necessidade de nossa amizade de volta. Entretanto, vamos considerar a vossa oferta, uma vez que sabemos que, se nós não a vendermos, o homem branco virá com seus fuzis e vai tomar a nossa terra. Mas podemos comprar e vender o céu, o calor da terra? Esta é uma ideia estranha para nós! Se não somos proprietários da frescura do ar, nem do reflexo da água, como podeis comprá-la? O menor cantinho desta terra é sagrado para meu povo. Cada ponta do pinheiro brilhante, cada praia arenosa (...) tudo isto é sagrado para a memória e a vida de meu povo. Assim, quando nos pede para comprar nossa terra, o grande chefe de Washington exige muito de nós". A origem deste texto é muito contestada, alguns falam de que seja falso, mas o espírito continua, uma vez que ele faz um resumo surpreendente do valor dos elementos naturais nas cosmogonias de muitos povos do terceiro mundo ainda nos dias de hoje.
>
> Um século e meio mais tarde, em 2002, o chefe Orens Lyons, da nação Onondaga e da Confederação iroquesa, durante o fórum dos povos autóctones da Comissão para o desenvolvimento das Nações Unidas, atualizando e completando essa visão declarava: "A humanidade deve agora colaborar, não mais somente para sobreviver,

> mas para uma qualidade de vida ancorada sobre valores universais que protejam o equilíbrio delicado da vida que é a nossa proteção... A biodiversidade é um termo clínico, técnico, para qualificar este equilíbrio da vida, do qual dependemos. Nós, povos autóctones, dizemos que fazemos parte desta vida; assim, o que vocês chamarem de 'recursos' são, para nós, relações. Tudo depende do modo como é considerado (...). Nós vos dizemos, enquanto vocês fizerem guerra conta *Etenoha* (a mãe terra), não poderá haver paz jamais".[14]

Outras visões holísticas são encontradas no universo japonês com sua tradição misturada de animismo, de budismo e de shintoísmo. O Japão é certamente o país do *bonzai* (manifestação de que não se pode imaginar algo maior de dominação da natureza), mas também é o país onde a palavra trovão é significativa e se traduz por "estrondo das divindades". Para a cultura tradicional japonesa, o ser humano não é mais que um elemento do ciclo da natureza, e tudo o que tem uma forma está condenado a desaparecer. Os japoneses são evidentemente muito sensíveis às variações climáticas e aos caprichos do solo (terremotos, por exemplo). Mas eles têm em relação a isso uma atitude muito diversa da dos ocidentais (o que explica por que em Tóquio continua-se a construir e a concentrar os serviços públicos, enquanto que todo o mundo está a par da amplitude devastadora e previsível de um dos próximos terremotos).[15] Tetsuo Yamaori, diretor do centro de pesquisas internacionais de estudos japoneses em Quioto e especialista em crenças religiosas populares, entrevistado por Philippe Pons, dizia que no

---

[14] Cf. www.fnh.org/francais/fnh/uicn/pdf/concertation_autochtones.pdf.
[15] NT.: Enquanto se fazia esta tradução, testemunhava-se um terremoto com mais de 9 pontos na escala Richter e um impressionante tsunami com milhares de mortes e acidentes graves nas usinas nucleares, na costa nordeste do Japão; os jornalistas manifestavam seu espanto em relação a isto estar tão integrado na vida cultural e no cotidiano dos japoneses, que estes adotavam uma postura quase que natural em seu comportamento.

Japão a natureza não é nem boa, e nem má. "Ela é; um ponto, e eis tudo. É necessário coexistir com ela, uma vez que o ser humano faz parte do ciclo da vida. Ignorar esta realidade significa desafiá-la. E seremos sempre os perdedores neste combate. Os antigos sabiam que quando a natureza desembesta não podemos fazer grande coisa e, a seu modo, eles 'gerenciaram as crises', buscando apaziguar os elementos com orações e escutando os sinais com grande sagacidade prática."[16] Por tanto, esta atitude não é nem de desespero, e, nem fatalista: tudo está vocacionado a desaparecer, mas tudo também é chamado a renascer.

As representações chinesas quanto à natureza são elas também impregnadas de ideias de simbiose, de união íntima do homem com o universo. O vínculo bastante taoista de muitos chineses com a natureza, no país que às vezes não o segue de bom grado, encontra-se, às vezes, de um modo inesperado no universo profissional. Lembro-me do modo como foi apresentado o programa de um encontro interzonal bastante técnico que tínhamos organizado já há uma dezena de anos entre a Fundação Charles Léopold Mayer e a univerdade de Nanquim sobre questões de coedição e de tradução. A ata de cada uma das seções, e aqui incluem-se as mais tensas, era precedida por uma poesia chinesa antiga celebrando as montanhas, o vento, as distâncias, os riachos ou o céu, mais como um pretexto da relação que a imaginação fértil de nossos colegas chineses tinham encontrado entre a natureza, os conceitos e os instrumentos de trabalho intelectual.

Um outro exemplo do vínculo tradicional entre os chineses e o universo apareceu-me por ocasião de uma conferência do escritor e acadêmico François Cheng, no *Sciences Po*, para os estudantes, quando eu havia proposto, na esfera de um projeto coletivo, de fazer uma leitura transversal da coleção franco-chinesa *Proches Lointains* e convidar seus autores para um debate sobre ela. Ao longo da conferência, François Cheng tinha mostra-

---

[16] Cf. Ph. PONS, entrevista com Tetsuo Yamaori. *Le Monde,* 26 de maio de 2005.

do como a visão de um francês e de um chinês sobre um mesmo quadro pode revelar concepções muito diversas do vínculo ser humano-natureza. Permito-me aqui citar um extrato do relatório gravado de sua intervenção linda e especialmente instrutiva.[17]

Um ponto no meio do quadro

"A Renascença e Descartes confirmaram e acentuaram a separação já bem antiga do sujeito e do objeto, afirmando que seria necessário virmos a ser controladores e posseiros da natureza. A partir disto, houve uma conquista desenfreada, tanto que é bom ver-se hoje em dia os limites desta grandeza, que esta separação ser humano-natureza por levar a crises pavorosas. Os chineses já desde cedo optaram pelo ternário taoista, que são o *Yin,* o *Yang* e o vazio médio. E o ternário de Confúcio, isto é, o céu, a terra e o homem. Os chineses (...) buscaram valorizar o que acontece entre os seres, atribuir uma importância tão grande aos seres como ao que acontece entre os seres. É verdade que a verdade e a beleza são sempre o que acontece 'entre'. Assim, diante de um quadro chinês, um grande rolo de paisagem, um ocidental não deixa jamais de assinalar: 'existe um ancião perdido na paisagem, afogado no Grande Tudo'. É o grande medo do ocidental: 'perdido na paisagem, afogado no Grande Tudo'. Mas é também lógico e legítimo para o olho do ocidental, habituado a toda uma tradição pictórica em que o ser humano foi sempre colocado sobre o palco e a paisagem relegada a um plano de fundo. Consideremos agora o mesmo quadro aos olhos de um chinês. Ele tem um modo de apreender a coisa. Quando o quadro está ali, ele inicia como um ocidental: 'Ah, esta

---

[17] Publicado num opúsculo já esgotado. A. CARON – A. LONG-DEVAL – Y. LI – J. SIBONY – D. WAL – N. WOLF, *Encres de Chine, encres de France.*

paisagem, tão geral, ela tem algo de ao mesmo tempo grandioso e profundo, de inesgotável'. E, pouco a pouco, sua atenção se volta para o personagem, inevitavelmente, uma vez que este personagem foi de propósito colocado num ponto bem preciso do quadro. E o que ele faz? Ele está em vias de contemplar a paisagem, de tocar a cítara, ou melhor, de conversar com um amigo, mas é sempre a sua maneira de curtir a paisagem, de contemplar a paisagem, que conta. Então, pouco a pouco, o espectador coloca-se no lugar do personagem e, de repente, ele toma consciência de que este personagem é o ponto 'pivotante' da paisagem. Isto é, que toda a paisagem se organiza ao redor dele, fazendo dele o olho desvelado e o coração que bate da paisagem (...). A paisagem torna-se então sua paisagem interior e seu universo torna-se esta paisagem. É o olhar chinês. Apropriamo-nos de um modo mais eficaz da paisagem quando nos fazemos humildes. O conquistador caça, mas não possui jamais. É um pouco como Rilke, que diz num de seus célebres poemas: 'vocês violaram a virgem, mas ela não vos amou'. De repente, o prazer que vocês conseguiram ali não é senão quase nada, vocês verão. Penso que isso vem da atitude. O que não quer dizer que o chinês busca perder-se. Ao contrário, ele quer encontrar esta relação de conivência, de confiança, de intimidade para não somente não se perder, mas, ainda mais, para realizar-se. Ele compreendeu que o destino, a sina humana, não pode realmente realizar-se senão no seio do destino do universo vivo."
François Cheng, Mesa redonda no *Sciences Po*, 8 de junho de 2005

Claro que por ocasião do encontro de Nanquim, como por ocasião dessa conferência, estivemos numa esfera bastante universitária e, ainda uma vez, é necessário assinalar de que China estamos falando e não esquecer a injunção outrora dada pelo presidente Mao para que "se curvem as montanhas e desviem-se os rios". Com esta injunção, trata-se de uma metáfora política de administração do território, mas sabemos que proporções ela pode tomar quando voltada para a dominação do homem sobre a natureza, como a barragem das Três Gargantas e, mais amplamente, como o custo ecológico planetário do crescimento chinês. Existe, evidentemente, uma fossa espantosa entre as concepções taoistas e confucionistas e a natureza e os comportamentos ambientais dos agentes econômicos chineses. Os europeus não deixam de criticar esse distanciamento, esquecendo as contradições profundas entre o cultural e o econômico de sua própria civilização, por exemplo, entre os fundamentos evangélicos das convicções de numerosos entre eles e a realidade de seus comportamentos de produtores-predadores e de consumidores que pouco se importam com o meio ambiente.

2. As concepções das relações entre o homem e a natureza em cheque pelas ameaças ao meio ambiente

A amplitude das ameaças ao meio ambiente está em vias de perturbar seriamente a clivagem entre as posturas de dominação e as de simbiose. Cada vez mais, os movimentos do pensamento se desenvolvem, com efeito, no seio mesmo do mundo ocidental, no sentido de propor uma revisão da ideia segundo a qual o ser humano é o senhor da natureza. Citemos, por exemplo, a escola da *deep ecology* (ecologia profunda), nascida dos trabalhos do filósofo norueguês Arne Næss, que contesta a divisão clássica da ecologia entre necessidades humanas, prioritárias, e "recursos" ao serviço exclusivo dessas necessidades. A *deep ecology* inscreve as finalidades humanas no quadro geral do ser vivo e prioriza levar em conta as necessidades de toda a biosfera, compreendendo aqui as espécies animais e vegetais. Essa escola é muitas vezes contestada como sendo anti-humanista (pode-se falar até de uma espécie de ecofascismo), mas ela tem seus defensores no mundo ocidental.[18] O ser humano é parte de uma natureza que o crescimento econômico e demográfico não cessa de degradar; ele deve cessar este curso. Além do mais, os partidários atuais da redução do crescimento – que não chegam até o ponto de propor o malthusianismo – não estão lá a mil léguas dessas concepções.[19] Propondo libertar a sociedade do economismo, estigmatizam o desperdício, contestam os "direitos de tiragem"[20] do ser humano sobre a natureza, afirmam, outrossim, que o paradigma de "desenvolvimento sustentável" não apresenta a menor garantia de evitar o desastre, além do mais eles se afastam também da postura ocidental de dominação.

Mas, de um modo mais amplo e mais consensual, estas são as correntes da ecologia política, que questionam, já há uns trinta anos, a concepção ocidental das relações ser humano-natureza. A ecologia política insiste sobre o fato de que se deve levar em conta os assuntos ambientais na ação política e organizacional da sociedade. Ela questiona claramente o antropocentrismo ocidental. A publicação do relatório Meadows,[21] encomendado pelo clube de Roma no início dos anos 1970, não provocou naquele momento o efeito que o clube esperava em seus anseios, mas a aceleração do conhecimento (e as primeiras manifestações) das ameaças ambientais acabara por convencer uma parte da opinião pública sobre os sólidos fundamentos das proposições da ecologia política. Apesar de todas as suas dificuldades para pôr mãos à obra, especialmente pela resistência da

---

[18] Ver o recente livro de Roger Ribotto, *L'Écologie profonde*. Paris: Éditions du Cygne, 2007.
[19] Cf. Serge LATOUCHE, "Pour une société de décroissance". *Le Monde Diplomatique*. Novembro de 2003. Ver em : http://www.monde-diplomatique.fr/2003/11/LATOUCHE/10651. Ver também, Michel BERNARD, *Objectif décroissance: Vers une société harmonieuse*. Lyon: Éditions Parangon, 2003; Nicolas RIDOUS, *La décroissance pour tous*. Lyon: Éditions Parangon, 2006.
[20] NT.: Muito próximo de "direito de pilhagem".
[21] Cf. Rapport MEADOWS, *Halte à la croissance? Rapports sur les limites de la croissance*. Paris: Éditions Fayard, 1972.

administração americana, os processos de negociação a partir da Cúpula da Terra do Rio de Janeiro em 1992, o acordo de Quioto, bem como outros eventos recentes, testemunham uma real mudança das mentalidades, que me parece direcionarem-se no sentido de uma redução da distância das representações culturais das relações entre o ser humano e a natureza.

A abordagem da "dívida moral"

Pela constatação dessa aproximação das representações, as autoridades vinculadas a tradições não ocidentais poderiam "cantar" certo triunfalismo: assim, a prova estaria no fato de que, por ter querido dominar demais a natureza, o ser humano condena a si mesmo. Entretanto, num impressionante artigo intitulado "Da dívida moral à liberdade, iniciação à ecologia para as morais tradicionais",[22] Fréderic Paul Piguet sugere certa prudência em relação a um angelicalismo, que consistiria em pensar que nas culturas tradicionais o respeito pela cultura seria sistematicamente superior ao das culturas modernas. Neste artigo, Piguet aborda a questão do vínculo das espiritualidades, das cosmogonias e do meio ambiente a partir do tema da "dívida moral", que postula, escreve ele, "que o ser humano deve sua vida a outrem e não a ele mesmo, que ele tem uma 'dívida' por ter sido alimentado, educado, amado, numa palavra: produzido, por outros e não por ele mesmo". Esse autor faz-se aqui o promotor de uma "ecologia moral", que visa a salvaguarda das gerações futuras pela luta contra a degradação atual do planeta e defende a ideia de que o que ele chama de "moral tradicional" seria muito mais eficaz para defender a natureza do que o seria a moral moderna.

Ele lembra, quanto a isto, os trabalhos de Marcel Mauss, que, a partir de observações feitas em diversas civilizações (da Sibéria à Melanésia, da

---

[22] Cf. F. P. PIGUET, "De la dette morale à la liberté, initiation à l'écologie par les morales traditionnelles". In PIGUET, F. P. (Ed.), *Approches spirituelles de l'écologie*. Paris: Éditions Charles Léopold Mayer, 2003.

Índia à China, passando pela Escandinávia...), chegou à conclusão de que em todas as culturas tradicionais todas as pessoas são obrigadas a sacrifícios com um ritual mínimo de três fases: doar, receber e restituir, o que Mauss vai chamar de "sistema de prestação total". Mas Piguet precisa que este triângulo perdeu muito de sua importância com a chegada em peso dos intercâmbios de mercadorias no Ocidente e dá alguns exemplos, advertindo-nos de fazer um vínculo automático entre as morais tradicionais e a proteção da natureza. "As tribos nômades degradaram seu meio ambiente por meio das atividades pastoris que esgotaram regiões inteiras: o Saara tornou-se um deserto devido à superpastagem ocasionada pelas tropas ou rebanhos numerosos e ao corte sucessivo das matas (...). O burkinabense Boureima Ouedcago explica que a tribo africana dos Moosé parou de proteger suas matas e que o papel dos indivíduos foi modificado por sua abertura a outros universos, como o do islã, do cristianismo, do Estado moderno, a escola leiga e a economia mercantil capitalista."

* * *

A que este percurso um tanto rápido sobre a relação ser humano-natureza nos direciona, afinal de contas? Entre a constatação das diferenças radicais entre as visões de mundo e sua aproximação real e inevitável sob o efeito combinado de intercâmbios econômicos e a evolução catastrófica do meio ambiente do planeta, como o profissional das esferas internacionais pode se situar hoje?

Parece que essas constatações lhe ditam uma dupla exigência: de um lado, a da vigilância – compreender que elementos naturais sobre os quais ele trabalha, levar adiante estudos, negociar, têm para os outros um valor do qual ele não tem espontaneamente consciência; de outro lado, a necessidade da busca por uma sinergia entre tradição e modernidade. Como, com que limites e condições, os valores tradicionais de diferentes culturas podem ser úteis à construção de novas políticas para o meio ambiente e para novos comportamentos coletivos? Numerosos trabalhos apoiados pela Fundação Charles Léopold Mayer já ao longo de vinte anos vão, em todos os casos, neste sentido, da antologia de Joseph Ki-Zerbo à série de colóquios de Klingental abertos, por sinal, pela conferência com um título bem provocador: "O usufruto da terra".

"O usufruto da terra": os colóquios de Klingental

Os encontros de Klingental reúnem, já há alguns anos, representantes de correntes religiosas e culturais tão diversas, como as correntes budistas, cristãs, muçulmanas, judaicas, hinduístas, animistas, livre-pensadores etc., que se expressam, seguindo sua própria leitura do mundo, sobre questões-chaves do mundo contemporâneo. As Éditions Charles Léopold Mayer consagraram um livro a cada uma destas questões, muitas vezes bem diversas entre si. Já foram publicadas até agora:

- *L'usufruit de la terre, courants spirituels et culturels face aux défis de la planète* (1997);
- *L'eau e la vie, enjeux, perspectives et visions interculturelles* (1999);
- *L'arbre et la forêt, du symbolisme culturel à l'agonie programmée?* (2000);
- *Sols et société, regards pluriculturels* (2001);
- *Des animaux, pour quoi faire? Approches interculturelles, interreligieuses et interdisciplinaires* (2003).

5

A RELAÇÃO COM O TEMPO

"Quanto tempo perdido, para ganhar tempo!", dizia o escritor Paulo Morand. Como é muitas vezes o caso, este tipo de resumo brilhante permite todo tipo de interpretações. O que compreendemos, especialmente em nossa lógica latina, é que, como já o dizia no primeiro século antes de Cristo Públio Siro: "o tempo da reflexão é uma economia de tempo".[1] Mas o que podemos compreender também, na perspectiva intercultural, é o perigo de muitos de nossos comportamentos: queimar etapas, calcular o tempo com nossos próprios tempos de vencimentos ou prazos, impor aos outros nossos ritmos, nossos planos, cronômetros, e deixar de observar os modos de funcionamentos e de gestão do tempo dos outros. Estes comportamentos, estas atitudes levam o administrador, o cooperador ou o negociador a ficar dentro dos muros – subestimar as diferenças nas relações com o tempo é um dos maiores obstáculos à comunicação intercultural e à eficácia da cooperação internacional –, é a vitória de uma cultura, de uma concepção única de ser social. O tempo não é um simples dado, um simples limite. É, se compreendemos os termos do filósofo do direito François Ost, um "desafio de poder, um desafio de sociedade".[2]

---

[1] Autor latino do primeiro século antes de Cristo. Devemos a ele inúmeras sentenças breves do tipo acima citado.
[2] Cf. F. OST, "Le temps, construction social". In VAN CAUTER – N. RAUGLAUDRE (Eds.), *Apprivoiser le temps, approche plurielle sur le temps et le développement durable*. Paris: Éditions Charles Léopold Mayer, 2003, p. 31-39. Ver também em http://www.eclm.fr/fileadmin/administration/pdf_livre/11.pdf.

Retomamos aqui alguns aspectos dessas diferenças sem pretender de modo algum a exaustão do tema e pedindo ao leitor não tirar conclusões precipitadas. Em matéria de tempo, como para os demais assuntos, a mundialização subverte radicalmente hoje em dia as tipologias clássicas.

1. Passado, presente e futuro

A diferenciação bastante forte e definida que no Ocidente estamos habituados a fazer entre as três instâncias do tempo (passado, presente e futuro) não é universalmente compartilhada. Ela não é encontrada nas tradições, nas mentalidades, mas não deixa de estar naquilo que determina os comportamentos profissionais, a atitude em relação ao risco e a propensão ou não à antecipação.

Um indicador das diferenças da apreciação do tempo encontra-se nas características das línguas de uma cultura para outra. Sabemos, por exemplo, que o manejo do passado ou do futuro é muito diferente do nosso em numerosas línguas. O chinês e diversas línguas do sudeste asiático, línguas sem conjugação, ignoram as formas verbais do passado enquanto tal e "atualizam" seus verbos por partículas temporais; o híndi conhece, ao contrário, uma luxuosa gama de tempos para o passado (e para o presente, frequentativo, durativo progressivo e...), mas as palavras "ontem" e "amanhã" são traduzidas pela mesma palavra – *kal* – que quer dizer "o outro dia, aquele que não vive". A língua maori, na Oceania, ignora totalmente as palavras passado e futuro. Muitas línguas africanas, bamileke, as línguas banto, as línguas da região dos grandes lagos e do Congo reúnem também elas num só termo o ontem e o amanhã, o passado e o futuro, como se as duas fases pudessem confundir-se. É antes, explica Emmanuel Kamdem num excelente artigo da carta circular *Temporalistes*, consagrado ao tempo, entre os bamileke, "a conjugação do verbo que precede ou que segue ou ainda a expressão paraverbal (entonação da voz) que permite saber se esta palavra é utilizada para significar ontem ou amanhã".[3]

Em muitos casos, essa maneira cultural de tratar o futuro – ou no caso de não tratar – pode ser plena de consequências para os comportamentos humanos. A referência a um "tempo cíclico" (à que nos referiremos mais adiante neste capítulo) é um meio, afirma o pedagogo Clair Michalon, de esconjurar os perigos da aplicação de uma espécie de lógica "conservadora".[4] É, diz ele, "um processo da mesma ordem que leva os grupos de precariedade, desestabilizados para um presente cheio de novas incertezas, a voltarem ao passado e a tentarem reabilitar para o futuro as referências do passado, declaradas incortornáveis: os movimentos integralistas de todas persuasões são a manifestação disso, tanto ao Norte como ao Sul".

Uma biblioteca para o futuro

No mundo árabe, a ideia de futuro deve ser manejada com precaução. Lembro-me de um problema semântico que tivemos com Catherine Guernier e Étienne Galliand, quando montamos, nos quadros da Fundação Charles Léopold Mayer, o programa da "Biblioteca intercultural", que depois daria a origem à Aliança de editores independentes, mencionada mais acima. "Biblioteca intercultural" parecia-me um tanto limitado ou curto, e desejávamos encontrar uma ou diversas palavras complementares que pudessem designar a vocação desta série de coedições internacionais. Terminamos por entrar num acordo por "Biblioteca intercultural para o futuro", claro que é um tanto vago, mas sem dúvida

---

[3] Cf. E. KEMDEM, "L'images anthropologiques du temps". *Temporalistes: uma circular transdisciplinar de intercâmbio entre estudiosos relacionados ao estudo do tempo nas ciências humanas.* Ver também: www.sociologics.org/temporalistes/indarch. php?page2=kandem_n00_01-23k.
[4] Cf. C. MICHALON, *Différences, mode d'emploi.* Paris: Éditions Sépia, 1997.

bem pretensioso, porém permitia pelo menos sugerir que os editores interessados fossem editores engajados, desejosos de apresentar propostas para afrontar algumas das questões candentes da sociedade do século XXI (meio ambiente, desigualdades, governança etc.). Um pouco de um modo ingênuo, nós nos dizíamos que todo o mundo, dos continentes em questão, estaria de acordo com um objetivo assim evidente, até o dia em que um colega tunisiano nos fez esta observação, que confirmaríamos logo em seguida, que este termo "futuro" não poderia ser aceito por uma parte dos editores árabes da rede, vinculados que estavam à posição muçulmana segundo a qual não é da competência dos homens decidir o futuro que está nas mãos de Deus. A partir daquele momento, renunciamos a esse título.

Essa concepção restritiva do futuro e, sobretudo, das possibilidades de controlar o curso dos eventos corresponde ao caráter sagrado do tempo no mundo árabe. O especialista dessa cultura, Xavière Remacle,[5] lembra que, na tradição islâmica, "o tempo que passa é percebido como o instrumento de Satã para nos afastar de nossa verdadeira natureza, da fonte divina, para nos enredar no esquecimento (...). Como mudar o mundo sem deformar, acrescenta ela, como evoluir sem nos afastar da origem? O tempo profano encaminha-se no sentido da fuga: como o curso da água se afasta da fonte, o tempo nos afasta da origem (...). O tempo sagrado [ao contrário] luta contra o tempo profano. Ele ajuda o ser humano a voltar ao passado, ele o ajuda a lembrar-se das origens e encontrar sua fonte".[6]

---

[5] Cf. X. REMACLE, *Comprendre la culture arabo-musulmane*. Bruxelles: CBAI e Vie ouvrière, 1997.

[6] Este desvio para a cultura muçulmana ilustra uma diferença essencial que Édith Sizoo observa entre a cultura ocidental e muitas outras culturas no que diz respeito ao tempo. No Ocidente, o tempo é visto mais como sujeito, ator ("o tempo cura as feridas", "o tempo é ouro", as *deadlines*...), e não tanto como objeto (ganhar tempo, calcular seu tempo, poupar tempo...). Em outras culturas, o tempo é mais "fluido" e sobre o mesmo não se pode ter muito domínio.

2. Tempo linear e tempo cíclico

A concepção ocidental do tempo social é a de um tempo "linear" que vai de um ponto da História a outro com uma evolução irreversível, uma sucessão de eventos que não podem senão influenciar a sociedade de um modo ou de outro. Esta concepção é grande devedora das origens judaico-cristãs de nossa civilização, e particularmente do cristianismo: um começo (a criação do mundo descrita no Gênesis), um marco central com um antes e um depois – o nascimento do Cristo – e um fim ou retorno glorioso deste último (a "parusia"), e o Juízo Final. As grandes festas cristãs detêm ainda uma fisionomia de ritmo cíclico, mas elas estão sendo cada vez mais secularizadas e não afetam mais o aspecto progressivo da concepção cristã do tempo.

O relógio do gado

Em muitas culturas não ocidentais, ainda muito marcadas umas pelas tradições e outras pela precariedade ou pobreza, e muitas vezes pelas duas, a concepção dominante do tempo é a do "tempo cíclico", definido a partir das estações e das atividades que retornam regularmente. No meio nômade africano, o tempo é normalmente designado tendo por referência as atividades pastoris: "voltarei na hora de tratar os animais", ou "nos veremos no retorno dos bezerros", utilizando-se de algum modo, para retomar a expressão do antropólogo Evans Pritchard[7] "relógio do gado". E. Kamdem, no artigo citado mais acima, fala, por sua vez, de uma dimensão "conatural' de avaliação do tempo, em que as referências são o sol, a lua, a chuva, a tempestade... e ele dá alguns exemplos impressionantes emprestado da língua bamileke: "Para conhecer [a hora] um momento dado, diz-se '*A*

---

[7] Cf. E. PRITCHARD, *The Nuers*. Oxford: Clarendon Press, 1940.

nam sù?', que significa literalmente 'quanto sol ainda?'. A resposta pode ser '*A nam nto*', isto é, 'são cinco sóis', o que pode ser traduzido por 'são cinco horas', no francês normal, (...) [expressão que] não indica absolutamente nada em termos de sóis observados, mas, antes, o número de vezes que este último teria aparentemente mudado de posição no céu (...)."

Esse vínculo do tempo com o cosmos encontra-se também nos países muçulmanos onde o calendário lunar é obrigatório, uma vez que é a lua que determina o início e o fim do Ramadã, a festa do Sacrifício, da Peregrinação etc. O calendário hégiro[8] está embasado em ciclos lunares – um mês lunar é o espaço de tempo compreendido entre duas luas novas –, cujo ano é mais curto onze dias em relação ao ano do calendário gregoriano. Sabemos que as datas ali são diferentes (2006 = 1427, ano da Hégira). O mesmo vale para a Etiópia ortodoxa, onde criou-se um mês curto a mais, *Yekatit*, para se obter um ano "normal", em que, como nos tempos bíblicos, as horas começam com a aparição da luz: em amárico, a hora nona da manhã é chamada de *and se'at*, uma hora.

Um tempo "natural"?

A irrupção da modernidade nas sociedades do hemisfério sul subverte totalmente esta ideia de um tempo que ali fora desde sempre "natural", e localizando-se a milhas de distância da concepção ocidental. O sociólogo marroquino Rachid Bennis apresenta um excelente exemplo a partir de um estudo bastante sólido de uma família agrícola vizinha de Fez, cuja concepção de tempo foi radicalmente modificada depois da aquisição de uma caminhonete e da passagem para a atividade artesanal.[9] "Depois de séculos,

---

[8] [NT] Referido à "hégira", fuga de Maomé de Meca para Medina.
[9] Cf. R. BENNIS, "Les travaux et les jours d'une famille agricole marocaine". Temporalistes,1994, n. 28, p. 16-20.

escreve Bennis, a tradição enseja a presença de modos de vida temporais imutáveis, autônomos e adaptados ao clima, às culturas e ao meio natural. Depois de alguns decênios, esta tradição encontra-se atingida por diversos fatores que podemos agrupar sob o termo modernidade (...). Passa-se a utilizar pastagens e herbicidas (...).

A utilização de novos instrumentos permitiu um ganho de tempo sem necessidade, uma vez que a mão de obra familiar já era excedente para a lida diária. Para se utilizar o tempo 'a mais', alguns membros da família passaram a dedicar-se às atividades artesanais. Estas atividades preencheram os vazios do tempo. São mais as mulheres que o fazem (...). Diversamente das atividades agrícolas, a produção deste trabalho artesanal passa a ser medida em dinheiro e depois disso em jornadas ou meias-jornadas (de trabalho), e mesmo em horas passadas para realizá-la. A relação do trabalho agrícola com o tempo seria indecifrável, enquanto que o trabalho artesanal aparece, neste sentido, como direto, preciso e contabilizável. A noção de tempo perdido surge, mesmo quando não pensado no sentido estrito de horas delimitadas."

Mas Emmanuel Kamdem mostra que mesmo numa cidade moderna africana as referências ao tempo "natural" estão ainda vivas: "a tentação de se referir aos fenômenos naturais para determinar o tempo, escreve ele, é ainda perceptível em alguns meios urbanos onde o uso do relógio tem mais um valor simbólico que utilitário. É assim que encontramos ainda, em muitas cidades e áreas rurais africanas, pessoas cujo relógio no pulso raramente é consultado ao longo do dia. O exemplo deste agricultor bamilequense, com uns trinta anos, que orgulhosamente andava com seu relógio que havia parado de funcionar há pelo menos dois anos, é bem significativo deste ponto de vista. Este último dizia, em resumo, que, apesar do estado de seu relógio, ele 'dava um jeito' para saber quando é que devia fazer suas obrigações, pela intensidade do calor e pelo engarrafamento de carros na cidade ao longo do dia".

A referência aos ciclos naturais do tempo não é menor nas culturas asiáticas. René Barbier esteve estudando com intensidade o que ele chama de "tempo oriental", ou como nele o esquema de tempo linear e progressivo não tem espaço algum; e como a "compreensão do tempo vivido inclui diversas dimensões: uma relação com a natureza, uma relação com o mito do início e do reinício, uma relação com o espaço psíquico que pode até estar fora do tempo".[10] Ele observa que o pensamento oriental é mítico e que ele "levanta a questão do início e do fim das coisas. Para os chineses, para além do tempo que começa e termina e cujos inícios e fins são determinados pela qualidade individual da vida, existe este tempo que não tem começo nem fim e do qual tudo provém e para o qual tudo retorna: o *Tao*".

O vazio, tão essencial para o taoismo, que sem sua presença no meio da roda ela não giraria jamais, é, no Oriente tradicional, um outro fator determinante do desdobramento do tempo, como relata Ulrich Libbrecht: "Existe um vazio (um caos), mudo pelo princípio do *tao*. O vazio e o tempo-*tao* criam o *yu-zhou*, espaço e tempo cíclicos [cuja] entrada em movimento (...) cria o campo de força universal (...). Este ritmo está na origem das quatro estações (...) que produzem as 'dez mil coisas', os seres vivos".[11]

O tempo e os ritos

A mesma separação ou distanciamento encontramos em relação às concepções gregas e judaico-cristãs do tempo com as concepções de tempo da Índia, onde os mitos, que assumem o lugar da História, estão ainda bem presentes na mentalidade. Nesses mitos, os homens e o universo encontram-se sob o domínio, explica Barbier, de duas forças superiores: o tempo (*kâla*) e a ação (*karman*). O tempo está ligado aos ritos ("o tempo do sacri-

---

[10] René Barbier é professor de ciências da educação na Universidade de Paris VIII. Veja-se sua análise muito interessante do tempo na educação e na formação intercultural em http://www.barbier-rd.nom.fr/journal/article.php3?id_article=376.
[11] Cf. U. LIBBRECHT, "Chinese concepts of Time". In D. TIEMERSMA – H. A. F. OOSTERLINGS (Eds.), *Time and Temporality in Intercultural perspective*. Amsterdam: Rodopi, 1996.

fício", nascido com o sacrifício e destruído com o sacrifício) e ao cosmos ("o tempo do poder cósmico"). As *Upanishads*, escrituras sagradas produzidas 600 anos antes da era cristã, mas cujo significado na Índia contemporânea não pode ser descartado, buscam, escreve Barbier, o que está além do passado e do futuro. "Elas buscam a infinitude (*bhûman*) e a plenitude (*pûrman*) que se encontram simbolizadas mais no espaço que no tempo. A partir desta época, o tempo – sucessão e duração – foi sendo desvalorizado [em proveito] de uma doutrina de ciclos da existência (*samsâra*) que estabelece uma concepção negativa do tempo. As escolas filosóficas tendem a negar todo e qualquer valor real ao tempo. Vemos, então, aparecer uma tentativa de ultrapassagem ou superação do tempo por práticas de ioga e de tentativas de fazer cessar os estados mentais inscritos no instantâneo: para Raymond Pannikar, "as escolas espirituais, a partir das *Upanishads* e do budismo, tomam o instante, *kshana*, como ponto de apoio para o salto ao intemporal"; o tempo é vazio de realidade. O *yoguin* só aceita o instante presente, sem passado ou futuro. O instante é qualificado de vibração da consciência. Ele é eterno presente e só ele dá a plenitude e a felicidade. Ele desemboca numa atitude meditativa".[12]

Tempo elástico, tempo espiralado

Como muitos esquemas, o que diferencia as concepções lineares do tempo cíclico precisa ser nuançado pela observação dos fatos. Assim, alguns estudiosos e praticantes questionam a realidade dos ciclos naturais de tempos evocados claramente pelas sociedades agrárias. Bernard Charley de la Masselière, geógrafo e diretor do Instituto francês de pesquisas sobre a África, no Quênia, distingue, por exemplo, o "tempo elástico dos ciclos naturais" da noção de tempo linear que subjaz às políticas coloniais e pós-coloniais

---

[12] Cf. U. LIBBRECHT, "Chinese concepts of Time", op. cit.

(um passado, um presente – tábula rasa – e um futuro).[13] Ele se inscreve assim, falsamente, contra uma visão simplista dos tempos cíclicos no terceiro mundo, os quais se caracterizariam pela regularidade. "O que é importante não é tanto o ciclo em si mesmo que se reproduziria indefinidamente, ano após ano, mas antes os enormes azares ou variáveis climáticos sobre o tempo [três vezes maiores na África tropical] dos trabalhos agrícolas. Trata-se do tempo elástico, que se tenciona e relaxa, e sobre o qual não se tem controle (...). O peso dessas variáveis climáticas pesa bem mais que as regularidades assumidas pelos geógrafos. Falar de médias não tem sentido num clima tropical, uma vez que o que importa são justamente essas mudanças em função das quais jogam-se a vida, a sobrevivência e o futuro das populações (...). As populações locais [têm], depois de longo tempo, aprendido não a antecipar, mas a se compor com o tempo e, em especial, com os azares climáticos."

Depois disso, os dois aspectos – cíclico e linear – combinam-se, muitas vezes no que Édith Sizoo chama de "tempo espiral" ou no que René Barbier, de um modo um pouco diferente, qualifica de "tempo espiralado". Na tradição chinesa ou indiana, bem como naquela da América Andina, a recorrência de eventos sazonais, o ciclo da vida, faz do tempo um processo sem começo nem fim, mas, explica Édith Sizoo, "como os eventos recorrentes não acontecem exatamente do mesmo modo, esta noção de tempo não deveria ser vista como circular, no sentido de um circulo fechado, mas antes como uma espiral que vai adiante. Na África ao sul do Saara, acrescenta ela, o tempo é essencialmente concebido como um tempo-evento. A extensão do tempo não é medida por unidades invariáveis de relógio, mas vivida como uma relação entre eventos que passaram, que estão chegando agora e os que inevitavelmente ou imediatamente se produzirão".[14]

---

[13] Veja seu artigo sobre a discordância das concepções de tempos em www.agrobiosciences.org/article.php3?id_article=1701&recalcul=oui-78k.
[14] Cf. É. SIZOO, *Ce que les mots ne disent pas,* op. cit.

Uma impressionante ilustração deste tempo "espiralado" é a que encontramos, de meu ponto de vista, na vida monástica no seio de nossas próprias sociedades, que poderiam, por outro lado, nos ajudar a admitir que outras culturas também estariam ali vinculadas. Os beneditinos, os cistercienses, os cartuxos não trabalham fundamentalmente sobre a base de um tempo cíclico, no qual toda a vida está organizada em torno dos ritmos das estações, das festas religiosas, das horas dos ofícios na jornada etc.? Vida num circuito aparentemente fechado, mas pensamento orientado todo ele em função de um movimento ascendente, como um exercício ou treinamento em espiral, uma vez que o objetivo essencial desta vida não é outro que o de se aproximar de Deus. Foi isso que, especialmente, lembra um velho cartuxo cego, no fim de quase três horas de um filme que fascinou mais de um francês estressado, chegando quase a convertê-lo: *O Grande Silêncio*.[15]

3. O tempo, modo de usar: as diferenças entre os modos de uso do tempo e o problema da concordância dos tempos

Do *Time is Money* de Franklin Roosevelt ao tempo suspenso de um templo zen em Quioto ou ao rastro de uma caravana no Tassili, as concepções do tempo são, no mundo, inumeráveis: tempo-mercadoria, passado ou a passar com rigor entre os anglo-saxões, tempo de convivência em muitos países do sul, ou tempo com um vínculo com o invisível... Começa-se a duvidar que estas concepções não tenham lá suas consequências para a vida profissional. Hesna Cailliau pensa, por exemplo, que a contrapartida da visão linear voltada para o progresso das culturas judaico-cristãs é a dificuldade de aceitar os fracassos e as crises: "'Não temos senão uma vida', é importante não

---

[15] *Le Grand Silence*, de Philippe Gröning, 2006.

jogá-la fora, mas na Ásia temos a eternidade para que o sujeito se realize. A impaciência, a pressa, o estresse são na Europa a consequência inelutável de sua visão de tempo (...). A ideia de um eterno recomeço permite aceitar tanto os altos como os baixos mais facilmente".[16]

Mas de tanto colocar em oposição tanto as culturas entre si quanto a questão do tempo, corre-se o risco de simplismo, ou, pelo menos, que não se fale – e este está então gritando – das culturas socioprofissionais. Dizer que "nossa época" é a da velocidade, que a França e os Estados Unidos são culturas do estresse e da urgência e que a China e o Japão são eternais e atribuem ao tempo um valor sagrado, tudo isso, antes de mais nada, remete mais a clichês que à realidade. O tempo de um consultor júnior de um gabinete francês de auditoria não é o mesmo que o dos três SDF[17] com quem ele cruza todas as manhãs na estação do metrô, os tempos de um homem de negócios chinês não é evidentemente o de um camponês de Hunan. Nunca será demais, diz Suzanne Bukiet, desconfiar, e sempre haverá confusão entre o que tem por base as diferentes concepções filosófico-religiosas e o que se ancora numa adaptação material das circunstâncias.

O tempo do diálogo

Ao contrário, para os mesmos grupos socioprofissionais, as prioridades de alocação do tempo e a ordem de seu uso podem diferir grandemente de um país para outro. Numerosas são, por exemplo, as culturas nas quais é simplesmente uma grosseria começar uma reunião indo direto ao assunto. Do Japão aos países árabes, é sempre importante para um ocidental compreender que a meia-hora passada em considerações gerais e a conversar sobre a família, o tempo-clima e até mesmo política não deve ser

---

[16] Cf. H. CAILLIAU, *L'Esprit des religions,* op. cit.
[17] NT.: O autor provavelmente se refira a *sans domicile fixe* (SDF), termo usado na França nas últimas décadas para os moradores de rua.

considerada "perda de tempo", mas um tempo necessário à aproximação mútua, como uma espécie de domesticação indispensável à preparação de um diálogo que irá então acontecer em boas condições, uma vez que será entre os seres humanos que já se falaram.[18] Lidar como se apenas se tolerasse esse traço cultural e não ter isso em conta, senão como um aspecto de simples cortesia, sem ver que ele se constitui num verdadeiro mecanismo de comunicação, de desvio do discursivo intencional, seria um erro.

Nos processos de repartição hierarquizada do tempo, numa reunião ou negociação, diferenças muito importantes podem ser observadas. Muitas vezes observei, por exemplo, especialmente entre parceiros chineses ou árabes que, ali onde minha tendência era começar pelos assuntos mais importantes para relegar para o fim do diálogo o mais acessório, com o risco de vê-los não tratados, a deles era o contrário. Mas o inverso impede, certamente, de acelerar o movimento e de não deixar a discussão ir até o fim. Assim, o francês corre o risco não somente de deduzir apressadamente que seu interlocutor, dependendo do modo como se começa, não tenha lá grande coisa a dizer, mas também, e em especial, de interromper muito cedo o diálogo e de não deixar ao outro tempo de ultrapassar o discurso introdutório, quando ele não pôde ainda abordar o essencial. As diferenças na demora de reação recíproca complicam ainda mais o problema; os ocidentais têm a tendência, no mais das vezes, de reagir de modo rápido, numa espécie de pinga-fogo, sem deixar ao interlocutor o espaço para interiorizar sua resposta, de onde brotam os frequentes mal-entendidos.

Tempo monocrônicos e tempos policrônicos

Uma outra distinção importante nos modos de alocação de tempo é a que Edward Hall fez, em especial, em seu livro *The dance of life – the other*

---

[18] "O dinheiro é bom, dizia Joseph Ki-zrebo, mas o ser humano é melhor, porque ele fala."

dimension of time, entre o tempo "moncrônico" e o tempo "policrônico".[19] O tempo monocrônico é aquele onde não se faz senão uma única coisa por vez. É o que, segundo Hall, prevalece nos Estados Unnidos e na Europa do Norte, onde as pessoas se esforçam por planejar estritamente a ordem do uso do tempo, evitaindo o mais possível a dispersão de atividades. O caráter sequencial, linear, do tempo é especialmente claro entre os anglo-saxônicos, com uma grande importância dada ao *processo*: toma-se o tempo que for necessário, mas busca-se ir até o objetivo.

O tempo policrônico, normal, sempre segundo Hall, nos países latinos e no Oriente Médio, é aquele tempo no qual se leva adiante diversas atividades, o que corresponderia a uma espécie de prioridade de implicação puramente humana, isto é, mais importante que os planos ou esquemas. É o tempo das culturas com um grande grau de imprevisibiliade, onde os administradores e os homens políticos podem levar adiante negociações e ocupar-se dos afazeres familiares ao mesmo tempo, o que é muitas vezes surpreendente para os observadores estrangeiros, mas que não é, necessariamente, empecilho de eficiência.[20] É o caso de muitos países árabes onde o chefe de uma empresa pode alternar sem problema em sua jornada de trabalho encontros familiares, reuniões comerciais, chamadas ou apelos relativos aos trabalhos de sua casa etc.

O camaronês Emmanuel Kamdem, já citado, precisa o que significa na África o tempo policrônico, que se desenvolve com uma espécie de

---

[19] Cf. E. HALL, *The dance of life: the other dimension of time.* New York: Anchor Books, 1983; edição francesa: *La danse de la vie.* Paris: Éditions du Seuil, 1983. Em português: *A dança da vida*: *a outra dimensão do tempo*. São Paulo: Roda-d'água, 1996.
[20] Sobre este ponto, Édith Sizoo pensa que não poderíamos limitar exageradamente o comparativo Ocidente/não Ocidente e que em nossas próprias sociedades as mulheres têm um uso do tempo bastante mais policrônico que o dos homens, o que corresponde à maior sensibilidade ao humano em relação ao tecnológico. Cf. É. SIZOO, *Par-delà le féminisme.* Paris: Éditions Charles Léopold Mayer, 2004.

fluidez, por meio da qual "não há uma ruptura manifesta entre o tempo 'produtivo' (consagrado às atividades da agricultura, do comércio etc.), o tempo 'recreativo' (consagrado às diversões populares) e o tempo 'mágico' (consagrado aos diversos ritos e às outras cerimônias de caráter sagrado). Contrariamente ao que se observa nas sociedades industrializadas onde há uma separação nítida do tempo de acordo com as atividades, bem como uma ruptura crescente entre o tempo do trabalho, o tempo familiar e o tempo de lazer, podemos antes falar aqui de uma forma de síntese ou de harmonia entre estes diversos sistemas de tempo".[21] Claro que essas características se misturam assim que a sociedade tradicional entra em contato com a sociedade moderna e com a ideia de valor mercantil do trabalho e de rentabilidade.

Essas diferenças na concepção de alocação do tempo encontram, por outro lado, a questão sempre espinhosa para um ocidental, isto é, a questão da pontualidade. Assim, na Alemanha, nos Estados Unidos, na França em grau menor, existem para os encontros regras de condutas tácitas pelas quais se espera, geralmente, que as pessoas convidadas cheguem "na hora". Se elas querem mostrar respeito ou se uma reunião é muito importante, elas até podem chegar uns cinco ou dez minutos antes da hora fixada. Se elas têm alguns minutos de atraso, isso não traz lá grandes consequências. Por outro lado, quando alguém chega cinco ou dez minutos atrasado, espera-se, normalmente, que apresente as devidas desculpas. Após uma hora de atraso isso já é visto como um insulto. Em outras culturas, muito mais policrônicas, onde se admite mais facilmente que muitos problemas possam ser tratados ao mesmo tempo, onde as interrupções de todo tipo podem retardar as negociações ou os processos de decisão, a pontualidade não tem o mesmo valor. De um modo geral, somos severos em relação ao que entendemos ser desrespeito ou grosseria, esquecendo por completo que até

---

[21] Cf. E. KAMDEM, "L'images anthropologiques du temps", op. cit.

fatores econômicos (como a insuficiência dos sistemas de vias e de transportes) ou mesmo sociais podem explicar atrasos e as desculpas de demora.

Saber esperar: a consistência do tempo

Cada voluntário ou cooperador técnico, desse modo, já experimentou esperas. Durante anos, minha esposa, Brigitte, voluntária na Etiópia num programa de saúde nos Vales dos Afar, teve de aceitar consagrar em cada dia diversas horas à espera sob um sol escaldante do deserto. Supunha-se que as mulheres das comunidades afar estivessem no lugar marcado às 15 horas para uma tal reunião, mas não chegavam ali senão pelas 17 ou 18 horas. E quais não eram os esforços consentidos para avizinhar ao máximo cada lugar de reunião ou de sessão de cuidados com as moradias, mas nada mudava isso. Uma vez que, além de uma evidente falta de instrumento de verificação da aproximação do tempo pela ausência de relógios, muitos elementos sociais, familiares, poderiam explicar o que para um francês seria um atraso manifestado, mas para uma mulher afar seria apenas uma administração do tempo. Mil vezes, Brigitte, evidentemente marcada pela obsessão de passar seu tempo de um modo produtivo, pôde pensar que seu trabalho estaria sendo ineficaz por causa desses atrasos, enquanto que a ineficácia verdadeira teria sido para ela abandonar a tarefa ou os objetivos e, depois de uma hora de espera, repartir o tempo de trabalho com seus dossiês em seus escritórios confortáveis. É difícil o problema da concordância dos tempos: o que é perder seu tempo?

É de uma maneira quase física que se pode compreender o valor do tempo para o outro. Na Etiópia, pude constatar, quanto a mim, a que ponto a apreciação de "próximo" e "longe", em termos de espaço, depende do valor que se atribui ao tempo. O tal acampamento no Vale dos Afar é "longe", considerando-se o lugar de onde levanto a questão? Não, três horas de caminhada, mais ou menos. Tal caminhada nas montanhas do Wollayta é longe do lugarejo onde me encontro? Nem de longe, uma vez que é necessário menos de meio-dia de caminhada para chegar lá. A jornada, de qualquer modo, está organizada em termos de uma caminhada semanal. Sempre pensei nos profissionais da cooperação internacional que deveriam deixar os seus 4x4 na garagem muito mais vezes do que gostariam e gastar seu tempo caminhando com os camponeses e percorrendo quilômetros de picadas que sobem e descem as montanhas, com suas filas de burricos [carregados], de crianças saltitantes, de mulheres levando atrás deles em suas costas enormes jarros ou sacos de milho, para assim avaliar a relação espaço-tempo num universo onde as temporalidades são bem diversas das nossas.

Um de meus colegas malaios, Chan Ngai Weng, ilustra a seu modo sua relação tempo-espaço: "quando você pergunta a um malaio quanto tempo falta para ir daqui para lá, ele poderá dizer: 'oh, só o tempo de um cigarro'. É que ele não identifica o tempo pelo relógio. Ele o vive, antes, em relação a seu modo de passá-lo, isto é, fumando um cigarro enquanto vai de um lugar a outro".[22]

A ideia de "ganhar tempo" ou de "perder tempo", e mesmo a ideia que temos de controlar o tempo, é, por tudo isso, totalmente ocidental. "[Para os malaios], prossegue Chan Ngai Weng, o valor da vida é precioso, mas o tempo não (...). Um convite para uma reunião em Kampong[23] é para um momento indefinido de tempo. Pode-se chegar à qualquer hora do dia, comer e voltar, não importando a hora. Não se tem regras rígidas (...). Passar o tempo, calmamente, pescando junto a um rio, brincar com as crianças, falar com os vizinhos, rezar na mesquita ou mesmo bebericar um chá num bar ou lanchonete local não é um tempo jogado fora. Quem poderá dizer que tempo é aquele unicamente passado frutuosamente se todo mundo trabalha e ganha dinheiro?"[24]

---

[22] Citado em É. SIZOO, *Ce que les mots ne disent pas,* op. cit.
[23] NT.: O autor não deixa claro a que se refere; kampong pode ser uma simples cidade ou vila, mas também a capital do estado de Kampong Speu.
[24] Citado em É. SIZOO, *Ce que les mots ne disent pas,* op. cit.

E o tempo, além do mais, ele existe? Para os budistas, o ser humano sendo incapaz de conhecer a realidade, o tempo é um puro produto de sua imaginação. Segundo Hari Shankar Prasad, "o tempo é uma noção derivada da experiência de mudança (...). O passado, o presente e o futuro representam três estados psicológicos de uma pessoa, isto é, a lembrança, a percepção e a antecipação. Não são nem características do tempo, nem verdades por si mesmas (...). O tempo é exterior à rede espaço-causa-tempo, ele é, portanto, irreal mesmo empiricamente".[25]

A impaciência da noiva

De tudo o que dissemos, podemos deduzir, com efeito, que se existe um domínio no qual as diferenças culturais não têm as mesmas representações é a dos ritmos e do tempo. Sei que muitos de meus compatriotas ao lerem isto vão dizer que, a propósito, será necessário criar um inferno para que os outros aceitem caminhar tão rápido como nós e que não podemos trabalhar seriamente com os ritmos dos outros, mas que seria necessário ser realista e adaptar-se. Essa visão, de um centro rápido e eficaz e de uma periferia que vai na maior moleza, é terrível. E falsa. Sempre tive, por exemplo, uma relação com meus companheiros chineses marcada por meus próprios atrasos e pela incapacidade da parte dos franceses de seguir o ritmo da parte chinesa.

Em 1996, havíamos concordado, com os parceiros universitários de Pequim e de Nanquim, em lançar uma revista intercultural franco-chinesa, aventura pouco comum para a época, para permitir o intercâmbio sobre as mudanças do pensamento e das práticas de dois universos em termos de governança, ética, economia e relações sociais... A parte chinesa estava logo

---

[25] Cf. H. S. PRASAD, "Time in Budhism and Leibnitz". In D. TIEMERSMA – H. A. F. OOSTERLINGS (Eds.), *Time and Temporality in Intercultural perspective,* op. cit. Citado também por É. SIZOO, *Ce que les mots ne disent pas,* op. cit.

pronta, restava ainda encontrar universitários franceses desejosos de manter na França a motivação desta *joint-venture* excitante e nova. Naquele momento, todos tendo assumindo na França seus programas pré-definidos e suas querelas *paroquiais* sinológicas, não conseguimos ninguém disponível ou com tempo. Quando nos reunimos no ano seguinte perto de Paris para checar a situação deste programa e dos outros, soubemos para nosso espanto, de nossos amigos chineses, que eles já haviam *afivelado* o primeiro número, textos chineses e textos franceses arranjados aqui e acolá, com ou sem nós, e que já estavam *colocando no canteiro de obras* o segundo número. Naquele momento me permiti dizer-lhes que eles me faziam pensar como uma futura noiva que matava tempo na entrada da igreja no dia da cerimônia, esperando seu noivo atrasado, e terminava tudo dizendo: "se ele não estiver ali em dez minutos, caso-me sozinha". Nada disso aconteceu ali. Estamos hoje no vigésimo número em Pequim, e na França não produzimos senão três![26]

Uma outra anedota sobre um plano mais local. Há uns quinze anos, fui convidado, em um bairro parisiense bastante cosmopolita, para a animação de uma equipe local da ONG, a CCFD.[27] O objetivo era sensibilizar para questões de desenvolvimento no Mali e recolher fundos para sustentar um projeto neste país. Uma conferência foi organizada depois do almoço com alguns malineses. Fora convencionado que durante este tempo suas mulheres prepariam pratos de arroz, de milho verde e peixe, com seus molhos apimentados, e os levariam como sendo o ponto alto do dia, o verdadeiro momento de diálogo intercultural, um jantar de "confraternização" entre as comunidades malinesas, a francesa e as demais. O jantar estava previsto para sete horas da noite. Às sete e quinze, as mulheres ainda não tinham chegado. Às oito horas, ainda nada, a não ser algumas men-

---

[26] Ainda que lamentada a falta de simetria, devo reconhecer hoje o valor da revista do lado chinês e aqui incluir sua qualidade também em termos interculturais.
[27] Comité Catholique contre la Faim et pour le Développement (Comitê Católico contra a Fome e pelo Desenvolvimento).

sagens, segundo as quais não iam demorar muito. Às nove horas, a maior parte das pessoas que vieram tinham ido embora. Às dez horas, as mulheres chegaram, elas gastaram todo o tempo necessário para fazer um bom prato; trabalhado toda a tarde cuidando menos do tempo que passava e mais das exigências de uma comida bem-feita, mas... não havia mais nenhum francês. Quantos mal-entendidos, quantos erros de programação, quanta ignorância mútua dos limites uns dos outros poderiam explicar esse fracasso, eu mesmo não sei. Mas um tal episódio não está ilustrando as consequências das diferenças de concepções de tempo que levam, por exemplo, os militantes do terceiro mundo a fazerem "por", mas... sem?

Num plano mais vasto que este do tempo de espera de um cooperador no deserto, da montagem de uma operação editorial franco-chinesa ou de uma *soirée* de "educação para o desenvolvimento", a questão da concordância ou da discordância dos tempos coloca-se numa escala mundial com a questão do desenvolvimento durável: como, para retomar os termos do subtítulo deste livro, lidar com a cultura do outro (e seus ritmos) num mundo a ser administrado em conjunto?

Duração, tempo durável, tempo compartilhado

No trabalho internacional, a duração é uma noção mais operacional que a do tempo. Enquanto que, como o explica Nicolas de Rauglaudre numa introdução difícil, mas apaixonante, do dossiê "Domesticar o tempo", "o escorrer do tempo vincula a tomada de consciência de nossa finitude à ilusão das construções intelectuais, a duração evoca um tempo que continua e se estrutura".[28] Uma tal formulação leva consigo, certamente, algumas marcas culturais de seu autor europeu, mas ela toca num dos pon-

---

[28] Cf. N. RAUGLAUDRE, "Introduction". In VAN CAUTER, J. – RAUGLAUDRE, N. (Eds.), *Apprivoiser le temps, approche plurielle sur le temps et le developpement durable*, op. cit.

tos sobre os quais, no reconhecimento do "direito de cada um a seu ritmo", lembrado por François Ost na mesma obra, os homens devem agir com concórdia para comporem suas ações e se ouvirem, a não ser que aceitem o prosseguimento da degradação ambiental do planeta: a necessidade de um mínimo de estruturação comum do emprego do tempo. No trabalho de desenvolvimento durável, explica Ost, "o tempo durável é um tempo compartilhado".[29] Quando compartilho, posso ser levado a me privar, a me frustrar, a me impacientar. Mas é a condição. E, segundo Ost, de exigir a construção de um "tempo público". "O tempo, diz ele, não se reduz a cômputo de horas e de minutos ou às páginas de agendas que são preenchidas. O tempo requer que seja construído. É necessário refletir sobre a elaboração de um tempo público que seja assim um penhor à democracia e um penhor de durabilidade". Mas, como em muitos outros domínios, a dificuldade da construção deste tempo público, compartilhado, está longe de não se ater senão às diferenças de ritmos e da ordem geocultural; ela liga-se também às diferenças de visões sobre o tempo das diferentes categorias socioprofissionais e de sua duração de antecipação. Gérard Jadoul,

---

[29] A nova onda do uso do adjetivo "durável" no vocabulário econômico e político destes últimos anos é muitas vezes considerada como uma simples moda e, por isso, alguns pensam que mesmo ela não será lá tão.... durável. É verdade que não basta ajuntar "durável" às palavras para que elas sejam transfiguradas, mas existem razões para que tanto agentes econômicos como sociais formulem hoje seus objetivos em termos de "desenvolvimento durável", "transporte durável", "turismo durável", "agricultura durável", "saúde durável", "gestão durável da floresta", "política urbana social durável" etc. Uma reação saudável em relação à tirania do curto prazo, crítica implícita do que nós, *baby-boomers* e pretensos "sessenta-oitões" [relacionados aos movimentos de 68], fizemos do consumo e da produção ao longo de meio-século. Muito curiosamente, os francófonos e os anglófonos falam a mesma coisa com palavras diferentes. Foram estes últimos que começaram a caracterizar um desenvolvimento que não destrua e assegure o futuro do planeta, não como *durável*, *lasting* ou *long-lasting*, mas como *sustentável*. E, por longo tempo, os francófonos equivocadamente traduziram por "desenvolvimento sustentável" este *sustainable development*. A passagem de "sustentável" para "durável" que aconteceu depois não passa, de meu ponto de vista, de um cuidado com a elegância, mas relacionada a uma reflexão sobre o vínculo entre as exigências das mudanças a serem postas em ação e a duração.

fotógrafo de animais e militante ecologista belga, dá um exemplo de um campo florestal na Walônia: "quando reunimos os agentes de um campo florestal, como os do qual me ocupo em Saint-Hubert, constata-se que as pessoas ao redor da mesa têm percepções totalmente diferentes: um proprietário florestal privado inscreve-se na lógica de trinta ou quarenta anos atrás, um proprietário público de uma floresta comunitária reflete os limites dos seis anos da legislatura, o caçador nos nove anos de sua licença de caça, o agente de turismo pensa, por sua vez, no 'passeio dos cogumelos' do próximo outono".[30]

Tanto as profissões, quanto as implicações institucionais e as apreensões diferentes dos mesmos conceitos e dos mesmos dados: a história e a geografia explicam muito, mas não tudo.

---

[30] Cf. G. JADOUL, In J. VAN CAUTER – N. RAUGLAUDRE (Eds.), *Apprivoiser le temps, approche plurielle sur le temps et le developpement durable,* op. cit.

6

AS RELAÇÕES COM O TRABALHO E COM O DINHEIRO

A antiguidade romana foi um período de grande inventividade em termos de instrumentos de tortura. Os escravos sofreram a penosa experiência com o *tripalium* (aparelho com três peças) ou a *trabicula*, pequeno cavalete usado em tortura, que vai dar no verbo *trabilucare*: fazer sofrer. Seja *tripalium* ou *trabicula*, não são outras as prazerosas origens etimológicas da palavra trabalho, em francês![1] Trabalho é saúde, propõe um ditado bem dos nossos, mas etimologicamente é sofrimento, e as referências bíblicas não deixam de trazer sua contribuição à hipótese de um vínculo histórico – no meio judaico-cristão – entre a ideia de trabalho e a de castigo, de instrumento de redenção, de meio de se livrar de um pecado original: Adão, expulso do Paraíso por ter comido a fruta proibida, deverá ganhar o pão com o suor de seu rosto[2] e Eva deverá dar à luz na dor do "trabalho de parto".[3]

Síntese bem simplista, a bem da verdade. Inicialmente, porque os textos bíblicos mesmos (Levítico, Deuteronômio e a Carta de Tiago) dão ao trabalho toda a sua nobreza nas vezes em que eles criticam a exploração do homem pelo homem.[4] Depois, a concepção de trabalho

---

[1] NT.: Pode-se dizer que também em português.
[2] "Com o suor de tua fronte, tu comerás o teu pão até quanto tu retornarás ao chão..." (Gn 3,19).
[3] "Multiplicarei as dores de tuas gravidezes, e na dor darás à luz teus filhos..." (Gn 3,16).
[4] Veja-se, a respeito disto, um número especial do semanário *La Vie*: "Aux sources du christianisme social", 21 de novembro de 2004.

sob o Antigo Regime (na qual deveria ser destinado somente ao Terceiro Estado e especialmente evitado pela nobreza e pelo clero)[5] tem o valor-trabalho celebrado especialmente pelo protestantismo industrial, esta conotação negativa foi amplamente modificada. Enfim, devido a um pequeno jogo etimológico, a palavra "trabalho" recebeu conotação totalmente diversa nas áreas culturais, mesmo estando a um só tempo, historicamente, submetidas tanto à área latina como à influência bíblica. Em alemão, por exemplo, *Arbeit* está vinculado à ideia de "patrimônio". Ou mesmo, como assinala Clair Michalon,[6] ao "ato glorioso que fundamenta a qualidade de cavaleiro",[7] o que podemos ligar ao fato de que na Alemanha, acrescenta ele, "o trabalho é um ato positivo, o que é objeto de consenso geral, excluindo a dúvida, tanto em termos de prática como em termos de finalidade" e que marca toda a sociedade do além-Reno. Michalon aproxima essa visão positiva à dos japoneses, que para o trabalho usam a palavra *shitogo*, que, literalmente, quer dizer "processo de acumulação de conhecimento" e "serviço", um possante instrumento de integração social, no seio da empresa, cuja tradução literal – *kaicha* – é "clã societário".

Poderíamos multiplicar assim os exemplos de ambiguidades e de diferenças nas visões que podemos ler por meio das palavras que, de

---

[5] NT.: Antigo Regime – termo técnico da historiografia para a fase imediatamente anterior à Revolução Francesa no ambiente francês.

[6] Cf. C. MICHALON, *Les Différences, mode d'emploi,* op.cit.

[7] Mas não é só isso. O dicionário *Duden* propõe a definição seguinte: "a palavra germânica (no alemão médio-alto) *ar* [e] *beit* (...) é provavelmente derivação de um verbo que caiu no esquecimento e que significava 'ser um órfão, ser obrigado a executar serviços físicos pesados'. A palavra significava de início 'esforço físico, pena, malho' e conserva esta significação mesmo no alemão erudito moderno. Foi Lutero que libertou a palavra *Arbeit* de uma grande parte da significação de atividade indigna e penosa, por meio do realce do valor moral do trabalho como profissão do ser humano no mundo, retomando a abordagem da ética da cavalaria medieval e do misticismo medieval. No mais, a palavra *Arbeit* designa uma obra acabada" (tradução de Werner Stark).

uma língua para outra, designam o trabalho e falam alguma coisa do valor que lhe é atribuído. Não há uma representação universal do ato de trabalhar ou do "valor do trabalho", e está longe de ser certo que o trabalho seja em todos os lugares um valor, isto é, que seja outra coisa que uma modalidade. Mas se formos para além das palavras e se nos interessarmos, sobretudo, pelas diferenças de práticas profissionais, é útil associar estas à relação que envolve as pessoas ou os grupos com aqueles que somos levados a trabalhar, com alguns conceitos: ação e progresso; incerteza; riqueza e pobreza.

1. A relação com a ação, com os fins da ação, e a ideia de progresso e de sucesso

Uma vez que começamos este capítulo com referências bíblicas, retomarei a passagem famosa do Evangelho de Lucas[8] em que Jesus, fazendo uma parada na hora da refeição na casa de duas mulheres, Maria e Marta, coloca em seu lugar esta última, que reclama amargamente de ter de fazer todo o trabalho de cozinha enquanto sua irmã fica ali sentada aos pés do Mestre, conversando com ele: "Marta, Marta, tu te inquietas e te agitas com muitas coisas (...); foi Maria que escolheu a melhor parte...". Muitos interpretaram esta passagem, não sem algum abuso, como uma afirmação da supremacia da vida contemplativa sobre a vida ativa, sinalizando, por outro lado, e reforçada por muitas outras passagens, que a tradição cristã não é, em si, uma tradição de um ativismo frenético.[9]

---

[8] Cf. Lc 10,38.
[9] Especialmente, Mt 6,25-34. "Não vos inquieteis por vossa vida, sobre o que comereis; nem por vosso corpo com que o vestireis. A vida não é mais que o alimento, e o corpo mais que o vestuário?"

A eficácia: controlar a realidade ou amoldar-se a ela?

Essa tensão entre a obsessão pelo "fazer" e a sabedoria do "existir" é uma linha de fratura no trabalho internacional? Em todos os casos, podemos observar, entre as diferentes culturas, diversas concepções de eficácia, de objetivo do trabalho e de prioridades. No *Traité de l'efficacité*, François Jullien mostra que da diferença de concepção que temos da eficácia resulta o modo como colocamos em ação os meios apropriados em vista de um fim e visando impor nossa vontade à realidade; o pensamento clássico chinês empenha-se antes em aprender, em se deixar levar, "a deixar vir o efeito: não buscá-lo (diretamente), mas implicá-lo (como consequência)".[10] Por isso, não se trata mais de uma lógica de controle ou de enfrentamento, mas "da não batalha, do não afrontamento, do não acontecimento, isto é, trata-se do ordinário, em resumo". Não poderíamos ignorar completamente esta herança da tradição chinesa, especialmente a taoista, nas relações comerciais e internacionais atuais. O *wu-wei*, "deixar vir", mobiliza o controle dos acontecimentos não pela oposição aos mesmos, mas deixando-se levar por eles. Para muitos chineses, assinala Hesna Cailliau, "a estratégia é uma arte sutil que se apoia na observação (...). Seria mais pertinente falar [a seu respeito] de eficiência antes de eficácia. A eficiência consiste em acolher (...) a tendência. Seu efeito é invisível, mas produz sempre uma transformação global e progressiva. A eficácia consiste em afrontar a dificuldade pela imposição de seu próprio projeto. Seu efeito é espetacular, mas não produz necessariamente a transformação (...). A estratégia chinesa, discreta e progressiva, desarruma nossa cultura empresarial, uma vez que se existe um lugar onde é necessário que o efeito seja visível, espetacular e obtido rapidamente e conduzido diretamente à meta visada, este lugar é a empresa".[11]

---

[10] Cf. F. JULLIEN, *Traité de l'efficacité*. Paris: Éditions Le Livre de Poche, 2002.
[11] Cf. H.CAILLIAU, *L'Esprit des religions,* op. cit

O trato ocidental da ação visível – obter resultados mensuráveis, rápidos, tangíveis, matéria para notícias –, tal como podemos encontrar normalmente no cooperador francês ou num empreendedor, pode chocar-se na Ásia, na África e na América Latina com uma filosofia da existência, do tempo do diálogo, da palavra, do dever deixar o tempo agir, de reservar um tempo antes das decisões, que torna simplesmente inútil, além do crachá, a agitação do primeiro. Sobre o que pensamos ser, no outro, sua lentidão, uma falta de empenho profissional, estamos sempre prontos a emitir um juízo moral ("nada além de fleuma") que por nada leva em conta seus valores, seu meio humano, os objetivos que ele busca em sua vida. Podemos falar de uma diferença entre uma cultura (judaico-cristã) da culpa, na qual, como já chamamos atenção mais acima, o trabalho é percebido como reparação, e uma cultura da simbiose, na qual o ser humano, parte integrante da natureza, *é*, e onde o trabalho é percebido como um simples meio de sobrevivência.

"Tu farás como teu pai"

Em seu memorável pequeno livro intitulado *Différences culturelles: modes d'emploi*, Clair Michalon,[12] que passou o essencial de sua existência formando voluntários e cooperadores para o trabalho do terceiro mundo, analisa a relação do tempo em vista da situação de precariedade na qual se encontra grande parte da humanidade. "Para otimizar suas chances de sobrevivência, escreve ele, cada um deve imitar o que conseguiu viver por mais tempo, seu irmão mais velho, seu pai. Implicitamente, a fórmula 'tu farás como teu pai' torna-se a linha diretriz do grupo'. Uma atitude caracteriza, notamos, uma visão do sentido (direção) da vida e do 'progresso' muito diferentes da aspiração ao 'ascensor social' que prevalece na França

---

[12] Cf. C. MICHALON, *Différences culturelles: modes d'emploi*. Paris: Éditions Sépia, 1997.

contemporânea, o de 'tu deves ultrapassar o *status*, o nível de vida, o lugar na hierarquia daquele que foi o de teu pai."

Michalon nos motiva, entretanto, a evitar julgamentos de valor e implica com esta ideia bastante divulgada de que as populações do terceiro mundo seriam resistentes ao progresso e confinadas em seus hábitos tradicionais. Na realidade, os grupos sociais que são os mais precários, que muito dificilmente podem dar-se ao luxo de assumir riscos, "envolvem-se resolutamente nas práticas que permitiram seus idosos a sobreviver, pelo motivo, e nisso somos todos lógicos, de que eles não podem abandoná-los, porque simplesmente morreriam. 'Tu farás como teu pai' é uma atitude conservadora, mas não conservante. Ela busca garantir a sobrevivência, ela reivindica a manutenção dos procedimentos que já deram suas provas [de eficácia] e não a simples e ingênua manutenção de hábitos e crenças".

Esta noção "conservadora" oposta àquela "do conservantismo" é essencial. Ela deixa o campo livre, a propósito, para um trabalho de sensibilização a uma inovação econômica e social progressiva, não bruta, mas comprovada com parte da população que se sente preparada para adotá-la; assim, a população pode confrontá-la com práticas já conhecidas e ver que é capaz de durar também muito tempo como estas mesmas práticas. O tempo de duração dessas inovações seria uma vantagem para aqueles que se aproveitassem delas. "Então, escreve Michalon, ela se inscreve com bastante naturalidade, na lógica do 'tu farás como o teu pai, que ela justifica. A mudança coletiva se estende pelo menos por uma geração, vinte ou trinta anos, e para grande desespero dos agentes operadores, cooperadores, voluntários, missionários ou mesmo técnicos, que são pressionados a prestar contas aos fornecedores de fundos, os quais têm uma visão fechada por relatórios anuais." E Michalon, assinalando que as novas soluções possam por sua vez se tornar tradições, cita bem a propósito Chateaubriand, que dizia: "Uma tradição é uma inovação que teve sucesso!".

Querer mudar a sociedade: evidência ou ideia extravagante?

Com o material que já apresentamos, tomamos consciência do grande distanciamento que existe entre as sociedades industriais e as sociedades de precariedade na concepção do que chamamos de progresso. Existe um outro distanciamento, que procede das visões de mundo e da responsabilidade de cada um que são bem diferentes. O distanciamento para aqueles para quem querer mudar a sociedade é uma evidência e aqueles para quem esta ideia não tem sentido algum, especialmente quando ela vem de fora. O caso da cooperação para o desenvolvimento é um exemplo quase caricatural.

A partir de minha experiência como cooperador na África e da visita ao longo de toda a minha vida profissional às atividades de numerosos voluntários, assistentes de cooperação técnica e expatriados de ONGs e de instituições internacionais, cheguei a identificar algumas características comuns desses profissionais. Sua profissão ou missão? Mudar a sociedade,[13] *mas fora de sua própria sociedade.* Sua obsessão? Levar a bom termo seu trabalho, qualquer que seja ele, mesmo se às vezes eles duvidem disso. Eles têm contas a prestar, mas, às vezes, antes à estrutura que os enviou que à estrutura que os acolheu. O seu percurso? No mais das vezes, mais individual que coletivo: homens de realização individual mais do que de aventuras plurais; eles têm sempre verdadeiros homólogos nacionais. Seu presente? "Não temos tempo, estamos sobrecarregados." Estou esquematizando, certamente, mas estou convencido do caráter insólito desse tipo de experiência. Pois é evidente que "mudar a sociedade" tem junto aos africanos, aos filipinos, aos andinos o mesmo sentido que nós colocamos aí?[14] Tem ela somente um sentido? De onde tiramos o direito de nos permitir

---

[13] A estrutura oficial de cooperação voluntária holandesa para até mesmo de mudar "estruturalmente a sociedade".

[14] A própria palavra "sociedade" designa a mesma realidade em todas as culturas?

mudar o destino dos outros? A expressão "o que deveria ser", vinculada à nossa concepção de progresso, tem em todos os lugares um sentido mais rico de "o que é"?

Podem objetar – e eu mesmo já me objetei – que este tipo de questionamento é fácil de ser formulado por alguém bem alimentado, corretamente instalado em termos de moradia e cujos direitos elementares são respeitados. Entretanto, o equívoco está sempre presente na situação de cooperação. De François Greslou em *Le coopérant, missionaire ou médiateur*[15] a Stéphanie Zeiss em *Moi, la gringa et les paysans*,[16] passando pelas desventuras de um desarmador de bombas à mão em Burkina Faso no *Bill l'espiègle*, uma abundante literatura, existente especialmente nos depósitos das Éditions Charles Léopold Mayer, apresenta os testemunhos de cooperantes que foram logo abaixados ou colocados em seu devido lugar em seus esquemas, a partir do momento em que compreenderam que a mudança social que eles queriam se traduzia em degradação do equilíbrio existente em seus países de missão: degradação da qualidade de vida comunitária, das relações sociais, e até mesmo do equilíbrio ecológico. No *Ce que les mots ne disent pas*, Édith Sizoo relata a história de uma comunidade de um vilarejo no Camarões que vivenciou os efeitos de uma mudança provocada sob o nome "desenvolvimento". Disseram aos moradores da vila que eles poderiam elaborar um "projeto", mas que eles deviam para isso estabelecer um "planejamento" sério se eles quisessem receber o dinheiro dos doadores. Como nenhuma palavra para estas noções estranhas havia ainda sido inventada em sua língua, alguém explicou a eles o que os ocidentais enten-

---

[15] Cf. F. GRESLOU, *Le coopérant, missionaire ou médiateur.* Paris: Éditions Charles Léopold Mayer/Syros, 1995.
[16] Cf. S. ZEISS, "La fable de la recherche ecologique: Moi, la gringa et les paysans". In P. de ZUTTER, (Ed.), *Le paysan, l'expert et la nature: Sept fables et récits sur l'écologie et le développement dans les pays andins.* Paris: Éditions-Diffusion Charles Léopold Mayer, 1992, p. 19-30. Ver também http://www.eclm.fr/fileadmin/administration/pdf_livre/166.pdf.

diam por aqueles conceitos. Uma vez que a curiosidade foi satisfeita, eles traduziram o que eles tinham compreendido em palavras de sua língua. Depois disso, então, na vila, desenvolvimento passou a significar "criar confusão", planejamento passou a ser "o devaneio do branco" e projeto queria dizer "pedir dinheiro à Europa".

Muitas vezes, por outro lado, o mal-entendido vem pelo fato de que um europeu tem muita dificuldade em compreender que o progresso não é sempre progresso econômico. Na volta das Filipinas, um estudante contava um episódio curioso em seus estágios numa ONG que lutava para reavaliar os salários de miséria dos operários de uma região do país. Chegando triunfante perto de um de seus operários para lhe anunciar que 10% de aumento havia sido arrancado na véspera para ele e seus colegas de oficina, ele recebeu a resposta: "Ótimo! Vou poder trabalhar 10% menos e ter mais tempo, com o mesmo salário, para ocupar-me de minha família". Vindo de um homem que vivia nos limites da pobreza, isso estimula a reflexão e nos convida a levar em conta as diferenças interculturais em relação à riqueza.

Esta última observação sobre as diferenças de concepção do progresso de uma cultura a outra, deveria nos motivar a uma maior prudência quanto ao julgamento que temos sobre a maior ou menor *aptidão* dos demais ao progresso. De que falamos? De que progresso e de que destino? Todos temos em nossas cabeças as reações que suscitaram o discurso pronunciado na Universidade de Dakar, em 20 de julho de 2007, pelo presidente francês, discurso, a propósito, não desprovido de interesses, mas compreendendo também palavras no mínimo peremptórias: "O camponês africano (...) cujo ideal de vida é estar em harmonia com a natureza não conhece senão o eterno recomeço do tempo ritmado pela repetição sem fim dos mesmos gestos e das mesmas palavras. Neste imaginário onde tudo recomeça sempre, não há lugar nem para a aventura humana, e nem para o progresso (...). Jamais [numa situação destas] o ser humano se lança para o futuro. Jamais lhe vem a ideia de sair da repetição para *inventar* seu destino". O peso do tempo cíclico, certamente, é uma realidade, mas nuançamos bastante seu alcance e sua atualidade no Capítulo 5 e, sobretudo, jamais imaginamos que a própria ideia de destino, de evolução, estaria ausente dele. Simplesmente, as perspectivas e os valores são diferentes, e o progresso está longe de ser considerado somente sob seu ângulo econômico.

2. A relação com a incerteza no trabalho

Face ao trabalho e aos sentimentos que ele gera, os assalariados têm reações bastante diferentes que não dependem, certamente, exclusivamente de sua cultura de origem, mas que alguns, Geert Hofstede em especial, analisaram país por país. Com Edward Hall, já citado diversas vezes aqui, Geert Hofstede é sem dúvida o nome mais conhecido de todos os que se interessam hoje pela administração intercultural. Este holandês de origem, professor honorário da Universidade de Maastricht, obteve sua reputação do trabalho de titã que ele leva adiante já há trinta anos e cujos primeiros resultados foram publicados em 1980, no trabalho *Culture's consequences: International differences in work-related values.*[17] Titanesca deve ter sido a análise das respostas dadas a 116.000 questionários enviados a 40 países, por conta da IBM, aos quadros desta empresa. Hofstede tirou dali uma série de quatro indicadores para medir as diferenças culturais de um país a outro: o *power distance*, o grau de individualismo, o controle da incerteza, o grau de masculinidade ou de feminilidade, indicadores aos quais ele acrescenta um quinto, o grau de "*long term orientation*", a capacidade de se projetar no futuro.[18]

---

[17] Cf. G. HOFSTEDE, *Culture's consequences: International differences in work-related values*. Newbury: Sage Publications, 1980.

[18] Esse último elemento vem da tomada de consciência do autor mesmo, do fato de que os questionários de sua pesquisa tinham sido estabelecidos para os pesquisadores ocidentais e não davam conta da abordagem oriental da cultura. Ele elaborou, então, um novo questionário juntamente com pesquisadores chineses e, depois disso ele pôde elaborar a quinta dimensão da cultura sugerida pelo confucionismo, chamada de "virtude e verdade", que permite melhor compreender o sucesso econômico de alguns países asiáticos.

Confesso que não estive sempre convencido de alguns destes indicadores, especialmente o que se relaciona à masculinidade, e não estou certo de que seja pertinente aplicar em todos os domínios as conclusões tiradas da observação de uma única empresa multinacional, dotada até o momento de uma forte cultura empresarial. Além do mais, os gráficos como o que propõe Hofstede, em que classifica os 40 países segundo seu grau de individualismo, me parecem *assustadores,* uma vez que podem ser usados a torto e a direito, esquecendo-se da origem do instrumento. Qual é o sentido da afirmação segundo a qual o Brasil (índice 38) é muito mais individualista que a Guatemala (índice 6) e muito menos que a Itália (índice 76)? Vão até a cidade de São Paulo ou nos estúdios da cadeia de televisão *Globo,* vocês vão encontrar aí uma população altamente individualista. Façam um *tour* pelas favelas do Rio de Janeiro ou do Recife, e vocês estarão caindo num universo comunitário.

Mas a noção de "controle da incerteza" ou de "evitação da incerteza", que corresponde à atitude de maior ou menor aceitação dos azares da vida que apresenta o futuro, abre as perspectivas de um interesse evidente.

Audácia e direito de errar

Hofstede entrevistou os assalariados da IBM sobre três pontos: o estresse sentido no trabalho, a necessidade de regras e o desejo de uma situação profissional perene. A França, com seu consumo recorde de tranquilizantes, aparece, não devemos nos admirar, entre os países onde o índice de medo de incerteza é o mais alto, seguido do Japão, enquanto que a Grã-Bretanha, a Índia e os Estados Unidos, cujas regras profissionais são menos precisas e as hierarquias menos estritas, na esfera profissional têm, segundo os resultados de Hofstede, um índice bem mais baixo.

Quaisquer que sejam os limites das pesquisas de Hofstede, sua reflexão tem pelo menos a vantagem de motivar todo e qualquer expatriado a se questionar sobre a postura de seus interlocutores em relação à audácia e à capacidade de assumir riscos: ser bem mais dispostos que ele a inovar, investir e se lançar, ser mais reticentes em relação ao que pode parecer imprudente naquilo que eles vão se propor.

Mas um elemento complementar de vigilância pode igualmente ser acrescentado aqui: nossos interlocutores têm o direito de errar e as consequências de tais erros são as mesmas para nós e para eles? Com Clair Michalon, e por ter visto muitos agrônomos em ação no campo, insistirei mais um pouco sobre o caso da cooperação internacional para o desenvolvimento. Muitos cooperadores consideram, e eles têm muitas vezes razão, que sua função é ajudar na inovação: das técnicas culturais, das adaptações tecnológicas, dos produtos utilizados, do modo de gestão familiar etc. O problema é que eles trabalham com camponeses cujos equilíbrios de sobrevivência são tão frágeis que qualquer erro de previsão, de algum modo inesperado, de uma inovação pode romper brutalmente o equilíbrio, levando-os à ruína enquanto que o cooperador pode recolher-se a seu lar antes mesmo de poder medir as consequências de suas atividades. "Num mundo precário, para os homens desprovidos de uma margem de manobra, os que se enganam, desaparecem (...); erro é sinônimo de morte", escreve Michalon, que acrescenta que, de um modo bem significativo, uma mesma palavra na língua aymara (Peru) designa iniciativa, escolha, risco e perigo!"[19]

3. A relação com o dinheiro, a riqueza e a pobreza

Na série de palavras cuja tradução é menos evidente que se imagina, "riqueza", "pobreza", "precariedade" ocupam um lugar especial. Os famosos "Objetivos do Milênio para o desenvolvimento", fixados em 2000 pelas Nações Unidas, e os indicadores de pobreza que possuem são compartilhados por todo o planeta? Nada é menos seguro.

---

[19] Cf. C. MICHALON, *Différences culturelles, modes d'emploi,* op. cit.

Mesmo se encontramos na tradição cristã mais de uma referência que faz da pobreza uma virtude criativa ou mesmo um objetivo cuja conquista seja desejável (a "Dama Pobreza" de São Francisco de Assis), a cultura ocidental valoriza a riqueza e deplora a pobreza, vinculando indissociavelmente estas duas noções aos domínios do material e do monetário. As políticas europeias de desenvolvimento no terceiro mundo são, no que diz respeito a esta mentalidade, principalmente orientadas para a criação de riqueza e para a ideia de acumulação.

Sozinho, portanto pobre

É importante ter-se a consciência de que a relação com a noção de riqueza possa ser difícil em outros lugares. Clair Michalon cita o provérbio *wolof*, que resume certa hierarquia de valores na África: "Que é um pobre? Um pobre é qualquer um que não tem amigos". Quanto o mais uma pessoa tem relações, mais ela é considerada "rica", o que tem, insiste ele, implicações nas prioridades da atividade humana: "a energia dispensada para tecer, criar relações personalizadas em cada instante da vida é o melhor e o único meio para assegurar a perenidade do grupo. As outras atividades (produzir bens, fazer funcionar a administração etc.) são secundárias e tratadas com menos urgência (...).

A partir disso, não nos admiramos se em algumas línguas africanas a palavra *pobreza* seja traduzida por *solidão*, ausência de ligações; em outras (malinké), a pobreza é definida antes pela impotência, *fangantan*, em oposição à potência, *fagama*, mas a ideia de exclusão social está bem presente nesta palavra. Nos países em que não temos proteção social alguma, a comunidade constitui de fato uma verdadeira "seguridade social", e a ausência de uma rede de relações é, deste ponto de vista, uma tragédia.

E, sem pôr isso em mente, não se compreende o que para nós constitui uma questão de honra, a corrupção, que é considerada de um modo diverso na África e em outras regiões do terceiro mundo; o presente para a família e os próximos tirados dos fundos de que a pessoa dispõe, a distribuição de verbas aos parceiros comerciais, a confusão, não raramente, entre os compromissos profissionais e os pessoais, as somas distribuídas aos funcionários para facilitar um processo são certamente práticas que o europeu que sou não pode aprovar. Resta ainda que em muitos casos seu objetivo é menos o enriquecimento pessoal (por outro lado, todo o que enriquece esbanja quase que automaticamente o que ele ganha pela liberalidade com que ele beneficia seus próximos) e mais a tecitura, a extensão e o reforçamento dos vínculos sociais, o mais essencial dos objetivos da vida humana, mais que o dinheiro em si. Alguns africanos até mesmo me disseram que a corrupção permite uma redistribuição da riqueza, um investimento na rede relacional que beneficiará mais cedo ou mais tarde os membros da comunidade do "doador".[20] Um sistema que não seria necessariamente mais iníquo que o sistema econômico moderno, uma vez que no fundo, afirmam eles, não é anormal nos Estados pós-coloniais aproveitar-se das ocasiões para confiscar bens em favor de sua comunidade e para reparar injustiças cometidas no passado.[21]

Claro que neste domínio é bom evitar-se o angelicalismo e não cair simplesmente num culturalismo abusivo. A riqueza indecente de alguns potentados locais não deveria ser aprovada em caso algum, e as instituições financeiras internacionais não estão erradas em colocar num primeiro plano das condições de sua ajuda a luta contra a corrupção. Mas seus critérios não têm delicadeza quando eles juntam automaticamente a corrupção na Europa e nos Estados Unidos à da África. Eles estão muito impregnados pela lógica ocidental de acumulação, ali onde a lógica africana é antes uma lógica de distribuição.

---

[20] O dom não é gratuito, já pensava isso em 1925 o sociólogo Marcel Mauss, em seu famoso *Essai dur le don*.
[21] Os camaronenses, relata Édith Sizoo, falam do "dinheiro quente" (reaquecido pelas relações pessoais e controlado por eles) e de "dinheiro frio" (o que vem de fora e com o qual não se pode fazer o que se quer).

Esta mística da distribuição distingue claramente a África da Europa, onde é perfeitamente admissível que um indivíduo utilize a totalidade de seus ganhos para fins puramente pessoais. Ao contrário, no momento em que um africano vê seus ganhos aumentarem, ele tem a obrigação, sob pena de ser taxado de egoísta e de ser socialmente muito malvisto, de redundá-los em vantagem para os seus, em sua família, que não tiveram a mesma chance. A noção de poupança produtiva, disponível para investimento, apresenta então alguns problemas.

O costume ocidental de associar exclusivamente a pobreza a elementos materiais e monetários foi vigorosamente contestado, sabemos, por Amartya Sen, prêmio Nobel de Economia de 1998. Amartya Sen, que leciona hoje em Harvard depois de dirigir o Trinity College de Cambridge, faz certamente parte integrante do mundo universitário ocidental, mas é bem do ponto de vista da Bengala de sua infância, como muitos do terceiro mundo, que ele abordou o assunto tentando fazer evoluir a visão quantitativa e monetária da pobreza para uma concepção qualitativa, recusando admitir que as necessidades humanas possam ser reduzidas a uma simples cifra. A pobreza, segundo ele, é também questão de falta de *capabilities*, de liberdade de ser e de fazer, é o que o levou a contribuir para a elaboração dos famosos indicadores do desenvolvimento humano (IDH) definidos pela PNUD[22] ao longo dos anos 1990.

O dinheiro e as religiões

As religiões e as espiritualidades, no que diz respeito ao dinheiro, à riqueza e à pobreza, têm influências contrastantes. Desordenadamente, no mínimo, podemos lembrar de início a exaltação do despojamento na interpretação (nem sempre prática) do Evangelho na tradição católica

---

[22] NT.: Programa das Nações Unidas para o Desenvolvimento.

("ninguém pode servir a dois senhores ao mesmo tempo, a Deus e ao dinheiro";[23] "vendei tudo o que possuirdes, distribuí aos pobres e tereis um tesouro no céus. Depois, segui-me"),[24] mas também entre os sadus na Índia, no jainismo e no budismo: recorde-se o despojamento total do príncipe rico que se torna Buda, e sabemos que os monges budistas são vistos a mendigar.

Uma visão diversa do dinheiro existe no protestantismo, em que ele representa um meio e não um fim. Se o enriquecimento contribui para o desenvolvimento da coletividade, ele é legítimo e pode mesmo constituir uma responsabilidade, na medida em que ele aumenta uma riqueza em favor de todos. São conhecidas as teses de Max Weber em *A ética protestante e o espírito do capitalismo*, no qual considera o desenvolvimento do capitalismo no século XVIII como o resultado da ética puritana (acumular riqueza sem usufruir diretamente) e desta ideia de que o sucesso financeiro não é outra coisa que o sinal da predestinação de Deus.[25]

Uma ética bastante próxima pode ser encontrada no judaísmo. Numa conferência sobre o tema espiritualidade e administração, na Universidade de Paris-Dauphine, Claude Riveline,[26] membro do Conselho de Administração do Escritório do Chabbat, professor de economia na *École des Mines* de Paris, lembrava alguns princípios judaicos relativos ao dinheiro. Inicialmente, a santidade é compatível com a riqueza, uma vez que o trabalho produtivo é uma obrigação religiosa (no Êxodo: "durante seis dias, tu trabalharás e tu farás a tua obra; mas o sétimo dia é o dia do descanso, consagrado a Deus").[27] Além do mais, o dever do rico é doar 10% de sua

---

[23] Cf. Mt 6,24.
[24] Cf. Lc 18,22.
[25] Cf. M. WEBER, *A ética protestante e o espírito do capitalismo*. São Paulo: Cia das Letras, 2004.
[26] Citado no artigo de Étienne Perrot: http://www.portstnicolas.org/spip.php?article1831.
[27] Êx 20.

riqueza aos pobres, mas jamais mais de 20%: "Quando o rico doa menos, ele é considerado um ladrão (...). Mais de 20% de dom, o rico colocaria sua fortuna em risco. Ora, se ele é rico, é porque Deus lhe confiou a gestão do mundo para uma parte maior que aos outros e ele não tem o direito de desfazer-se desta missão". Por fim, ele lembra que, nos negócios, o rico não deve abusar da fragilidade do outro.

Michel Malherbe, historiador das religiões, completa esse ponto de vista ligando a visão do dinheiro ao contexto político e social entre os judeus e entre as minorias: "O fato de que a poupança traz segurança, quando o sistema social não a dá mais, conduziu as minorias ameaçadas a buscarem um poder econômico. É assim com as minorias religiosas. Os judeus (...) devem sua reputação de usuários ou de obsessivos por dinheiro ao ostracismo que os castigava: os países cristãos tendo impedido aos judeus, por longo tempo, a função das armas e a exploração da terra, não restou a eles outra coisa que o comércio. O temor aos *pogroms*[28] acentuava ainda mais a necessidade vital de se proteger pelo dinheiro (...). O caso dos judeus não é isolado. Os armênios cristãos estavam na mesma situação no império otomano ou na Pérsia, os siks ou os parsis estão numa posição comparável na Índia, o mesmo os mozabitas caridjitas na Algéria, os chineses na Malásia ou os coptas no Egito".[29]

Para o islã, o dinheiro está longe de ser ilícito ou desprezado, mas ele deve servir ao bem da sociedade. O Alcorão lembra, com efeito, que o dinheiro, como todos os recursos da Terra, pertence a Deus e que o dever dos homens é fazê-lo frutificar para a comunidade. O empréstimo com juros é proibido, mas não os rendimentos de capital, ao contrário, na medida em

---

[28] NT.: Termo russo para carnificina, massacre contra minorias e, em especial, contra judeus e ciganos.
[29] Cf. M. MALHERBE, *Les Religions de l'Humanité*. Paris: Éditions Hachette, 1993, 2 volumes.

que paga uma tomada de risco: os investimentos produtivos são encorajados, uma vez que contribuem para aumentar a riqueza e o bem-estar. O que é condenado é o entesouramento ou a dilapidação do dinheiro, que é de Deus e que deve servir à coletividade. O enriquecimento é lícito, e mesmo encorajado, com a condição de que corresponda à criação de riqueza (donde a interdição da especulação e dos jogos de azar) e com a condição de que esta não seja pessoal, mas coletiva. Para garantir isso, o Alcorão faz da esmola o maior despojamento, a *zakat*, e um dos pilares do islã. A *zakat* procede assim de um dever em vista das necessidades que se pode observar em seu entorno imediato: ela pode ser destinada, por exemplo, ao financiamento de infraestruturas sociais da proximidade.[30]

A comparação entre as culturas pode ser feita também com relação à noção psicológica de propriedade, que, independentemente do sistema político no poder, não é a mesma de uma região para outra. Já lembramos no Capítulo 4 a postura especial de muitos africanos na relação com a moradia ou lar (dívidas em relação aos ancestrais). Podemos mencionar igualmente que em algumas línguas, como o turco, o verbo "ter" se exprime na realidade por "existe". Hesna Cailliau pensa que isso resulta num "sentido de propriedade menor, num direito de propriedade pouco desenvolvido, tanto mais que as noções de fronteiras e de usurpação ou de invasão são noções recentes emprestadas do Ocidente".[31]

O expatriado e o mecenas

Nos anos 1970, tentei na Etiópia me "fundir" o mais possível nas condições de vida locais. Fui consumido por percevejos e ratos em cabanas wolaytas, perdi todos os meus quilos em caminhadas sob o sol com camponeses, curti viver com certo despojamento, antes de aperceber o ridículo

---

[30] Cf. Maxime RODINSON, *Islam et capitalisme*. Paris: Éditions du Seuil, 1966.
[31] Cf. H.CAILLIAU, *L'Esprit des religions,* op. cit.

da situação de imaginar poder fazer esquecer meu *status* quando se vem de outro canto do mundo. Quer ser queira ou não, e por mais esforços que se faça para singrar as condições de vida do outro, o cooperador será sempre o que pôde pagar uma passagem aérea, ou a quem foi pago e que teve quem a pagou e o que pode ser repatriado imediatamente no caso de um problema, uma vez que sua família tem meios. Gosto muito da maneira com a qual Stéphanie Zeiss, antiga expatriada alemã, toma consciência dessa ilusão a partir de sua experiência na América Latina: "uma gringa chega. Quem é? Por que vem? O que ela quer? Por que ela nos faz perguntas sobre nossa vida? Sobre nossos costumes? (...). No início havia muita distância (...). Estas dúvidas são positivas, digo a mim mesma, porque na história de hoje todos os estrangeiros que vieram se aproveitaram delas. Os colonizadores, os donos de fazendas, é claro, mas também, no presente, os engenheiros de projetos de desenvolvimento rural que ganham bons salários, os políticos que fazem campanhas e recolhem os seus votos, os estagiários de um outro mundo que escrevem as suas teses. Logicamente, pensam eles, todos os que vêm aqui tiram lá seu proveito, porque se não fosse por isso não viriam. É então que tudo faz sentido, e é mesmo justo que os camponeses de seu lado busquem também se aproveitar: que eles peçam aos engenheiros informações, materiais, apoio junto às instituições; (...) que eles peçam para a gringa dinheiro, pão ou frutas. Eles são 'mendigos'? E eu não mendigo, de minha parte, um pouco de amizade, de aceitação, de informações e de explicações? É um intercâmbio, nada mais: se nós, os estrangeiros, nacionais ou internacionais, viemos até eles, se nós entramos em seu meio ambiente sem lhes pedir permissão, sem lhes pôr a questão de saber se eles nos aceitam, eles podem muito bem, também eles, pedir-nos alguma coisa, não?".[32]

---

[32] Cf. S. ZEISS, «La fable de la recherche ecologique: Moi, la gringa et les paysans». In ZUTTER, P. de (Ed.), *Le paysan, l'expert et la nature: Sept fables et récits sur l'écologie et le développement dans les pays andins*, op. cit.

Um outro testemunho comovente a este respeito é o do diário de Anne Dewees, do qual já reproduzimos um trecho no Capítulo 3.

A *waiguoren*

O verão voltou e, com ele, os *arranhadores* de violão com os cabelos hirsutos voltaram de seus subterrâneos para a avenida Changanjie (rua da grande paz), na qual está meu escritório, no 12º andar. Existe também um menino imundo de fisionomia triste que se revolve no chão ao lado de um velho cego que toca sua cítara. O som, estranhamente, ressoa neste subsolo onde se misturam ecos dos passos dos colarinhos brancos e o murmúrio dos camponeses recém-desembarcados da estação central, carregando seus grandes sacos de fibras plásticas com faixas vermelhas e azuis. Eles imergem no subterrâneo; cruzam-se claramente a China de ontem e de hoje. Os DVDs mercadejam as histórias das *Desperate housewives,* os mochileiros ocidentais brotam como cogumelos sem complexos, com bermudas e chapéus de sol, e o velho *persegue* sua melodia ancestral, triste e enrolada. Um pouco mais adiante, fica a estação Guamao, o início do CBD, o *business district* de Pequim com suas torres com formas delirantes. Lá embaixo já estamos no futuro, enquanto que em outras partes da cidade os camponeses da periferia vêm vender suas melancias com charretes puxadas a cavalo.

E eu passo neste subterrâneo, a estrangeira. Olho este mundo sobre o qual não tenho ideia; este mundo que pouco a pouco aprendi a sentir, mas onde continuo parecendo uma pequena pluma que, colocada sobre uma onda de vento, fica à deriva, revira-se sem pousar sobre os carros, as bicicletas, os chineses. A meu modo, faço parte da decoração, mas fico, radical e essencialmente, alguém do exterior, uma *waiguoren,* uma estrangeira (...). Os guardas do imóvel sorriem até os olhos quando passo na entrada, cantando a todo pulmão ou com meu violoncelo sobre minhas costas. O pro-

> fessor de natação da piscina que frequento regularmente me gratifica sempre com um cumprimento gentil, e eu tartamudeio todos os dias um pouco mais o chinês. Mas a barreira essencial continua. As pequenas conversas no passeio giram quase todos os dias em torno de minha condição de *waiguoren-faguoren* (francesa). O fato de ser de fora é um assunto em si. Sempre os olhares curiosos, as exclamações *estouram* como "Oh, você gosta de baguetes!"; "Oh, você fala chinês!"; "Oh, você gosta de leite de soja?", e não cessam. Sou branca com olhos verdes, venho de um país rico, é tão simples, e jamais o senti tão forte ou difícil (...).
>
> Anne Dewees, junho de 2007.

Mesmo se, como já vimos, a maior pobreza é, para muitos, a ausência de vínculos humanos, a questão do dinheiro varia também notavelmente segundo o que se pensa, como para todo voluntário ou cooperador que não vem de uma sociedade de precariedade, poder controlá-lo e viver do jeito que der, ou se encontrando numa situação sem segurança ou seguro, na qual toda ruptura de equilíbrio econômico provoca imediatamente uma catástrofe humana.

Se tal é a situação no mundo da ajuda humanitária, o expatriado dos meios industriais e comerciais nos países do terceiro mundo deve estar ainda mais conscientes dos vieses que ele pode introduzir nas relações sociais e profissionais. Pierre Vuong, que passou toda a sua carreira profissional no exterior numa grande companhia petrolífera, insiste sobre as frustrações, os ciúmes, os sentimentos de injustiça que podem gerar as diferenças salariais e de poder de compra entre os expatriados e os empregados locais, e isso tanto mais que, nesses meios, a riqueza é sinônimo de poder.[33] Os círculos das finanças são especialmente ameaçados pelas tentações de desvio de dinheiro, e de mais a mais as

---

[33] Exposição feita ao longo de um seminário intercultural no *Sciences Po,* em 2006.

firmas procuram reduzir as desigualdades de salários para preservar a honestidade.

A comparação entre o Norte e o Sul sobre as concepções do dinheiro não pode levar a esquecer que estas concepções diferem muito mesmo dentro do próprio mundo industrializado, por exemplo entre os norte-americanos e os franceses, mas isso é muito pouco conhecido porque não é fácil de se entender: de um lado somos orgulhosos do que ganhamos e o dizemos e, de outro, o montante recebido e a fortuna que temos são um tabu. Isso é diferente, alhures, nas práticas do mecenato do outro lado do Atlântico. Na Europa, a filantropia deve ser anônima, sob pena de ver anulado seu caráter caritativo ("que sua mão esquerda, diz o Evangelho, ignore o que faz a direita"). Ao contrário, nos Estados Unidos, o doador é recompensado pela sua generosidade por uma publicação de seu nome com as ações nas quais ele participa ou pela atribuição de seu nome a uma fundação que ele criou.

7

A RELAÇÃO COM A IGUALDADE E COM AS HIERARQUIAS

Relações interpessoais e assuntos ligados ao poder e ao saber

Nós e os outros: como os indivíduos e os grupos se situam em relação aos outros, como avaliam eles seus direitos e seus deveres em relação aos dos outros, e com que medida e seguindo que critérios? As questões, velhas como o mundo, condicionam sempre, hoje em dia, o trabalho internacional. Elas nos levam a levantar questões sobre a relação nas diferentes culturas no que diz respeito a diversas noções bem atuais: igualdade, autoridade e hierarquia, idade, gênero, atribuições (a quem prestar contas) e, por fim, saberes.

1. A relação com a noção de igualdade

Liberdade, igualdade, fraternidade: divisa e evidência em nossos frontões, motivo de perplexidade em outros lugares, menos no que diz respeito à fraternidade e à liberdade do que o que concerne à igualdade. Na China, igualdade é considerado um conceito importado, ignorado numa tradição que sempre se construiu sobre a base de regras hierárquicas. Um dos conceitos supremos do confucionismo é a relação soberano-servidor e, em consequência disso, as relações hierárquicas do tipo pai-filho, esposo-esposa etc.[1] Na China, explica Chen Lichuan, não se diz "vos apresento meu

---

[1] "Que o príncipe seja príncipe, diz Confúcio; que o servo seja servo; o pai, pai; o filho, filho."

irmão, minha irmã", mas sempre "meu irmão mais velho, minha irmã mais nova...". O período maoísta até ele mesmo não é necessariamente ancorado sobre a ideia de igualdade dos cidadãos. É suficiente para convencer-se disso voltar à iconografia da revolução cultural, ou olhar a imensa escultura erguida em homenagem a essa época na entrada da ponte monumental de Nanquim. As personagens que vemos na fila indiana ali aparecem segundo a situação precisa de sua categoria socioprofissional na hierarquia da dignidade das profissões: à frente o operário e o camponês, depois o soldado, os professores, os intelectuais vêm no fim da fila (uma classificação que subverte a que havia sido proposta por Confúcio: intelectuais de início, depois os artesãos, os comerciantes...). Hoje essas classificações são outras, a ideia mesmo de igualdade financeira continua estranha para a maior parte dos chineses, o que permite, por outro lado, que não nos espantemos com as imensas fortunas do tipo capitalista que foram construídas hoje em dia num país dirigido por um partido comunista. A sociedade é construída sobre a base de regras hierarquizadas, lembra Chen Lichuan, "a desigualdade é inerente à ordem social chinesa. São os princípios da delicadeza, da solidariedade e da fraternidade que devem atenuar as desigualdades".

Uma China hierárquica e não igualitária

Na China antiga, três princípios fundamentais regiam as relações hierárquicas constitutivas da sociedade chinesa, a saber, soberano-escravo, pai-filho, esposo-esposa. Zeng Guofan, um célebre mandarim confucionista da dinastia dos Qing, dizia: "o soberano enquanto príncipe do servo, o pai enquanto príncipe do filho e o marido enquanto príncipe da mulher constituem os pontos cardeais da Terra e os pilares majestosos do Céu. É por isso que o soberano é o Céu; o pai é o Céu; o marido é o Céu (...). O servo não pode ser desleal com o soberano, mesmo se este for desprovido de humanidade; o filho pode deixar de ter piedade filial com o pai, mesmo se este não ama aquele; a mulher

> não pode ser desobediente para com seu marido, mesmo se este for pouco virtuoso". Esta análise dos três princípios fundamentais corresponde perfeitamente à interpretação que Jean-François Billetier fez dos traços duradouros da história chinesa: "Esta é vista com uma nitidez particular no pensamento confucionista, onde não é a pessoa individual que constitui a realidade humana primeira, mas a associação hierarquizada de duas pessoas – a associação do soberano e seu ministro, do pai e do filho, do irmão mais velho e do irmão mais novo, do esposo e da esposa. Estes binômios eram os dados primeiros. O humano era hierarquizado em sua própria definição. A igualdade nem era pensável. É esta desigualdade generalizada que faz da monarquia na China, não um regime entre outros, mas o único regime possível".
>
> Chen Lichuan,
por ocasião do seminário intercultural, *Sciences Po*, 2007.

Na Índia das castas, a desigualdade nem mesmo pode ser considerada como um princípio organizador da sociedade:[2] apesar de alguma proposta igualitária que possa existir na Constituição indiana, as castas, na realidade, continuam a dominar os critérios de determinação do estatuto social, econômico e educativo dos cidadãos indianos. A casta dos brâmanes controla de fato numerosas instituições e ela é considerada como detentora do saber. No oposto, na maioria dos casos, os membros das classes ditas "atrasadas" (as outras castas atrasadas) são excluídos das funções mais prestigiadas. A impregnância das castas nesta Índia que *explode*, a propósito, no momento atual no cenário internacional, por seu crescimento e dinamismo, apareceu-me de modo brutal, há alguns anos, numa ocasião em

---

[2] Quanto ao que for referido neste ponto, ver Christophe JAFFRELOT, *La Démocratie en Inde. Religion, caste et politique*. Paris: Éditions Fayard, 1998.

que discutia com um amigo de Bangalore, que me dizia que mesmo na minoria católica indiana da qual ele faz parte (somente 3% da população) um fiel pertencente a uma casta dada vai considerar duas vezes antes de ir confessar-se com um padre de outra casta! "A sociedade indiana, explica Hesna Cailliau, pode ser comparada a um jogo de xadrez, onde cada peça tem seu papel e seu modo de mover-se. Neste país obsessivo pela ordem (*dharma*), tudo está codificado, nada é deixado à improvisação (...). Os conceitos de liberdade e de igualdade são palavras vazias utilizadas nos discursos políticos, mas que encontram pouca ressonância na alma indiana."[3]

As regras de discriminação positiva instauradas por ocasião da independência pelo Dr. Ambedkar, que reservava aos "intocáveis" uma cota não negligenciável de lugares disponíveis nas grandes instituições e na administração indiana, corrigem evidentemente esta desigualdade cultural. Elas permitem, claramente, lembra Raí Isar, abrir às castas baixas as portas dos grandes estabelecimentos indianos administrativos ou de tecnologia, apesar de 90% dos diplomados se instalarem nos Estados Unidos e na Europa, como sonham também fazer todos os membros das castas mais elevadas.[4] As "desigualdades justas" vêm então completar as desigualdades intrínsecas à sociedade indiana.

2. A relação com a autoridade e com a hierarquia

A "distância hierárquica"

Geert Hofstede, que já consideramos no que diz respeito à questão da relação com a incerteza, elaborou um conceito de *power distance* (distância hierárquica, ou distância no poder) que me parece propor – com todas

---

[3] Cf. H.CAILLIAU, *L'Esprit des religions,* op. cit.
[4] Cf. Exposição de Rah Isar, por ocasião do seminário intercultural de 2006, no *Sciences Po*.

as reservas que já formulei aos limites de sua abordagem – um elemento interessante de comparação intercultural no domínio profissional. Esta noção de distância hierárquica nos remete à diferença de visões da igualdade e desigualdade que lembramos no capítulo precedente. O *power distance* diz em que medida um indivíduo pode influenciar o comportamento de um outro, e em que medida ele pode comandar, que seriam as distâncias entre o indivíduo e sua hierarquia, e quais são os níveis de dependência em relação ao poder. Hofstede mede esta distância, em sua pesquisa, por um índice deduzido das respostas a três questões principais: você pode expressar seu desacordo com seu chefe? Como o superior é percebido? Como você pensa que ele deva ser: paternalista, autocrata, voltado à prática de consultas? O *power distance* dita assim o grau de aceitação da parte dos empregados de uma empresa, das desigualdades de tratamento e de poder: como os menos poderosos desejam que o poder seja distribuído, como eles podem admitir o desnivelamento. O conceito de Hofstede diz respeito à empresa, mas pode também ajudar a questionar as diferenças interculturais de maneira mais ampla, nas relações pais e filhos, homens e mulheres, governantes e governados. Ele remete necessariamente à retaguarda histórica que lembramos mais acima, às tradições mais ou menos feudais, às relações mestre-escravo etc.

O grau de autoridade, de centralização, de poder autocrático e marcante nas culturas onde temos grande distância hierárquica – na Ásia e, especialmente, no Japão, na América Latina, na África, mas também nos países europeus latinos que podemos classificar de "sociedades hierárquicas". As estruturas das empresas e das organizações são ali rígidas; existe em seu interior uma mobilidade bem fraca, as negociações com os sindicatos são duras, estes últimos sendo eles mesmos às vezes organizações desse tipo.

Ao contrário, nos países anglo-saxões, escandinavos, na Austrália ou na Nova Zelândia, que são países de um baixo *power distance* fraco e uma forte mobilidade social e profissional, as relações hierárquicas são mais fluidas, e isto pode ser porque a ascensão mesma aos postos de responsabilidade é menos elitista que em países como a França: um estudo um tanto quanto antigo revelava, por exemplo, que enquanto que o patronato francês vinha, na época, em seus 4/5, das classes sociais ditas superiores, ou favorecidas, o patronato americano não chegava, neste caso, até os 10%, o restante viria em seus 2/3 das classes médias e um quarto ainda das classes populares.[5] As diferenças das relações hierárquicas refletem, necessariamente, estas características sociológicas.

Somos de tal modo habituados, na França, a um funcionamento hierarquizado muito estrito (os franceses não podem situar-se uns diante dos outros senão na verticalidade, nos afirma Pascal Baudry)[6] que nem tomamos consciência de seu caráter quase excepcional. Ali ainda, a comparação com os Estados Unidos é eloquente. Num artigo mensal, *L'Expansion*, I. Rodgers relatava a propósito do PDG[7] de uma empresa de material médico: "Na França, dependendo de se você for recebido pelo presidente ou por um simples colaborador ou funcionário, a atitude dos interlocutores será muito diferente. Mas não do outro lado do Atlântico. Para aos americanos, no poder não está uma razão para se distanciar do ser humano ordinário, e o *status* da esfera superior não impede de tratar de igual para igual um subordinado. Nem de "levar" ele mesmo sua mala ao hotel, às vezes até para vergonha de seu anfitrião latino".[8]

---

[5] Cf. H. C. DE BETTIGNIES – P. EVANS, *The cultural dimension of top executives careers: a comparative analysis*. London: Penguin Books, 1977 (Culture & Management). Material citado por C. CAMILLERI – M. COHEN-EMERIQUE, *Chocs des cultures: concepts et enjeux pratiques de l'interculturel*. Paris: L'Harmattan, 1989.

[6] Cf. P. CAUDRY, *Français & Américains, l'autre rive*. Paris: Éditions Village Mondial, 2004.

[7] NT.: Provavelmente o autor se refira ao Presidente Diretor-Geral.

[8] Cf. I. RODGERS, "Latins et Anglo-saxons". *L'Expansion*, 1986, janeiro. Citado também por C. CAMILLERI – M. COHEN-EMERIQUE, *Chocs des cultures: concepts et enjeux pratiques de l'interculturel*, op. cit.

A distância hierárquica não é menor no Japão que na França. Muitos de nós foram influenciados pelo romance autobiográfico de Amelie Nothomb – *Stupeur et Tremblements* –, que descreve de modo cru como um sentido bem demarcado como a hierarquia pode levar à série de situações de *bullying* que a pobre heroína teve de suportar.[9] Nicolas Minvielle, que consideramos mais acima, contava igualmente as desventuras de um patrão francês dirigindo uma filial japonesa de um grupo parisiense. Tendo o hábito de chegar bem cedo ao escritório, bem mais cedo do que supunham as práticas japonesas, ele era surpreendido por ver seus subordinados japoneses em seus postos bem antes dele. Nenhum deles tinha motivos profissionais para demonstrar tanto zelo, mas era para eles impossível chegar depois do patrão – aliás, o que ninguém havia solicitado –, e ainda mais impossível lhe dizer porque eles estavam na empresa tão cedo.

Como vemos, a maneira de viver a distância hierárquica, especialmente na empresa, difere grandemente de uma sociedade para outra. Se um japonês devesse qualificar esta dimensão de distância, afirma Michel Moral, "ele preferiria, talvez, evocar o respeito em vez de distância, enquanto que um alemão escolheria o termo obediência ou disciplina. A palavra 'dependência', acrescenta ele, introduz uma nuança evocando submissão. Outros preferem (...) uma descrição da relação. Richard Lewis descreve a liderança autocrática (França), consensual (Ásia), paritária (Suécia) e nepotista (países árabes ou latinos)".[10]

Tratando-se de relações com o poder, Moral faz, por outro lado, uma distinção entre os "hierarquizados serenos", que encontramos normalmente na Ásia, na América do Sul e na Europa do Sul, e os "igualitários", que encontramos nos países industrializados anglo-saxônicos ou na Europa do Norte, e os "hierarquizados frustrados", que são muitas vezes os franceses,

---

[9] Cf. A. NOTHOMB, *Stupeur et Temblements*. Paris: Éditions Albin Michel, 1999.
[10] Cf. M. MORAL, *Le Manager global*. Paris: Dunod, 2004.

os belgas ou os africanos francófonos. Distinções, tipologias, oposições que ajudam a refletir, mas devem ser *consumidas* com moderação.

Notemos, por fim, que a aparente abolição das hierarquias, quando ela acontece, não impede por nada o deslocamento quase que natural das práticas de poder. O caso de algumas derivadas da doutrina brasileira da "participação" é um exemplo disso. Em seu excelente *La Démocratie au quotidien*, Leila Wolff[11] mostra como a maneira de dispor as cadeiras, de colocar ou retirar um estrado, de manter um espaço maior ou menor entre os participantes pode desencaminhar completamente o processo participativo e fazer acontecer na realidade um processo autoritário.[12]

3. Trabalho, vida privada e "bolha" pessoal

A separação do trabalho e da vida privada na França é, e pode ser ainda mais na Grã-Bretanha, um verdadeiro dogma.[13] Não é em todos os lugares a mesma coisa. A empresa árabe ou a turca, por exemplo, é um lugar onde, segundo Hesna Cailliau, "as relações humanas passam muito adiante dos programas de organização do trabalho. Os empregados não são considerados como intercambiáveis, e a competição entre eles é praticamente inexistente (...). Desde a base até a cúpula, os assalariados estão muito envolvidos uns com afazeres dos outros, o conhecimento mútuo é extraordinariamente desenvolvido, o menor detalhe da história de cada um

---

[11] CF. L. WOLF, *La Démocratie au quotidien*. Paris: Éditions Syros/Éditios Charles Léopold Mayer, 1993.

[12] A gestão do espaço profissional (escritório, disposição das salas de reunião, escolha do lugar de formação etc.) está também muito longe de ser neutra. No *La Dimension cachée,* Edward T. Hall deixa-se levar por um exercício de "proxêmica comparada", no qual ele observa as diferenças dos escritórios americanos, alemães ou japoneses quanto à localização de sua porta: aberta aqui, fechada ali, indicando uma diferença de concepção na transparência e na concentração no trabalho. Cf. E. T. HALL, *La Dimension cachée*. Paris: Éditions du Seuil, 1996.

[13] Cf. Ch. GEOFFROY, *La Mésentente cordiale*. Paris: Éditions Grasset, 2001.

é notado e registrado".[14] Na Índia, afirma Raí Isar, os números dos telefones profissionais e pessoais estão no cartão de visitas; um comerciante pode lidar com todos os apelos pessoais durante um encontro com um cliente e motivá-lo a não hesitar em convidá-lo para sua casa: nada de ansiedade com a separação entre a esfera profissional e a esfera privada; ao contrário, ser *atraído* para sua casa por uma relação de trabalho é considerado pela família como um sinal de importância.

Um outro aspecto da relação pessoal entre os indivíduos e seu meio ambiente: a gestão do espaço pessoal com o que Edward Hall chamou de "proxêmica", que se interessa ou estuda o papel desempenhado pelo espaço físico na comunicação entre os indivíduos.[15] Hall explica que todas as pessoas têm em torno delas uma espécie de "bolha" mais ou menos estreita, cuja extensão depende de seu próprio dote relacional, emotivo, do momento da jornada, da situação profissional ou social em que ela se encontra, de sua cultura de origem, de seus hábitos etc. Invadir brutalmente essa "bolha" é não levá-la em consideração e pode provocar no outro reações de medo ou de agressividade. Penso que todos nós constatamos isso, às vezes com prazer, mas às vezes com irritação, nos meios profissionais, sociais e familiares.

A proxêmica leva assim a comparar mais ou menos numa gradualidade a distância que o indivíduo coloca ou estabelece com os outros, e que é antes de tudo uma questão de hábitos culturais do que de vontade de "estar" distante, no sentido de ser frio ou altivo do termo. Os asiáticos mantêm uma distância significativa no momento das saudações, enquanto que muitos africanos se mostram claramente mais próximos, e a maior parte dos americanos não hesita em demonstrar com fortes abraços a importância que eles dão ao encontro com as pessoas que eles nem conhecem lá muito bem. Os brasileiros, quanto a eles, praticam, independentemente

---

[14] Cf. H.CAILLIAU, *L'Esprit des religions,* op. cit.
[15] Cf. E. T. HALL, *La Dimension cachée.* Paris: Éditions du Seuil, 1996.

de qual seja o sexo ou o grau de intimidade, o seu abraço bastante sensual, o qual ninguém de nós pode deixar passar despercebido, além do mais as curvas que *adornam* a parte baixa das costas. As "bolhas" pessoais que constatamos na China ou na Escandinávia são bem maiores que as dos europeus de cultura latina ou as dos latino-americanos. Ignorar isso pode ensejar interpretações errôneas: quando o outro me parece frio, reservado, "distante", logo o rotulo de hostil a meu respeito, mas pode ser que sua atitude possa simplesmente querer dizer que sua "bolha", sua distância pessoal, é diferente da minha.

4. A relação em função da idade e do gênero

Num país como o nosso, onde, na mediação, o fato de ser sênior é muitas vezes considerado antes como um *handicap* que como um trunfo, é difícil imaginar o peso das relações intergeracionais nas culturas apegadas às tradições e ao culto dos anciãos. O caso do Japão, de novo, é instrutivo: neste país, é frequente que um jovem recuse um posto de responsabilidade pelo motivo de que é muito jovem e de que isto seria um insulto à sua cultura e a seus pais.

Aconteceu-me, muitas vezes, de ter de levar adiante, na China, na África ou na América Latina, negociações de trabalho em companhia de colegas que tinham dezenas de anos a menos que eu, mas, de meu ponto de vista, nem de longe menos competentes, com ideias e muitos recursos intelectuais. Quase sempre, não me foi fácil ter realismo e paciência para levar os interlocutores a um diálogo equilibrado entre nós. Realismo para buscar compreender que o fato de que não se dirigirem senão a mim corresponde a um simples hábito cultural que consiste considerar o sênior ou o mais idoso como o chefe, e o jovem como seu assistente; paciência porque sempre a tendência se inverte quando seus interlocutores terminam por compreender que os recursos da negociação, a capacidade de iniciativa, os argumentos estão tanto do lado do jovem como do velho. Recusar este realismo, recusar dar-se um tempo para a inclusão no diálogo, não é somente ignorar a cultura do outro, mas lhe impor suas próprias representações.

Édith Sizoo conta que, para ela, uma experiência infeliz feita por ocasião de uma oficina de formação que ela coordenava na África. Esta reunião "à africana" deveria ser a mais participativa possível. Crendo fazer tudo certo, ela começa por dar a palavra aos mais velhos, um modo, segundo ela, de reconhecer o primado dos anciãos na tradição africana. Ora, na região em questão, a tradição diz que o ancião não se expressa senão no fim, depois que todo mundo falou. Resultado: ninguém ousava abrir a boca depois que os idosos falaram, e a reunião teve de ser interrompida prematuramente.

Em algumas universidades ocidentais, os estudantes asiáticos são muitas vezes *penalizados* por causa das longas citações com as quais eles *enfeitam* seus deveres escolares. Para um professor francês ou americano, isso não quer dizer senão uma coisa: falta de originalidade, incapacidade do estudante de expressar uma opinião pessoal. Quando interrogados, os estudantes asiáticos em questão afirmam que seus anciãos, os professores que escreveram sobre o assunto que eles estão tratando, têm coisas muito mais interessantes a dizer do que eles poderiam inventar. O saber, para eles, reside na experiência e no trabalho dos mais antigos, e não na improvisação estudantil.

A incidência do gênero (masculino-feminino) com relação à hierarquia entre as diversas culturas deve ser evidentemente levada em conta também, sabendo-se que dentro desse domínio os clichês são numerosos.

Hofstede dedicou-se à questão no estudo referido acima, decretando a existência de valores masculinos importantes na vida da empresa (valores relativos ao sucesso e à posse), e de valores femininos julgados menos operacionais, mas mais humanos (atenção ao ambiente social, ajuda mútua...). Ele acrescenta que quanto mais os papéis são diferentes (Japão, Alemanha, Itália, México ou Colômbia), mais a sociedade de um país dá prova de um grau de masculinidade elevado; enquanto que, quanto mais os papéis são intercambiáveis, mais baixo o grau de masculinidade (França, Escandinávia, Países Baixos...). Este fator influi, segundo ele, nas relações hierárquicas e sobre o modo de superar conflitos na empresa, de modo frontal nas culturas masculinas e de modo não oficializado e mais negociado nas culturas mais femininas. Não confiamos nos mecânicos do mesmo modo se ele é homem ou mulher.

Esta maneira de apresentar as coisas é, sem dúvida, um pouco simplista. Ela sugere, antes de mais nada, uma característica forte das relações hierárquicas homens-mulheres na moda: sociedade alguma realmente teve sucesso na construção de um equilíbrio durável e leis estáveis entre homens e mulheres, mas temos culturas mais discriminadoras que outras em relação à mulher, o que qualquer um de nós sabe muito bem. O que requer, ao contrário, antes de tudo, fineza na observação é compreender em que medida, na vida profissional, religiosa, familiar e social, as mulheres "aceitam" as diferenças de *status*. Algumas não hesitam em falar de uma espécie de cumplicidade das mulheres no meio muçulmano, especialmente com a condição que lhes é dada, ideia *a priori* chocante, mas que o é menos quando se sabe que ali onde o poder político e profissional das mulheres é frágil seu poder decisório sobre as relações familiares, a educação, a orientação, as escolhas de seus filhos pode ser considerável.

5. A questão da reportabilidade: a quem prestar contas?

Esta questão, cada vez mais debatida hoje em dia, traz em si dois aspectos principais. De início, o da reportabilidade das empresas, das instituições, das organizações de todo tipo, o que os anglo-saxônicos denominam de *accountability*: a quem estas entidades devem prestar conta, ou a propósito de quê? A exigência de uma "responsabilité sociale des entreprises" (RSE), de investimentos "socialmente responsáveis", noções que supõem que a empresa tenha de prestar contas não somente a seus acionistas e a seus assalariados, mas também ao público bem mais amplo, uma vez que os efeitos de sua atividade industrial vão bem além do círculo das partes envolvidas diretamente na empresa. As mídias, as ONGs, as universidades têm também uma responsabilidade social e contas a prestar ao público mais amplo do que todos os que estão diretamente envolvidos em sua atividade. Deste ponto de vista, as diferenças culturais são importantes, tanto entre os setores profissionais como entre as áreas geoculturais. Cita-se muitas vezes o exemplo, de modo até abusivo, do problema da pequena empresa na África, onde o chefe pensa que deve ser responsável por sua família tanto quanto por seus acionistas, se eles existem, ou seus assalariados. Para Catherine Chaze e Félicité Traoré, que estudaram em profundidade essa questão, a família se constitui num embaraço para o empreendedor: "obrigação de aceitar como aprendiz os sobrinhos e primos pouco motivados, desvio de fundos para os membros de sua família em quem o empreendedor depositara sua confiança, despesas importantes em consumo, doenças e mortes, que podem levar até a falência da empresa etc. (...). Para evitar estes riscos e assegurar o sustento financeiro da família ampliada, o empreendedor deve evitar responder a essas diferentes solicitações desta família ampliada. Os dons, os presentes etc., que são às vezes difíceis de serem conciliados com a gestão e a rentabilidade da empresa. Disto é testemunha Mambi, fabricante de calçados na Guiné, quando ele narra: 'Minha irmã pediu uma máquina de fazer pasta de amendoim, meu pai quer 100.000 francos da guiné e meu sogro quer que lhe dê um salão. Como poupar? Como investir nestas condições?"[16]

Um outro aspecto da reportabilidade diz respeito ao indivíduo ele mesmo e à sua posição entre os diferentes grupos no interior dos quais ele se encontra inserido. Da psicologia do trabalhador japonês que já há muito tempo identificou seu próprio destino com o

---

[16] Cf. C. CHAZE – F. TRAORÉ, *Les Défis de la petite enterprise en Afrique*. Paris: Éditions Charles Léopold Mayer, 2000.

da empresa à do africano para quem a família, o grupo étnico, é o *alvo* de sua reportabilidade, por outro lado tão importantes como as hierarquias na empresa, passando pelo modo de pensar francês do indivíduo que pensa não ter de prestar contar senão a indivíduos (os da hierarquia), existem todos os tipos de nuanças.

Um francês sempre se surpreende pela força do controle social que podemos observar em muitas culturas não ocidentais. O caso mais conhecido é, sem dúvida, o do *Grameen Bank*, experiência nascida em Bangladesh há um quarto de século por iniciativa do prêmio Nobel da Paz, Mohammed Yunus. Conhecemos o princípio desse banco, que foi uma das primeiras tentativas de sucesso no desenvolvimento do microcrédito: o Grameen Bank (*Banco dos vilarejos*), muitas vezes chamado também de *banco dos pobres*, faz um acordo ou concede às mulheres de Bangladesh,[17] que são muito excluídas do sistema bancário, créditos para a criação ou o desenvolvimento de atividades artesanais, agrícolas ou de serviços, seguindo os critérios de atribuição que não têm nada a ver com os critérios bancários habituais quanto ao nível de juros ou de cauções financeiras. As garantias estão muitas vezes nas próprias comunidades dos vilarejos mesmos, num sistema de solidariedade empreendedora (organizada em pequenos grupos) e na pressão que o grupo exerce ou pode exercer sobre a mulher beneficiária do empréstimo para que ela não se *esqueça* de reembolsar. E os resultados apareceram: as taxas de reembolso são superiores a 98%, uma vez que o grupo, cuidadoso para que o banco não interrompa seu apoio, se encarrega de lembrar ou advertir seus devedores dos riscos de uma eventual empresa falimentar.

---

[17] Os beneficiários dos empréstimos do Grameen Bank são, em seus 96%, mulheres. Na origem, por outro lado, a ideia era não dar a prioridade às mulheres, mas estas se mostraram mais confiáveis em termos de reembolso dos empréstimos que os homens.

6. A relação com a honra e o prestígio

Aqui mais uma vez, nada de receitas, mas uma simples chamada de atenção. As evidências dos franceses, sobre o que vem por primeiro em seu estatuto social, sobre o lugar que eles desejam ter em seu meio humano e profissional estão longe de serem compartilhados pelas outras culturas. O sentido da honra é provavelmente um valor que cultura alguma recusa, mas o que temos por trás desta expressão é muito diverso dependendo da cultura, especialmente sob o registro da negociação ou do diálogo.

Sabemos da importância de que se reveste para um chinês o fato de nunca perder a dignidade e de não fazer com que outros percam a dignidade, realidade esta que esquecemos, às vezes, em nosso modo superficial de levar os negócios adiante. Assim, não dizemos, jamais, verdadeiramente "não" em chinês, mas antes "vamos refletir".

Os ocidentais não se dão conta da enorme importância da imagem que os outros podem ter de si mesmos e não se dão conta de que isto não é o caso em todos os lugares. No fundo, temos ali, provavelmente, um exemplo da diferença entre as culturas que acentuam os valores coletivos – harmonia, piedade filial, não perder a dignidade – e as culturas que acentuam os valores individuais – liberdade, conforto, igualdade. Isso leva a chamar atenção para a relação com o conflito, que é muito diferente de uma cultura para outra. Em seu *Arte da guerra*, que muito bem pode ter a ver com o de Clauseulitz, o chinês Sun Tzu recomenda, a muitos séculos antes da era cristã, e seguindo Lao Tsé, "não enfrentar jamais diretamente o adversário e, para que a vitória seja durável, sempre deixar uma porta de saída". Hesna Cailliau pensa que seja bastante atual ainda este modo de conceber as coisas: "A estratégia chinesa busca evitar o enfrentamento direto por todos os meios: seja contornando obstáculos, seja esperando pelos momentos mais favoráveis, seja pela manha ou pelo uso de estratagemas. A manha ou astúcia não tem nada de imoral aos olhos dos chineses, ao contrário, ela faz parte dos critérios de inteligência, com a previsão do futuro, com a flexibilidade da adaptação e a humildade".[18]

Dentro do mundo ocidental mesmo, as distâncias de concepção da honra e da justiça não faltam: os franceses têm muitas vezes medo de "serem enganados" e podem colocar nestes casos sua honra na defensiva e na desconfiança. Os ingleses e os norte-americanos têm uma atitude mais flexível e uma grande propensão à negociação. Os americanos, lembra Pascal Baudry no *Français et Américains, l'autre rive*, acentuam o lado positivo das coisas, num "win-win", o ganhar ou ganhar.[19] Ele assinala que os franceses, com seu medo de serem lesados, têm um senso crítico exacerbado, com reflexos na linguagem do tipo: "Não há mais nada a repetir", como se sempre houvesse algo a ser repetido, e esta maneira de responder "não há de quê" a um "muito obrigado", enquanto que o "you are welcome" americano não nega o agradecimento, mas o acolhe.

7. Igualdade e desigualdade de saberes: o desafio intercultural do poder

A questão dos saberes, do desafio do poder, ocupa um lugar amplo nas relações interculturais. Nas sociedades contemporâneas, sejam elas "modernizadas" ou não, o poder e o saber são grandemente ancorados um no outro: do chefe tradicional africano, que detém em parte seu poder pelo seu saber tradicional,[20] ao primeiro colocado da lista dos formados de uma grande escola ou faculdade da França, para determinar o nível de inserção na hierarquia de uma grande empresa.

---

[18] Cf. H.CAILLIAU, *L'Esprit des religions,* op. cit.
[19] Cf. P. BAUDRY, *Français et Américains, l'autre rive*. Paris: Éditions le Village mondial, 2004.
[20] Na sociedade mandinga, dizia um colaborador malês por ocasião de um colóquio de Bamako, já citado, é necessário preencher três condições [para o poder-saber]: "1) Ser intrépido, bom soldado, bom caçador; 2) Ter melhor racionalidade, um espírito profundo, de análise, dominar a retórica; 3) Estar em harmonia com a alma dos ancestrais". São três formas de saber intelectual e de habilidades.

O umbilicalismo do saber é nossa tendência natural, especialmente quando estamos em terra estrangeira, enviados por uma empresa, uma ONG, uma organização internacional com títulos, manuais, um *corpus* de conhecimento, uma cultura empresarial e, às vezes, com um título bombástico de "*expert*". Sócrates então está bem longe de nosso universo mental, com seu "sei que nada sei". No mais, temos sempre a desculpa da acusação de impostura que o país anfitrião pode nos fazer: se vocês não sabem, o que vocês vieram fazer aqui?

Portanto a constatação de que não compreendemos o que o outro nos diz, ou como ele trabalha, ou, ainda, que sua lógica escapa à nossa compreensão, parte da hipótese de que ele não sabe nada, ou que ele não têm um bom conhecimento, ou que não existe senão um conhecimento. Não se trata aqui de questionar a validade e certa universalidade dos saberes científicos, ou mesmo das ciências da gestão – estas ciências que apresentamos no Capítulo 2 e que Armand Mattelart classificou de "apátridas". Trata-se de questionar nossas possibilidades de diálogo entre saberes e de avançar na tomada de consciência da existência, nas culturas em que estamos imersos, de saberes que nós nem suspeitávamos que existissem.

Saberes populares, saberes modernos: dois irmãos não necessariamente inimigos

Há alguns anos, os estudiosos do *L'Instituto de la Papa* (instituo de caráter internacional para a pesquisa científica e técnica sobre a batata inglesa e os tubérculos), sediado em Lima, tinham descoberto uma variedade do tubérculo cujo rendimento era, propriamente falando, extraordinário: quase duas vezes mais quilos colhidos por hectare que a variedade utilizada até então pelos camponeses. O produto foi proposto para numerosos plantadores que o experimentaram, depois voltaram de novo rapidamente à variedade de seus pais e dos avós, deixando os pesquisadores sem voz: qual a diferença? Do aspecto? Não. O gosto? Nem de longe.

O que os camponeses explicaram então aos engenheiros é que eles não tinham levado em conta o dado do cozimento. Por razões que eles ignoravam, estes tubérculos exigiam duas vezes mais tempo de cocção que os precedentes, agravando a sangria de seus recursos das matas já bastante raras, tornando assim a inovação algo sem interesse. Este saber de articulação entre os diversos elementos de uma prática cultural, bem como os saberes dos ancestrais de produção de energia, de construção, de estabilização das encostas das montanhas etc. dependem de conhecimentos que os camponeses não sabiam expressar tal e qual, mas que lhe permitiam sobreviver depois de decênios.[21]

Tive a ocasião de observar na Etiópia a sofisticação extrema de técnicas agrícolas entre os camponeses que, com o meio-hectare com o qual eles são obrigados a alimentar uma família geralmente numerosa, conseguem lidar com mais de sessenta tipos de culturas diferentes, seguindo técnicas não escritas, herdadas de seus antepassados, que com a experiência passaram a conhecer quais plantas devem se superpor às outras, quais podem ficar em justaposição, permitindo assim a mútua fertilização etc. Estamos, neste caso, na presença do primado de saberes *transmitidos* de geração em geração sobre os saberes *aprendidos* do exterior. Nestas condições, como pudemos observar numerosas vezes na história da cooperação econômica francesa, muitas das tentativas de substituição *brutal* destas práticas culturais, por técnicas modernas das quais esperava-se uma simplificação do trabalho, (racionalizar, introduzir novos fertilizantes etc.) terminaram em fracassos e, sobretudo, por uma tomada de consciência progressiva da necessidade de interrogar os saberes, as lógicas, as técnicas camponesas antes de propor inovações. A extensão de políticas ditas de "pesquisa-desenvolvimento" nasceu dessas constatações.

---

[21] Isto motivou diversas ONGs da América Latina a organizarem programas de coleta de saberes populares e de técnicas tradicionais: Veja-se, especialmente, a experiência do Pratec, no dossiê *Des histoires, des savoirs et des hommes*. Paris: Éditions Charles Léopolt Mayer, 1994.

O GRET (Grupo de Pesquisa e de Intercâmbio Tecnológicos) trabalhou muito sobre estas questões no terceiro mundo. *A priori,* seu percurso ao longo dos anos 1970 e 1980 parecia assemelhar-se a um exercício extremamente perigoso no plano intercultural, o que foi resumido no trabalho com um título bem eloquente: *Des machines pour les autres.*[22] Mas o cuidado era também levar em conta o aspecto humano e social do desenvolvimento, que nos fazia como que se andasse sobre ovos todos os dias; lembro-me dos limites interculturais das transferências (de informações) e do intercâmbio de tecnologias agrícolas e artesanais locais, tradicionais, e das que podíamos transferir do exterior (compreendendo aqui os países do Sul).

A complementaridade dos saberes desempenha um papel em muitos outros domínios, em especial no da saúde. Há muito tempo que já se compreendeu que a medicina tradicional chinesa pode ser combinada com a medicina moderna; há muito tempo que se busca no Brasil uma articulação das práticas da saúde mental indígena e da psiquiatria moderna; há muito tempo que a ciência médica moderna se inclina, sem complacência, mas também com a convicção de suas potencialidades, para o trabalho dos *curandeiros* na Ásia, na África e na América Latina.[23] Pode-se, por outro lado, ler com grande proveito o livro *Savoirs du Sud*, que serve de exemplo para a injustiça da desvalorização dos saberes próprios aos países do Sul; ali mostra-se muitos casos em que o Ocidente não hesitou em tomar emprestado abundantemente as técnicas culturais, médicas, de animação social, de construção etc. que eram levadas a efeito no Sul.[24] Umas vezes emprestar e outras roubar, como testemunham os processos de biopirataria

---

[22] Cf. Michele ODEYÉ-FINZI – Nicolas BRICAS *et al. Des machines pour les autres – vingt ans de technologie appropriées: expériences, manlentendus, rencontres.* Paris: Éditions Charles Léopold Mayer, 1996.

[23] Veja-se em especial a obra de Adalberto BARRETO – Jean-Pierre BOYER, *L'Indien qui est en moi.* Paris: Descartes & Cie, 1996.

[24] Veja-se a rede de reciprocidades das relações Norte-Sul: *Savoirs du Sud –connaissances scientifiques et pratiques sociales: ce que nous devons aux pays du Sud.* Paris: Éditions Charles Léopold Mayer, 2000.

que começam a ser levados adiante contra firmas americanas e europeias pelos índios da Amazônia. Entremos aqui num campo de pesquisa e de observação muito amplo para o âmbito deste dossiê. Notemos, entretanto, simplesmente, que o diálogo ou a guerra dos saberes, quando acontecem, são sempre confrontações de caráter altamente intercultural, uma vez que eles tornam presentes histórias diferentes, de profissões diferentes, de experiências diferentes. Eles são lugares de certezas precoces, de todos os umbilicalismos, de todos os choques de evidências.

O poder legitimado pelo saber?

Existem culturas, conhecemos bem isto na França, nas quais a autoridade se decreta, se conquista às vezes, mas não sempre, pelo saber emanado das universidades, onde ela se conserva, se faz estável (posição inextrincável da universidade, do alto funcionário, do presidente da associação humanitária); existem outros lugares nos quais a autoridade pertence àquele que "se faz autoridade", seja por seu saber e realizações, seja por sua experiência. A comparação entre o universo francês e o anglo-saxônico é, deste ponto de vista, instrutiva. Os americanos e os ingleses sempre se surpreendem em ver o que os diplomas representam para os franceses. Nos Estados Unidos, os candidatos a um contrato ou emprego são avaliados sobretudo pelo último contrato profissional que tiveram, o diploma não representa senão a capacidade de um estudante para aprender, mas não para fazer.

Uma outra diferença observável é a maior ou menor vergonha que um profissional pode ter de... não saber. Ela é bem considerável na França – supõe-se de um *leader* que ele tenha a resposta para tudo –, mas muito mais fraca, senão nula, em outros lugares. André Laurent, professor de longa data de administração intercultural, realizou enquetes comparativas sobre o impacto da cultura nacional sobre a percepção que os administradores têm sobre seu papel. Ele interrogou, especialmente sobre isso, uma dezena de amostras nacionais de dirigentes e a questão, das 56, que se revelou a mais sensível às diferenças nacionais foi a seguinte: para a afirmação "é importante que um administrador tenha respostas precisas para a maioria das questões que seus subordinados possam levantar quando ao assunto de seu trabalho", os dirigentes interrogados eram convidados a se situarem sobre uma escala de cinco pontos de concordo/discordo. A adesão mostrou distanciamento ou desvio padrão substancial entre os países. Por exemplo, enquanto que somente os 18% dos americanos estão de acordo com esta concepção de seu papel, 53% dos franceses e 78% dos japoneses aderiram a ela. "Para um americano, explica André Laurent, o papel do administrador é o de coordenar recursos. Para fazer isso, ele não tem necessidade de um saber superior ao de seus subordinados. Ele pode coordenar as especialidades (conhecimentos mais profundos) sem ser ele mesmo um super*expert*. Por outro lado, os PDG americanos passam com facilidade da direção de uma empresa de refrigerantes a uma de informática. Seu conhecimento do trabalho de seus subordinados é mínimo ou até mesmo inexistente. Eles até afirmam que isto pode ser perigoso, porque poderia ensejar interferência nefasta na atividade de seus colaboradores. É, portanto, que sem hesitar os americanos rejeitam o saber como o fundamento do poder administrativo. Parece que seja o inverso no Japão (...), o que reflete uma concepção do papel do administrador menos instrumental e mais social, mais difuso e englobante. Como um administrador japonês não poderia dispor de respostas precisas especialmente quando a questão de um subordinado toca seu *welfare?* Eles me disseram, por outro lado, que subordinado algum japonês colocaria uma questão a seu patrão se ele (o subordinado) não tem condição de pensar ou de saber que este (o patrão) tenha a resposta para a questão. Deve-se fazer de tudo para se evitar esta situação de embaraço para o patrão!"[25]

---

[25] André Laurent foi entrevistado por Alejandro Abbud Torrès-Toija e Stéphane Laurent, por ocasião de um relato para o seminário intercultural do *Sciences Po,* 2007.

Terceira Parte

O DESAFIO DAS PALAVRAS, QUESTÕES DA LINGUAGEM

8

O DESAFIO DAS PALAVRAS E DA LINGUAGEM
Ditos e não ditos, entendidos e mal-entendidos

Como os indivíduos, os grupos, se comunicam e por quê? Uma questão bastante vasta para o que estamos tratando aqui em seu conjunto, mas que me preocupa já há muito tempo. No *Le voisin sait bien des choses*[1] e na introdução do livro coletivo *L'Idiot du village mondial*,[2] já me interrogara sobre a flexibilidade da comunicação dos grupos de pessoas menos favorecidas, buscando mostrar que, para comunicar, estes grupos não esperaram a chegada das técnicas modernas de informática e da comunicação e já tinham demonstrado uma grande inventividade para mobilizar as formas tradicionais de expressão de sua cultura – a arte, o espetáculo, a tradição oral – a fim de fazer com que suas vozes fossem ouvidas, bem como suas lógicas e preocupações. E que, de mais a mais, eles demonstram sua capacidade de explorar em seu proveito as técnicas mais sofisticadas – internet em primeiro lugar –, seja por discagem ou não. Nestas análises que têm em mente principalmente o Brasil, a Índia e a Europa, trata-se antes de tudo da comunicação intercultural, no sentido de que ela se destina a provocar o debate entre categorias socioprofissionais de um mesmo país. Mas nos

---

[1] Cf. M. SAUQUET, *Le voisin sait bien des choses, communication et participation en milieu rural: le cas du Brésil.* Paris: Éditions Syros/FPH, 1990.
[2] Cf. M. SAUQUET (Ed.), *L'Idiot du village mondial – les citoyens de la planète face à l'explosion de la communication: subir ou maîtriser.* Paris: Éditions Charles Léopold Mayer/Éditions Luc Pire, 2004. Em português: Cristiana TRAMONTE – Márcio SOUZA (Eds.), *A comunicação na aldeia global: cidadãos do planeta face à explosão dos meios de comunicação.* Petrópolis: Vozes, 2005.

focaremos especialmente aqui na comunicação que diz respeito a países ou áreas culturais geograficamente diferentes.

A primeira questão que se coloca então é a dos entendidos e mal-entendidos da linguagem, disso que de um modo um tanto superficial os especialistas da administração intercultural chamam de barreira linguística.

Para contornar uma espécie de vertigem inevitável na abordagem de um domínio que mobiliza depois de séculos tantos especialistas – linguistas, tradutores, de um modo especial –, e sobre o qual uma abundante literatura já foi produzida, proponho lembrar cinco questões simples que podem colocar-se a todos os que foram levados a trabalhar com pessoas cuja língua materna não é a mesma que a sua. Questões simples, cujas respostas não são assim tão claras: primeiro, uma palavra, foi ela traduzida uma vez que foi traduzida? Segundo, uma língua não é ela feita senão de palavras, termos, e como a arquitetura linguística influi sobre as modalidades de comunicação e sobre os métodos de trabalho? Terceiro, podemos, devemos, pensar na língua do outro? Quarto, para além do entendido e do lido: a comunicação intercultural não é ela senão a escrita e a verbal? Por fim, quinto, o escrito e o oral têm o mesmo valor em todas as línguas?

1. As palavras e as representações: o traduzível e o intraduzível

Nos textos reunidos no pequeno livro *Sur la traduction*, o filósofo Paul Ricoeur apresenta o ato de traduzir, colocando-o no patamar do impossível, como uma espécie de sofrimento delicioso.[3] Mas, de um modo especial, ele insiste diversas vezes sobre o fato de que esse ato, que vem sendo praticado desde as profundezas das noites dos tempos, revela uma curiosidade, um desejo de conhecer a cultural do outro: "a tradução supõe, de início,

---

[3] Cf. P. RICOEUR, *Sur la traduction*. Paris: Éditions Bayard, 2004.

certa curiosidade: como, questiona-se o racionalista do século XVII, podemos ser persas? Conhecemos os paradoxos de Montesquieu: imaginar a leitura que um persa faria dos costumes do homem ocidental, greco-latino, cristão, supersticioso e racionalista. É, com certeza, esta curiosidade pelo estrangeiro que se enxerta no que Antoine Berman, em sua *L'épreuve de l'étranger*,[4] chama de desejo de traduzir".

Próximos e distantes

Penso que é esta curiosidade intensa pela cultura do outro que inspirava a senhora Yue Dai Yun, diretora do Instituto de Literatura Comparada da Universidade de Pequim (Beida), quando eu a ouvi pela primeira vez propor a ideia de uma coleção de pequenos livros sobre palavra da vida do cotidiano para um chinês e para um francês. Isso foi em 1995. Alain Le Pichon, iniciador da Associação *Transcultura*, à qual a Fundação Charles Léopold Mayer deve muito de seus primeiros contatos com a China, tinha me apresentado a ela, sem que na época eu pudesse compreender claramente qual seria o interesse disto. Yue Dai Yun transitava num campo puramente literário, e isto me interessava, evidentemente, a título puramente pessoal, já que a Fundação que eu representava não cobria ainda este campo. Foi, devo mesmo dizer, um golpe de sorte, a evidência da existência de falsas evidências na tradução de palavras e nos esforços de compreensão mútua.

Por ocasião da partida, Yue Dai Yun queria colocar seus estudantes chineses francófonos nesse trabalho. Neste momento, sugeri a ela que deveríamos, em vez disso, confiar a parte francesa aos franceses e reservar aos chineses a parte chinesa. A partir daí, imaginamos poder solicitar aos escritores dos dois países que se posicionassem em relação a uma palavra do cotidiano – o sonho, a morte, a natureza, a viagem etc. – e dissessem de

---

[4] Cf. A. BERMAN, *L'éprouve de l'étranger*. Paris: Éditions Gallimard, 1984. (Em português: *A prova do estrangeiro*. Bauru: Edusc, 2002).

um modo subjetivo o que para eles esta palavra evoca, como eles a vivem e também como, em suas respectivas culturas, os filósofos, os políticos, os romancistas ou os poetas falaram dela.

A coleção "Proches Lointains" foi lançada com estas bases no ano seguinte, por ocasião de um encontro internacional em Nanquim, onde se reuniram escritores, especialistas em ciências humanas e diversos editores, dentre os quais Desclée de Brouwer e as editoras artísticas e literárias de Shangai. Cada uma destas editoras, em seguida, garantiu, no âmbito da Biblioteca Intercultural e da Aliança dos Editores Independentes, a publicação em suas línguas de treze pequenos livros, contendo cada um o texto de um francês e o texto de um chinês sobre a mesma palavra: arquitetura, beleza, morte, natureza, noite, sonho, viagem, diálogo, ciência, gosto, família, sabedoria, paixão.

Apesar de limitadas à comparação França-China, a coleção é rica em ensinamentos para questões de que nos ocuparemos aqui. De um lado, o "próximo" de sua titulação não foi usurpado. Os chineses e os franceses têm um mesmo vínculo com relação à própria escrita, têm como o disse Jin Siyan, uma das diretoras da coleção, "uma sensibilidade comum que se manifesta na vontade filológica e etimológica permanente de voltar ao ato do nascimento das palavras".[5] Por outro lado, em torno das mesmas palavras, revelam-se lugares de encontro tão perturbadores que a existência, nas duas civilizações, destas "imaculadas conceições" das antigas legendas chinesas, ou destas palavras que, na China como na Europa, têm a fama de "chegarem ao céu", ou ainda desta fascinação pelo ternário: de modo errôneo, o público francês considera a cultura chinesa como sendo uma cultura binária, fundamentada sobre o que se lhe explica, de um modo bastante superficial, pelo duplo "yin-yang"; ou, como o explica por sua vez

---

[5] Cf. Jin SIYAN – Yue Dai YUN – Catherine GUERNIER (Eds), *Proches Lointains*. Paris/Shangai: Éditions Desclée du Brouwer (Francês)/Presses littéraires et artistiques de Shanghai (Chinês), 1999-2005.

François Cheng e Pang Pu, autores chineses do livro sobre a "sabedoria", lida-se com tudo por modelos ternários na China, e aqui também o *yin* e o *yang*, que não poderiam ser completos sem o *taiji*, princípio supremo que os une. O tudo em três: o Céu, a Terra e os Seres Humanos; tudo por três, mas "três-em-um", esta é a chave da busca da harmonia que encontra aqui claramente a tradição cristã da Trindade. Próximas e perturbadoras são ainda algumas propostas de Gong Gang, autor chinês do livro sobre o "gosto": o que Proust *descascou* no episódio da *madalena*, Gong Gang evoca, por sua vez, quando fala do espetáculo de "suas bocas semifechadas, suas bochechas levemente vermelhas", que o gosto de um prato faz retornar nele dezenas de anos antes em suas primeiras emoções amorosas.

Os campos semânticos diferentes

O outro lado, do "distante", da titulação, aparece nestes treze livros de uma maneira bastante clara. Os estudantes do Master em Assuntos Internacionais do *Sciences Po*, já falei disto mais acima, que se envolveram tenazmente num excelente estudo comparativo de aspectos franco-chineses nos treze livros da coleção, tiveram a sensação de que os chineses têm uma visão mais ampla que os franceses quando eles lidam ou abordam um conceito. Ainda que a maior parte dos temas dos livros da coleção "Proches Lointains" tenha para os franceses uma significação bem precisa, os chineses referem-se a eles, muitas vezes, com uma multidão de sentidos que, na China, pode significar a sociedade inteira, mesmo a pátria, mas também a casa (como lar, teto, nutrição, construção, fortaleza, abrigo da alma...); o exemplo da "natureza" não é de modo algum, como vê a maior parte dos franceses, uma série de elementos explicados e ordenados pela ciência, mas um conjunto do qual o corpo e a alma do homem são parte integrante; o conceito de "noite", para um chinês, excede amplamente o período entre o deitar-se e o elevar-se do sol e uma vez que remete a um conjunto de associações e de tradições.

Tudo isso levanta uma dificuldade especial na confrontação de línguas, a da equivalência lexical; isto é, o fato de que a quantidade de palavras disponíveis para uma mesma realidade não é a mesma em todas as línguas. Tomamos consciência então de que o número de palavras fala muito sobre a maneira pela qual esta realidade é apreciada, tomada em consideração. Assim, em tagalo, principal língua das Filipinas, o mesmo adjetivo (*malungkot*) designa ao mesmo tempo "triste" e "só". Ao contrário, na língua esquimó, existem seis palavras para designar "neve": a que cai, a que está na terra, a que tem rastros etc. Em árabe, existem dezenas de palavras para designar "água" (a que corre, a que brota, a que se evapora...), centenas para "camelo", centenas para "espada", centenas para "leão". Podemos assim imaginar a dor de cabeça para um tradutor: o problema é comparável ao que temos em francês com *orange, vermillon, rose, bordeuax, carmin* etc., tudo isso, às vezes, é simplesmente traduzido por "vermelho". Os zulu não têm eles 39 palavras específicas, nos diz Richard Ellis, para designar as diferentes nuances do verde; o verde de um folha de carvalho molhada, o verde uma erva venenosa...?[6]

A paixão e as palavras

Tudo isso, ao que me parece, são exemplos da necessidade de se ter uma grande atenção e cuidado quando se trabalha entre falantes de línguas diferentes: saber de que se fala e ir buscar um sentido por trás das palavras, uma vez que elas nem sempre dizem tudo. Guardo a experiência do livro sobre a "paixão" da coleção "Proches Lointains", do qual eu fui um dos autores; uma curiosa lembrança que mostra a que ponto as formas linguísticas revelam muito da cultura que as formou e sustentam bloqueios, verdadeiros problemas que podem existir em alguns países e dos quais o

---

[6] Citado por M. MORAL, *Le Manager global*. Paris: Éditions Dunod, 2004.

Ocidente nem sempre tem necessariamente consciência. No início do ano 2000, nossos parceiros de editoria chineses, que sempre estiveram à nossa frente na coleção, com uma antecipação muito grande, disseram-nos, por ocasião de um encontro em Pequim: "O caso é, passamos o pedido a um chinês, para um texto sobre a "paixão", e vocês, no momento atual, precisam encontrar um autor francês". Este tema nunca nos viera à mente; mas por que não topar o desafio? Então discutimos um pouco com eles e, estupefatos, ouvimo-los dizer que na China não existe *paixão*. A palavra "paixão" não existe; que seria uma noção completamente copiada do Ocidente e que os poetas chineses, que escreveram sobre a paixão, pura e simplesmente parafrasearam poetas franceses. Por que, perguntamos então, vocês escreveram isto aí acima, uma vez que isto não existe? Resposta: "porque é sobre o amor, o assunto do qual este livro fala". Nós insistimos: "então, por que vocês não chamaram a isto "amor"? Resposta: "porque isso não deve ser feito! É indecente, na China".[7] Assim eles fizeram com que alguém escrevesse um livro sobre uma noção que não existe para evocar uma noção da qual eles não podem falar. Foi no ano 2000, e a sociedade chinesa mudou de tal modo depois que esse tipo de conversa sem dúvida não teria mais sentido e lugar.

Depois disso, os chineses solicitaram que eu me encarregasse pessoalmente do texto francês do livro, o que fiz de boa vontade, e foi isso que me permitiu ter uma noção das distâncias que existem entre o que todos, nas diversas culturas, colocam atrás de uma palavra como essa. A "regra do jogo" da coleção é que os dois autores, o francês e o chinês, não devem ler o livro do outro antecipadamente, isto é, antes de remeter sua cópia, para não se influenciarem mutuamente e criarem falsas convergências ou falsas

---

[7] Um interdito que se encontra no texto chinês de Ye Shuxian para *La Passion*: "O fato de empalidecer pela simples menção da palavra *amor* é revelador do que se passaria em nossas vidas cotidianas naquela época. Isto nos dá uma percepção de zonas interditas e de tabus existentes neste mundo de signos que era o nosso".

divergências. Assim que terminara de elaborar minhas três dimensões da paixão (amor, sofrimento e admiração) e que acabei de ler o texto de Ye Shuxian, tomei consciência, a propósito, de que ele não havia falado da paixão amorosa e de que, por minha vez, tinha completamente esquecido de falar de uma noção central no texto chinês... o sexo!

As palavras do mundo

Não hesitando enfrentar uma complexidade ainda maior, lançamos, logo depois do encontro de Nanquim, na esfera da Aliança de Editores Independentes, uma outra coleção destinada a voltar o olhar, de um modo independente, sobre um objeto comum, isto é, sobre aquilo que as diferentes civilizações colocam por trás de palavras que, supostamente, seriam as mesmas: a coleção "Les Mots du monde",[8] com coprodução em quatro línguas (francês, chinês, inglês e árabe) e por editoras da Índia, China, Estados Unidos, França, Morrocos e da África do Sul. A ideia era bastante similar à da coleção "Proches Lointains", ainda que menos literária, mas mais filosófica, mais ambiciosa em sua extensão cultural (para cada palavra, seis entradas dos seis países citados) e, especialmente, mais ancorada sobre palavras das ciências humanas, mais diretamente relacionada com os desafios profissionais interculturais: a experiência, a identidade, o masculino-feminino (*gender*, em inglês), a verdade...

A coleção não pôde chegar à meta que havíamos esperado (os editores sul-africanos não deram continuidade), mas os títulos que apareceram – difíceis – são bastante reveladores das diferenças de conteúdos e de abordagem e serão logo sintetizados num excelente trabalho editorial que está sendo levado adiante pela filósofa Martine Laffon.

---

[8] Cf. Nadia TAZI (Ed.), *Les Mots du monde: L'Expérience, L'Identité et Masculin/Feminin*. Paris: Éditions La Découverte, 2004. A obra foi também lançada por outras cinco editoras, da China, Índia, Marrocos, África do Sul, Estados Unidos. Ver referências completas em www.alliance-editeurs.org.

Instrutiva, por exemplo, foi a comparação proposta pela coleção das visões chinesas, indianas, americanas e árabes deste termo de uma enorme atualidade que é o da "verdade" e que está hoje no centro de todos os debates sobre a História, o Direito, os tribunais internacionais etc. Da concepção indiana de um mundo enganador, de uma superioridade da realidade sobre a verdade (a verdade se encontraria provavelmente para além do conhecimento e do dizível) à concepção francesa de uma verdade necessariamente indiscutível, uma vez que é definida como a conformidade do que é dito com o que é (o tribunal dos fatos), passando por aquela que nos foi deixada pela filosofia árabe medieval que professa que a verdade é única, mas os caminhos para chegar a ela são muitos, encontramos toda uma escala de visões necessariamente geradoras de mal-entendidos interculturais: de certo modo as concepções chinesas se aproximam das francesas (para Confúcio, para conhecer os fatos, o homem deve abandonar suas posturas subjetivas e respeitar o objeto de conhecimento enquanto tal; uma pesquisa ali também da "verdade pelos fatos"); por outro lado, como o mostra Douglas Patterson, o pensamento americano, relativista, considera "arrogante reivindicar a verdade daquilo que dizemos". Temos o direito de dizer o que pensamos, mas não o de afirmarmos a subscrição de que o que se pensa seja a verdade.

Identidade, perplexidade

É também esclarecedor o livro já citado da coleção "Les Mots du monde" sobre este termo que usamos abundantemente até aqui, especialmente evocando as diferentes concepções da cultura: a identidade. Compreender se colocamos ou temos o mesmo sentido para essa palavra em todas as culturas é essencial na hora de políticas de discriminação positiva, de reivindicações identitárias, dos contragolpes da mundialização. Ora, vemos até que ponto as diferentes significações culturais da palavra são marcadas pela história dos povos implicados, por sua situação política e por suas referências tradicionais e religiosas. Assim, para Aziz Al Azmeh, autor marroquino do livro, "os discursos identitários, sejam eles islamitas ou de enfoques de nacionalismos culturais, repousam sobre a visão de um estado de pureza e de inocência, anterior à Queda, provocada por desregramentos e por manchas que foram trazidas por estrangeiros e cúmplices nacionais". É o mito de uma identidade pura e imutável. Assim, Wang Bin (que foi um dos filósofos chineses presente já na origem da coleção) lembra-se de sua perplexidade quando ele recebeu, já há uns vinte anos, um documento novo na China, a sua carteira de identidade. Ele se pergunta se esta nova modalidade de identidade, na China, não é uma tentativa de "pôr em conformidade" com uma identidade coletiva "o eu, enquanto tal, resume Martine Laffon, diluindo-o no Estado, no Povo, no Partido, na História, na Cultura, na Tradição...". O autor africano Mahmoud Mandani fala, ele também, de uma "atribuição de identidade", mas ele a vincula ao período colonial e mostra como, na África, a identidade, aqui compreendida também como identidade coletiva, não é um dado, mas uma construção discriminante imposta de fora; fenômeno ao qual o drama ruandês, segundo ele, não deixa de estar associado. Quanto à Índia, onde a maior parte das línguas ignora o conceito de identidade enquanto tal, mas onde a tradição religiosa localiza o indivíduo na ordem cósmica com os mesmos direitos que o resto, o fator identitário é extremamente forte e particularmente complexo. O autor indiano do livro, N. Jarayam, insiste especialmente sobre o caráter fundamentalmente conflitual das questões de identidade. "As rivalidades entre grupos requerendo os mesmos bens ou recursos raros, escreve ele, envolvem os diferentes escalões da sociedade numa mobilização política que ancora seu apoio nas diferentes identidades ou subidentidades." Muitas são as visões diferentes, de uma mesma noção, geradas pela História.

Falsas evidências

Como último exemplo desses mal-entendidos, mencionarei a experiência um pouco dolorosa, mas no fim das contas estimulante, que fizemos na Fundação Charles Léopold Mayer, e isso já há mais de dez anos, por ocasião de uma vasta operação de tradução de um texto que destinaríamos a um público internacional.

Mencionei no Capítulo 2 a aventura enfrentada pela Fundação de uma "Aliança por um mundo responsável, plural e solidário". Esta aliança repousou especialmente sobre um documento federativo publicado há alguns anos em diversos jornais europeus (na França, no *Le Monde diplomatique*) sob o título *Plate-forme pour un monde responsable et solidaire*. Os responsáveis por esta aliança mundial logo procuraram, era lógico, fazer traduzir este texto num grande números de línguas, duas dezenas, e em sua maioria não ocidentais, tão diversas entre si como o mandarim, o peul,[9] o árabe, o malásio, o bambara, o maori, o holandês, o wolof ou o inglês...

Os meses foram passando, e cada vez mais comentários intrigantes foram vindo de diversos países sobre o grau de pertinência desse texto em relação às realidades locais. A Fundação buscou saber o que estava acontecendo e decidiu reunir os tradutores. E esta foi a surpresa, resumida, a propósito, por um dos tradutores que confidenciou: "Eu traduzi mesmo a Plaraforma, mas divulgar em minha região? Nem de longe! Eu não quero deixar de ser levado a sério!" E então percebeu-se que os tradutores, sem dizê-lo, tropeçaram em praticamente todas as palavras. O próprio título "Plataforma" apresentava enormes dificuldades para a tradução; também "mundo", "responsável", "solidário"... Tudo na tradução de um conteúdo que foi querido como unificador apresentava problemas: "cidadão", "valores", "assinatura" e até mesmo "nós" estavam longe de ter um mesmo sentido em todas as culturas!

Dois exemplos: a palavra "mundo", por primeiro, quando se toma sua origem etimológica para os anglo-saxônicos, temos a ideia de "lugar único", feito pelo ser humano. Ora, os tradutores africanos não deixaram de assinalar a marca ocidental do termo – não somos obrigados a ter uma ideia de um

---

[9] NT.: O peul ou ainda fulfulde, além de outros nomes, é a língua de diversos países da África Ocidental e Central etc.

mundo antropocêntrico e visível –, o mundo, para os africanos, é mais vasto que isso: o mundo visível e invisível, o mundo feito não somente pelo ser humano, mas também pelos ancestrais, os espíritos, os animais. A palavra "mundo" em francês vem do latim *movere*, que quer dizer "movimento", o que não é admissível por inúmeras civilizações que concebem o mundo de modo bastante estático, como um lugar onde se exercem forças contraditórias, mas que não está destinado, necessariamente, a mudar.

Um outro exemplo: a palavra "desequilíbrio". Os protagonistas da Aliança estavam muito preocupados com a questão dos desequilíbrios ecológicos, econômicos e sociais do planeta. Mas um europeu e um chinês não se entendem assim tão facilmente sobre uma tal ideia de desequilíbrio. Esta noção tem francamente uma ideia pejorativa entre nós. Os chineses, ao contrário, vinculados que estão aos conceitos de *yin* e de *yang*, aparentemente opostos, mas vinculados pelo *taiji*, esta energia vital que opera no vazio deixado entre os dois e que os faz interagir de modo criativo, não podem considerar o desequilíbrio como uma catástrofe. A tradição africana não aceita, por sua vez, a conotação negativa da palavra. "Em nossa cultura, dizia com todas as letras um tradutor peul, o desequilíbrio constitui-se no essencial da diversidade da humanidade; o desequilíbrio é percebido como a base da interdependência que é necessária para a manutenção das relações sociais."

O que as palavras não dizem

O relatório do encontro dos tradutores, que acabou por ser elaborado no livro de Édith Sizoo *Ce que les mots ne disent pas: quelques pistes pour réduire les malentendus interculturels*, merece ser lido do começo ao fim.[10] Ele permite compreender em que as palavras evidentes para um francês não

---

[10] Cf. Édith SIZOO, *Ce que les mots ne disent pas: quelques pistes pour réduire les malentendus interculturels*. Paris: Éditions Charles Léopold Mayer, 2000.

são claras para outros: esta "solidariedade" que para nós é um valor moral, um desejo, mas que se associa ao mais puro comunismo na China e ao comunitarismo na Malásia, que é uma obrigação e não uma boa intenção na África, que recebe a conotação de "anonimato" nos Países Baixos; este "desenvolvimento" que de um modo espantoso "é uma tormenta como o ocidente", segundo o tradutor congolês; esta "responsabilidade" individual que não existe, por assim dizer, na língua híndi etc.[11]

Em termos operacionais, a confrontação das experiências dos tradutores não foi sem consequências. Primeiro, a Aliança, e isto não foi tão neutro assim, mudou de nome e tornou-se "Aliança para um mundo responsável, *plural* e solidário". Segundo, o texto que devia dar continuidade à Plataforma, "a carta das responsabilidades humanas", tornou-se um processo e não um texto congelado, matéria de declinações segundo os meios geográficos e socioprofissionais. Foi elaborado um tronco comum, bem curto, proposto para a reescritura e a aplicação nas diferentes regiões e redes temáticas.[12]

Admito que esta última desventura me impressionou. Claro, poderíamos esperar por isso. Além do mais, no interior até de um espaço nacional, o problema pode também colocar-se; se pedirmos a um engenheiro agrô-

---

[11] "Desenvolvimento" é traduzido por "desordem" na língua bassa do Camarões. Cf. C. MICHALON, *Différences culturelles, mode d'emploi,* op. cit. Uma outra acepção da palavra "desenvolvimento" foi assinalada por Deborah Nusche, estudante de um de meus seminários do Master no *Sciences Po*: "Apresentei minha candidatura para um projeto de *desenvolvimento* na Índia. Os responsáveis pela ONG local me explicaram que o que eles faziam não estava ligado a desenvolvimento, mas a *seva*. Como não compreendia a palavra, insisti para saber o que aquilo significava. A tradução *serviço* em francês não continha a mesma profundidade. Por exemplo, um serviço pode ser pago, mas *seva* será sempre uma oferta. *Seva* implica uma dedicação e um engajamento a longo termo. *Seva* é *bom* em si mesmo, independentemente dos resultados. As pessoas que fazem *seva* não querem mudar o mundo, elas querem *servir* o mundo. Não há dualidade, separação, entre o que serve e o que é servido. As duas pessoas estão numa mesma rede de relações e os dois buscam, ao mesmo tempo, a realização espiritual e o bem-estar material".
[12] Sobre essa carta, veja o site http://www.alliance21.org/lille/fr/resultats/charte_resp.html.

nomo que trabalha no setor da cooperação internacional para que nos fale de "pesquisa-desenvolvimento", ele nos responderá: observação das lógicas camponesas, articulação entre os saberes científicos europeus e os saberes tradicionais etc. Se solicitarmos a mesma coisa na esfera da indústria, ele falará de um simples desenvolvimento de um procedimento técnico industrial, de um trabalho técnico orientado para o mercado. Mesmo dentro de uma família o mal-entendido sobre a questão das palavras não acontece do mesmo modo? Deborah Tannen em seu livro *You Just Don't Understand* nos apresenta com humor que, sobre as mesmas palavras, o homem e a mulher de um casal não se entendem sempre (um homem pergunta à sua esposa o que ela "deseja" para seu aniversário e espera que ela responda em termos materiais, enquanto que o que a mulher deseja é que seu marido a ame e prove que a conhece até o ponto de não ter sido necessário colocar esta questão).[13]

O essencial das observações feitas até aqui sinalizou para a intradutibilidade de muitas palavras francesas para as línguas estrangeiras. O fenômeno inverso, evidentemente, é do mesmo modo importante. As noções essenciais de outros lugares são desconhecidas aqui ou, no máximo, susceptíveis de serem imaginadas. Chen Lichuan nos dá disso três exemplos que lembram que "tudo é tradutível, mas com a condição de que se aceite a traição, o desvio e o desencantamento". Do chinês para o francês, explica ele, o termo *xu* é traduzido pela palavra *vide* (vazio). Mas *xu* não é de modo algum "vazio", é o *não cheio*. O termo *wu wei* (já mencionado no Capítulo 6) é um outro termo difícil de ser compreendido pelos ocidentais. Ele tem sido traduzido para o francês por *non-agir*. Ora *non-agir* é para os chineses, segundo Lichuan, um modo de agir inteligente: "quando não se está seguro de fazer algo corretamente, a pessoa se previne de fazer o mal, de

---

[13] Cf. D. TANNEN, *You Just Don't Understand*. New York: Ballantine Books, 1991.

evitar a perturbação da harmonia natural pelas intervenções humanas; isto lembra o primeiro princípio da medicina: 'não prejudicar'". Enfim, diz ele, a noção chinesa mais difícil de se traduzir e de se compreender é a de *Dao*, literalmente *la Voie* (a via, a estrada, o caminho...). O termo *Dao* é ao mesmo tempo "a origem e o princípio regulador do universo, e por extensão o sistema absoluto da perfeição em todas as coisas e a lei de todos os fenômenos. Isto pode equivaler ao conhecimento em Sócrates, à verdade ou à ideia em Platão, ao bem supremo em Aristóteles ou à lei moral em Kant ou ainda ao *dharma* no sânscrito, que designa no budismo o ensino do Buda e o caminho para atingir o *Despertar*, isto é, o caminho da verdade. Francamente, como vocês querem traduzir tal noção por uma palavra só?"[14]

Assim, fundamentalmente, tudo o que vier a ser dito sobre a equivalência ou não equivalência léxica apresenta a questão da equivalência e da não equivalência de uma cultura muito antiga e do vivenciado, muito contemporâneo, dos interlocutores presentes ao intercâmbio. Como traduzir algo do que não se tem experiência alguma ou se tem pouca experiência? Como ignorar isso quando se traduz, mutuamente, os contextos, a história e a conjuntura atual de cada um? Decididamente, uma palavra não está traduzida uma vez que é traduzida. *Qual a questão* mais ampla então do campo da linguagem está em jogo por trás das palavras?

2. A língua para além das palavras: arquitetura da língua e arquitetura do pensamento?

Uma língua, como sabemos, não é uma simples justaposição de palavras, vindas umas depois das outras e independentes umas das outras. A maior parte das línguas de nosso planeta (são 3.000 ou seriam 7.000?)[15]

---

[14] Intervenção no Seminário de *Sciences Po*, primavera de 2007.
[15] Um relatório linguístico mais atualizado fala de 6.700. Cf. Barbara F. GRIMES (Ed.), *The Ethnologue*. Dallas: Summer Institute of Linguistics, 1996. Já Michel

são construídas seguindo-se uma arquitetura mais ou menos sofisticada, comportando muitos aspectos. A morfologia, para começar, que diz respeito à própria composição das palavras. Ela pode ser mais ou menos complexa dependendo das línguas: algumas – o inglês – têm um sistema de palavras bastante curtas, outras como o amárico, língua etíope, diante da qual transpirei muito, aglutinam em torno de uma raiz uma infinidade de prefixos, de sufixos, de interfixos, permitindo ainda a declinação de verbos, a indicação do masculino e do feminino, de atributivos etc. Enfim, como o alemão, anexando palavras que o francês separa.

Um segundo elemento da arquitetura é a sintaxe, que designa a maneira pela qual as palavras se estruturam e se organizam uma com as outras.

A terceira é a semântica: o que as palavras querem dizer, as representações às quais elas remetem ou referem. A semântica diz respeito também à maneira como, em todas as línguas do mundo, mas com uma graduação mais ou menos bem delimitada, as palavras assumem o sentido de umas em relação às outras. É o caso, especialmente, da língua chinesa, que, segundo os termos de Joël Bellassen, "ancora-se sobre unidades de sentido cujas *cascas* materiais é o caractere (ideograma), o signo chinês".[16] Estas unidades de sentido, acrescenta, estão rodeadas por um "halo nebuloso que não aclara senão na presença de uma outra unidade de sentido, de um outro ideograma". O chinês é uma língua mais indutiva que a maior parte das outras, partindo de imagens concretas para chegar pouco a pouco a esclarecimentos mais gerais. Bellassen dá o exemplo de um ideograma chinês que, colado a um outro ideograma, direciona para o sentido, objetivo, de "situação" ou de "conjuntura". Olhando sob um outro ângulo (isto é, quando se acrescenta um outro ideograma), o mesmo signo, a mesma

---

Malherbe, no *Les langages de l'humanité*. Paris: Éditions Robert Laffont, 1993, fala em 3.000. Não vamos nos entreter neste debate nem no que consiste a diferença entre as línguas e suas variedades dialetais.
[16] Cf. J. BELLASSEN, *Encres de chine, Encres de France*, op. cit.

unidade de sentido, volta-se para a noção, subjetiva para um ocidental, de "sentimento". O que é que faz, se pergunta Bellassen, com que optemos mais por "situação" ou, ao contrário, por "sentimento"? É simplesmente a presença de um outro signo ao lado.

O exemplo do chinês, bem como do árabe, ou mesmo, afinal de contas, do inglês, parece-me colocar uma questão essencial: como o enraizamento das línguas em leis assim tão diversas das do francês não influi, não somente no pensamento, sobre a maneira de retalhar a realidade, mas também sobre os *métodos de trabalho*? É uma questão que sempre me tem martelado a cabeça. Tenho consciência de que, formulando esta questão, esta intuição, estou reagindo com instrumento de minha cultura greco-judaico-cristã, que tem uma forte tendência de ligar ou vincular linguagem e pensamento, palavra e ação (a Bíblia nos lembra de que "no começo era o Verbo", e em grego *logos* que dizer ao mesmo tempo linguagem e pensamento). Sei também que na realidade do século XXI não tem sentido invalidar esta ideia em alguns casos, uma vez que os americanos não trabalham como os ingleses, e ainda muito menos como os indianos ou os sul-africanos, e além do mais os franceses não trabalham como os suíços ou os quebequenses. Mas penso que a questão merece ser posta.

Universalismo e relativismo linguístico

O que encontramos, de fato, na literatura teórica sobre a linguagem é exatamente o mesmo debate entre o universalismo-relativismo que perpassa os estudos da própria cultura.

O universalismo linguístico foi defendido especialmente por Noam Chomsky. Ele é mais conhecido hoje em dia em alguns meios mais como o *star* do altermundismo que como o pioneiro da linguística gerativa, mas sua influência nas ciências da linguagem foi considerável. Para ele, existem as leis universais da linguagem, que podem ser confirmadas, por exemplo, pela presença em todas as línguas de frases afirmativas, negativas ou interrogativas. Ele pensa que existe uma espécie de gramática universal, que seria uma gramática inconsciente, geneticamente determinada por estruturas neurológicas: o neurônio faz a linguagem, por isso existiria uma homogeneidade da estrutura de uma língua ligada à homogeneidade biológica do gênero humano. As dificuldades de tradução, segundo Chomsky, estão então longe de ser insuperáveis. "As estruturas [da linguagem] são universais segundo uma necessidade biológica e não somente por um acidente histórico. Elas decorrem das características mentais da espécie."[17]

Essa posição foi precedida, na metade do século XX, pela dos defensores do relativismo linguístico, que afirmam que cada língua tem seu modo próprio de destrinchar a realidade. E que toda a comparação entre as línguas e toda a tentativa de encontrar um fundo comum são vãs. Os protagonistas desta teoria foram um antropólogo linguista – Edward Sapir – e um engenheiro autodidata que trabalhava numa companhia de seguros – Benjamin Whorf. A famosa "hipótese Sapir-Whorf" é que "a linguagem é um guia da realidade social"[18] e que "por trás das formas léxicas e gramaticais existem formas de pensamento mais ou menos inconscientes (...), e que as culturas humanas são diretamente influenciadas pelas infraestruturas das línguas por meio das quais elas se expressam".[19]

Essa teoria sutil (mas nunca tão verificada como a de Noam Chomsky) nos leva a pensar que os universos mentais e as culturas dos povos se expressam por meio de suas respectivas línguas, as quais, por sua vez, influenciam sua visão de mundo, sua maneira de raciocinar e de trabalhar. Em 1966, Edward Hall, em seu *La dimension cachée*, formulava de sua maneira esta característica da linguagem: "a linguagem é muito mais que um simples meio de expressão do pensamento; ela se constitui, na realida-

---

[17] Cf. N. CHOMSKY, *Structures syntaxiques*. Paris: Éditions du Seuil, 1979.
[18] Cf. E. SAPIR, *Linguistique*. Paris: Éditions de Minuit, 1971.
[19] Cf. Nicolas JOURNET, «L'école de Prague ou la naissance de la linguistique structurale». In DORTIER, J.-F. (Ed.), *Le Language: histoire, nature et usage*. Auxerre: Éditions Sciences Humaines, 2001.

de, num elemento decisivo na formação do pensamento. Por outro lado, e para empregar uma imagem da atualidade, a própria percepção que o ser humano tem do mundo ambiente está programada pela língua que ele fala, exatamente como um computador. Como este, a mente humana registra e estrutura a realidade exterior em estrito acordo com o programa. Duas línguas diferentes são susceptíveis de programar o mesmo grupo de fatos de maneira diferente, e crença alguma, sistema filosófico algum, poderia, portanto, ser apresentado sem a referência à língua".[20]

Muitos analistas de dados da comunicação intercultural são sensíveis a esta última ideia, e eu mesmo, de boa vontade, me interesso por ela. Exemplos que vão neste sentido não faltam, e alguns deles já foram considerados nos capítulos que se relacionavam ao tempo e ao trabalho.

Primeiro, a existência ou não de formas do passado ou do futuro do verbo denota certa concepção da progressão da vida e do trabalho. Diversas línguas do sudeste asiático não têm, como já mencionamos, o equivalente a nosso passado ou futuro; a língua árabe tem um tempo para o passado, mas reunido sob uma forma comum, com auxiliares, o imperfeito, o presente e o futuro etc. A língua árabe, estreitamente conectada com o Islã (seu padrão mais seguro está no Alcorão), insiste sempre na necessidade de se transcender a experiência humana e de se referir a Deus, para o caso do uso do futuro. *Inch'Allah* aplica-se a tudo o que pode acontecer no futuro, uma vez que é um sacrilégio, segundo o Alcorão, imaginar que o ser humano possa controlar o futuro.

Segundo, a estrutura sujeito-verbo tem, ao que parece, uma influência sobre os comportamentos. A frase árabe começa pelo verbo, a frase francesa pelo sujeito. Algumas línguas, mais voltadas ao individualismo, usam e abusam do sujeito, enquanto que outras não o usa: um inglês dirá e escreverá *I brought my book with me,* mas para um japonês "livro trazido"

---

[20] Cf. E. HALL, *La dimension cachée,* op. cit.

já está bom, ou para um brasileiro *trouxe o livro*. Fred Jandt afirma que um americano que passou todo o dia no deserto sem ver ninguém vai se sentar um momento e dizer ou pensar *I feel lonesome*, enquanto que um japonês se contentará com *shabishii*, identificando a experiência geral (universal) da solidão, sem ter necessidade de referi-la a um sujeito. Nota-se também o fato significativo de que algumas línguas propõem diferentes maneiras de dizer "nós": o tagalo, *tayo* para "nós", incluindo o interlocutor, *kami* para um "nós" que exclui o interlocutor, *kita* para um "nós" entendido como "tu e eu"; em árabe, existe um plural dual (nós dois) etc.[21]

Terceiro, o que foi dito da influência da gramática sobre as visões do mundo, estes componentes valem também, em alguns casos, para a escrita. No *Empreintes chinoises*, Joël Bellassen mostra como a separação China-Ocidente pode ser explicada em parte pela profunda diferença das escritas.[22] "A escrita ideográfica chinesa, diz ele, pinta os sentidos e não o som, os signos que a compõem são soletrados com a ajuda de imagens e não de letras (...). Ler um ideograma chinês torna-se um reconhecer um *rosto* e associar a ele um nome, enquanto que ler uma palavra numa língua com escritura alfabética torna-se um pronunciar um nome que poderá eventualmente evocar um *rosto*." Bellassen lembra ao mesmo tempo que "só a escrita, isto é, sem uma análise dos sons como o são os alfabetos latino, cirílico, árabe, hebreu ou ainda o silábico japonês, a escrita chinesa, é uma *combinatória* de unidades de sentido e de peças de um quebra-cabeça ideográfico. Uma combinatória que não deixa de ter influência sobre a percepção de espaço". Bellassen mostra, por exemplo, que "todo ideograma de um mesmo texto deve ser escrito num mesmo espaço quadrado de mesma dimensão; a execução do primeiro traço de um ideograma compreende

---

[21] Cf. F. JANDT, *An Introduction to Intercultural Communication*. Oakland: Sage Publications, 2004.
[22] Cf. Jin SIYAN – Joël BELLASSEN, *Empreintes chinoises – De Chine et de France, Regards croisés*. Paris: Éditions Nicolas Philippe, 2005.

a antecipação do conjunto, com os fenômenos de aumento e de redução que este pode contemplar". Uma particularidade que pode muito bem não ser estranha à mentalidade de empreendimento do chinês, à habilidade de conceber grandes trabalhos etc.

English versus français

Um outro tipo de exercício comparativo, de meu ponto de vista, para compreender em que a língua materna influi sobre os comportamentos humanos e profissionais dos homens, sobre suas categorias mentais e sobre seu modo de estruturar o mundo, sobre seu mundo, é o da confrontação do inglês com o francês. Realço *língua materna,* uma vez que é, sem dúvida, muito mais, no nível da aprendizagem primeiramente, a do circulo familiar, da escola e da rua que a aprendizagem ao longo da vida ou da carreira, que uma língua formata a pessoa.

De um modo geral, pensa-se que o inglês é uma língua mais simples que o francês por deter uma gramática menos difícil e frases mais breves, e isto até pode induzir a um modo mais direto de expressar-se e de trabalhar. Pelo menos eu pensava isso até o momento em que o intercâmbio com os americanos e os ingleses fez-se duvidar da solidez de tais generalizações. O "direto" americano parece incontestável, mas em sua vida privada, bem como em sua vida profissional, ele está bastante distanciado da maneira inglesa, que exige às vezes longas introduções na conversa, que vai menos diretamente ao assunto.[23]

Entretanto as origens linguísticas do distanciamento entre o mundo profissional anglo-saxônico e o mundo latino não se *sustentam,* senão em fantasias. Pascal Baudry (*Français & Américains, l'autre rive*)[24] insiste es-

---

[23] Do mesmo modo pode-se falar dos *québécois* (quebequenses), que estão muito longe de trabalhar do mesmo modo que os franceses.
[24] Cf. P. BAUDRY, *Français & Américains, l'autre rive,* op. cit.

pecialmente no fato de que a língua francesa puxa para o complexo: "o francês não foi durante séculos a língua franca da Europa porque esta seria a língua mais precisa como quiseram fazer crer, mas porque seria a língua que permite ser o mais precisamente impreciso. É a língua que permite dizer o que ainda não é, descrever estas variedades do *cinza* na caminhada para o acordo entre as partes, estas etapas intermediárias quando se deixa entender que não se estaria totalmente contra no caso que...".[25]

A língua inglesa conduz assim para o mais simples, o mais direto. Mais direto no *job descriptions*, os termos de referência, a própria maneira de expor as coisas. Ali onde os franceses seccionam, organizam, desconstroem, estruturam como no *Sciences Po*, o menor assunto, sob a forma de um plano e duas ou três partes e depois ainda em subpartes, discutem o melhor meio, com o sistema de tese-antítese-síntese, de dizer tudo e seu contrário; ali onde eles utilizam frases muito longas para fazer serpentear um raciocínio que até pode vir a morder sua própria cauda, mas deixa a ilusão de sutileza, eles exploram as possibilidades infinitas de sua gramática para nuançar suas propostas e no final ficar com esta imprecisão denunciada por Baudry, o americano ou o inglês enunciará seus pontos uns após os outros. Se três pontos curtos são suficientes, não se forçará a realidade para sair em vantagem. Se são necessários vinte e sete pontos, eles serão alinhados e apresentados. Gosto muito da conclusão *assassina* de um dos capítulos de Baudry sobre esta diferença no que tange à simplicidade. "Para resumir, diremos que, mesmo que seja difícil para um francês admitir, mas quando um americano diz alguma coisa, é muito provável que é exatamente isto que ele queria dizer..."

---

[25] Esta característica se nos apresentou de um modo claro quando, no IRG, lançamos uma oficina internacional com estudantes da Columbia (Universidade) e do *Sciences Po* sobre a questão: "Existe uma diferença de pontos de vista entre os americanos e os franceses sobre a reforma da governança mundial?". Os estudantes americanos, depois de um início em que eles mergulharam de cabeça em suas entrevistas, compreenderam qua faltava utilizar outras expressões, além da tradução literal em [inglês] americano de "governança mundial", para fazer com que seus interlocutores falassem do assunto. Uma vez que isto não existe, é difícil dar-lhe um nome.

Olivier Arifon, num artigo muito interessante intitulado *Existe-t-il un style français en négociation dipolomatique?*, confirma e completa estas observações, e nos fornece uma matéria útil para nossa reflexão sobre nós mesmos.[26] "A norma francesa, escreve ele, está implícita. A distância entre o que é dito e o que significa parece uma verdadeira necessidade na expressão francesa; em outros termos, língua e cultura francesa são relativamente imprecisas. No interstício criado por essa imprecisão vêm alojar-se, de tempos em tempos, a alusão, a referência histórica compartilhada, a compreensão da situação ou do propósito apenas com meias palavras. Parece que isso é próprio da mentalidade francesa, que aprecia mais que tudo a dimensão da relação em seu contato com o outro; ao contrário, a língua alemã, muito mais precisa, reduz num golpe as imprecisões e disso decorre o peso relativo da relação na comunicação."

O inglês, língua não estrangeira

Pode-se obstar, depois de tudo o que acaba de ser mencionado, de experimentar-se certa vertigem a propósito da influência das características da língua sobre as maneiras de ser e de trabalhar num mundo onde o inglês ocupa um lugar predominante. O inglês tornou-se hoje a língua-pivô da Europa, por razões que Gilles Verbunt[27] pensa que estejam ligadas ao fato de que "o esforço para administrar todas as susceptibilidades nacionais é muito trabalhoso e muito custoso", e com isso foi eliminada um pouco de um modo superficial ou fácil a questão da diversidade linguística no interior da União.[28] O inglês tornou-se a língua na qual um homem de

---

[26] Cf. O. ARIFON, «Existe-t-il un style français en négociation diplomatique?». In P. LARDELLIER (Ed.), *Des cultures et des hommes, clés anthropologiques pour la mondialisation*. Paris: Éditions L'Harmattan, 2005.
[27] Cf. G. VERBUNT, *La Société interculturelle*. Paris: Éditions du Seuil, 2001.
[28] Nota-se no projeto do tratado constitucional europeu de 2005 que a língua não seria senão um assunto técnico; não é dito ali nenhuma palavra ou muito pouco sobre

negócios de Hong-Kong irá negociar com seu colega japonês, ou na qual um industrial coreano que vai implantar uma usina na Arábia Saudita vai usar para levar adiante suas discussões. É já a única língua com a qual trabalham, em Paris, inumeráveis quadros empresariais com dimensões internacionais. O inglês é a língua com a qual raciocinam numerosos cientistas; alguns de meus amigos físicos e químicos professam um antiamericanismo violento, mas não trabalham senão com o inglês. A aceitação do inglês em muitas esferas profissionais é simplesmente um modo de não ser excluído de um meio: nos processos de negociação internacional, de pesquisa, os que se recusam a usá-lo condenam-se à marginalização de fato. O inglês torna-se uma obrigação e não mais uma língua estrangeira.

Isso quer dizer que a face do mundo seria radicalmente diferente se a língua-pivô internacional fosse outra que não o inglês? Claro que este inglês é mais uma língua técnica que emocional, uma espécie de praticidade cada vez menos discutida, que não é aplicada senão às esferas econômicas e científicas. Muitos franceses trabalham em empresas francesas implantadas no exterior e tomaram este partido depois de longo tempo. Eles consideram o inglês internacional como uma simples técnica de comunicação, desprovida de todas as suas referências históricas e culturais, uma espécie de superesperanto,[29] e podemos mesmo pensar que seu uso seja anódino, que a comunicação intercultural não é mais um problema quando nos ativermos aos aspectos técnicos. Mas exatamente este aspecto não contempla senão uma parte da realidade profunda das trocas internacionais, em especial no trabalho do desenvolvimento, e penso que a questão de saber

---

a diversidade linguística, praticamente somente o necessário para mantê-la (Art. I-3: "[A União] *respeita a riqueza da diversidade cultural e linguística e vela pela salvaguarda e desenvolvimento do patrimônio cultural europeu*"). Somente é apresentada a lista das línguas nas quais o Tratado será traduzido! A questão mesmo das línguas-pivô nem mesmo foi evocada.

[29] Expressão utilizada por um dos entrevistados. Cf. Christine GEOFFROY, *La Mésentente cordiale*. Paris: PUF, 2001.

se, por exemplo, um expatriado deve ou não deve fazer o esforço de ultrapassar a facilidade do inglês em seu trabalho e praticar um mínimo da ou das línguas locais não é anódino.

3. Pode-se pensar na língua do outro? É necessário falar a língua do outro?

Entre os muitos erros que foram meus enquanto expatriado na Etiópia figura o fato de não ter-me dedicado plenamente logo de início a um estudo sério das duas línguas praticadas ou utilizadas na região em que eu trabalhava: o uolaminha, língua vernácula da província, e o amarinha, ou amárico, língua que naquele tempo era a da alfabetização, do ensino primário e da administração pública, aquela em que eram redigidos os fascículos pedagógicos produzidos pela Agri-Service, a ONG que me empregava. Evidentemente, a língua do ensino secundário e superior na Etiópia de 1974 era o inglês, e todos os meus colegas o falavam sem o menor problema. A aprendizagem das línguas locais não me parecia então como um algo a mais, indispensável, mas apenas útil para a comunicação cotidiana.

No fim de um ano, compreendi que o desafio da aprendizagem da língua ia muito além desta comodidade e que, sob pena de aumentar ainda mais minha incompetência, não podia mais fazer a economia de uma verdadeira formação linguística, ao menos para o amárico. O amárico é uma língua complexa e sofisticada, que traz consigo séculos de história (desde o século V de nossa era, a Bíblia foi traduzida no *ge'ez,* que é para língua amárica o que é o latim para o francês) e uma tradição literária única, excetuado o árabe, no Continente que em todas as demais áreas se voltou para a transmissão oral. Compreender que algumas poucas palavras de conversa nas tendas de Sodo não me diziam nada, mas saber a ordem das palavras, o verbo no fim da proposição como em alemão ou latim, as proposições subordinadas antes das proposições principais, a sábia arquitetura das palavras compostas, como no árabe, em torno de raízes verbais, ajudou-me em especial a controlar a lógica da exposição, muitas vezes enrolada, cheia de ideias e com um desenvolvimento de raciocínios inesperados para um francês. Passar um pouco de tempo *matutando* sobre o sentido das palavras obrigou-me a compreender a lógica da combinatória tradicional dos opostos na Etiópia, do "*Wax and Gold*", onde o *wax*, a cera, representa o sentido visível da palavra e o *gold*, ouro, representa o sentido escondido.[30]

De um momento para outro pude seguir adiante melhor em meu trabalho, acompanhar, compreender o tratamento em amárico daquilo que acreditava ter sintetizado em inglês, isto é, dos trabalhos feitos em comum com colegas etíopes. Nosso método de trabalho era o seguinte, para tudo o que dissesse respeito ao material pedagógico relacionado à organização do trabalho, às cooperativas, ao mercado e à gestão do dinheiro etc.: nós fazíamos pesquisa de campo onde as entrevistas eram feitas na língua uolaminha com intérpretes, aqui entravam também meus colegas que vinham de outras províncias. Uma série de sessões de trabalho era, a seguir, organizada com a equipe etíope, ao fim da qual, eu fazia uma primeira proposta de estruturação de um fascículo. Eu o fazia em inglês; depois da traduçãoadaptação em amárico, era realizada assim a minha *counterpart* (revisão) etíope que, de fato, retomava passo a passo o raciocínio e a pedagogia.[31] Se eu não tivesse chegado a ser capaz de ler e compreender o que vinha deste texto em inglês, eu acreditava que não tinha captado nada dos desafios da formação e que o trabalho teria continuado dentro desta espécie de esquizofrenia, eu com minha lógica europeia e meus colegas com sua lógica etíope.

---

[30] Cf. Donald LEVINE, *Wax and Gold – Tradition and Innovation in Ethiopia*. Chicago: University of Chicago Press, 1972.

[31] Devo explicar que os fascículos eram escritos em amárico e raramente na língua local, uma vez que o sistema repousava sobre uma ideia bastante paradoxal *a priori* de "curso por correspondência para famílias rurais analfabetas". Na realidade, o material escrito era explorado nas vilas por aqueles agricultores que sabiam ler e, portanto, sabiam amárico. As sessões de formação permanente efetuadas por animadores da ONG permitiam completar o curso e, sobretudo, organizar a interatividade a partir de questionários preenchidos pelo encarregado "letrado" e com debates no local.

A língua do outro é até uma evidência, mas esquecemos às vezes que não é a língua-pivô à qual ele recorre para que nos comuniquemos. Podemos ambos falar corretamente o inglês, esta não língua estrangeira, e passar à margem do essencial. O inglês vai adiante sem problemas, uma vez que se trata destas "ciências apátridas da gestão" e do *business* de que falava Armand Matterlart, citado mais acima, mas tudo se complica quando tocamos dados humanos, simbólicos, sagrados, emocionais (o valor da água, da terra, da floresta, do clã, da família, os conflitos...).[32]

A dependência do tradutor na relação

Uma outra maneira de apreender o desafio do conhecimento mínimo da língua do outro é apresentar a questão da dependência, no que diz respeito à tradução e à interpretação. Tenho uma grande admiração pelos tradutores e intérpretes profissionais, mas devo constatar que, em minhas experiências passadas, o fato de se recorrer a um intérprete aqui e ali não foi um evento que não tenha introduzido algumas tendências no intercâmbio, especialmente na confiança recíproca que pode estabelecer-se entre interlocutores, e isto por razões diversas: diferenças de *status*, pelo menos no terceiro mundo, entre o intérprete e os "interpretados", o primeiro sendo muitas vezes melhor remunerado que o segundo; desconfiança dos segundos, igualmente em relação ao primeiro, que é um dos seus e a quem não se tem necessariamente o desejo de contar tudo; perplexidade, senão desconfiança que pude experimentar, em relação a um interprete que, curiosamente, sintetiza a minha proposta (tradução truncada? tabu?) ou, ao contrário, a desenvolve ao infinito (quem está falando, eu ou ele?), e disto tenho a impressão de que ele não me tradu-

---

[32] Cf. A. MATTERLART, *Diversité culturelle et mondialisation*, op. cit.

ziu senão apenas uma parte do que dizem meus interlocutores (censura? necessidade de me dizer o que ele pensa que eu vou entender?)... O fato de falar um pouco a língua do outro atenuaria este viés? Sem dúvida alguma: isto me tranquiliza de minha própria paranoia, e em certos casos o intérprete ficará até mais cuidadoso e não tomará tantas liberdades na tradução.

Assim que comecei as minhas enquetes ou pesquisas com grupos de agricultores em meu trabalho com o BIT[33] no Brasil, não falava ainda português fluentemente, e um de meus colegas brasileiros se encarregara, sem que lhe tivesse na realidade pedido isto, de "traduzir" as questões. Às vezes com as mesmas palavras (quando se tratava de corrigir apenas o *sotaque* estrangeiro que ele achava que automaticamente tornaria a fala incompreensível para os agricultores), outras vezes com palavras bastante diferentes, e por vezes com uma interpretação que nada tinha a ver com o sentido da questão. Eu falava um dia com um camponês a respeito de um programa de rádio sobre uma campanha de prevenção sanitária, difundida pela Secretaria da Saúde do Estado do Ceará. "O que vocês pensam deste tipo de informação? Eu perguntava. Ela está bem-feita? Está adaptada às condições em que vocês vivem?" Retraduzida por meu colega a questão ficou assim totalmente diferente: "Vocês entenderam o que ele quer saber? Ele quer saber se vocês compreendem o conteúdo deste programa". Tomados por imbecis, no momento em que eu apenas não fazia outra coisa que apelar para seu senso crítico, os camponeses não deixaram de nos responder: "Somos civilizados, apesar de tudo, não?". Como na Etiópia alguns anos antes, fiz então um grande esforço de aprendizagem da língua e tive então bem menos problemas.[34]

---

[33] NT.: Provavelmente o autor se refira a *Bureau international du Travail*.
[34] Essa maneira de ver as coisas não é compartilhada por todos. Um amigo meu me chamou atenção para o fato de que a aprendizagem da língua local pode dar uma ilusão de poder, a de "não ser mais estrangeiro". O tradutor, apesar de tudo e dos limites que serão lembrados mais adiante, é também um mediador, uma informador precioso.

O "aplainamento" linguístico

Nada de ilusões, entretanto. O esforço para aprender a ou as línguas do lugar onde se trabalha é necessário, mas nem de longe isto é suficiente. Mesmo entre as línguas bastante próximas ao francês, como o português, onde existem muitas das mesmas nuanças, das mesmas equivalentes idiomáticas, sempre experimentei uma profunda frustração em não encontrar as palavras, os floreios exatos para expressar o que eu queria.[35] Sem dúvida o essencial depende daquilo que entendemos do que o outro quer nos dizer, mas nossos próprios limites deturpam a comunicação. Em seu romance *La Tache*, Philippe Roth o diz de um modo especialmente adequado, falando de uma de suas heroínas francesas emigradas para os Estados Unidos que tenta elucidar sua dificuldade e encontrar um homem selvagem: "Ela que se orgulha de falar inglês com desembaraço, que o fala fluentemente, ela não fala a língua, na realidade (...). O que não compreendo, não é o que eles dizem, mas tudo o que eles não dizem, quando eles falam...(...). Ela diz para si mesma que todas as suas vantagens intelectuais acabam por anularem-se por seu desenraizamento... Ela diz para si mesma que ela perdeu sua visão periférica: ela vê o que está acontecendo diante dela, mas nada no canto do olho, o que ela tem aqui não é uma visão de uma mulher com sua inteligência, é uma visão achatada, exclusivamente frontal, a visão de uma imigrante...".

Falar, escrever e compreender realmente numa língua suporiam ser dotado de uma "genialidade" que, salvo algumas exceções – Julien Gre-

---

[35] Com palavras que, de ouvido, não parecem com as palavras francesas, o português é uma língua na qual encontramos as mesmas línguas, as mesmas nuanças, que no francês, o que facilita consideravelmente a passagem de uma língua para outra e mesmo pensar na outra língua. Um exemplo, entre mil: *un service que "laisse à desirer"* pode ser traduzido palavra por palavra em português "um serviço que deixa a desejar": exatamente a mesma coisa.

en, François Cheng... –, somente os "nativos" desta língua podem ter.[36] Os tradutores estão conscientes disto desde sempre e se resignam ao que Paul Ricoeur[37] chama de "luto da tradução absoluta", mas buscam cada vez mais evitar o achatamento das particularidades linguísticas. Numa publicação recente, a *American Coucil of Learned Societies* propõe algumas recomendações, entre as quais lemos: "É corrente que o inglês, mais que outras línguas, privilegia frases curtas. Um tradutor que trabalhe nesta língua poderia assim tentar transformar um texto francês composto de frases complexas e plurívocas num texto composto de frases curtas e límpidas. Mas a concisão não é uma qualidade em si, mesmo em inglês (...). O inglês tolera perfeitamente frases bem mais longas. Contanto que se tenha uma atenção especial para com a sintaxe (e, por isso, com a pontuação), é possível reproduzir as longas frases sem violar o espírito da língua inglesa. Os tradutores devem prestar atenção para que o espírito da sintaxe seja plenamente significante. Sua mensagem, sem dúvida, não será assim tão direta como a que é veiculada pelo léxico, mas ela influencia nossa maneira de perceber e de desenvolver a argumentação. Pode ser que seja desejável se aventurar em ir mais longe e deixar 'um toque de *estrangeiridade*' penetrar na tradução...".

Locuções e humor: manobras perigosas

Compreender, falar, e até mesmo perfeitamente bem, a língua do outro não protegem de surpresas no trabalho em meios multiculturais. Um francês não deveria jamais abusar destas coletâneas de palavras for-

---

[36] Um impressionante exemplo disto é a centena de entrevistas realizadas por Patrice Martin e Christophe Drevet com escritores africanos, asiáticos, europeus e latino-americanos, nas quais eles contam sua experiência de escrita direta no francês. Cf. P. MARTIN – Ch. DREVET, *La Langue française vue d'ailleurs*. Casablanca: Emina Soleil/Tarik Éditions, 2001.

[37] Cf. P. RICOEUR, *Sur la traduction,* op. cit.

madas pela tradição, as anedotas ou as pegadinhas, que são locuções e expressões figuradas. Para mim, *"devoir une fière chandelle à quelqu'un"* (ter uma dívida de gratidão com alguém), *"renvoyer aux calendes grecques"* (remeter ao dia de São Nunca), *"ne pas être dans son assiette"* (não estar bem), *"semer la zizanie"* (difamar) ou *"mener une vie de bâton de chaise"* (esbaldar-se), são expressões cujo sentido é evidente, bastante práticas para tornar um raciocínio mais leve ou para usar como um gancho para algum tema.[38] É exatamente isso que muitas pessoas cuja língua materna não é o francês não compreendem. O inverso aconteceu-me há alguns anos, antes de compreender o *acabar em pizza* dos brasileiros,[39] ou este *loose cannon* dos ingleses.[40]

As mesmas observações valem para o humor que, ainda que seja a coisa do mundo melhor distribuída, não é certamente a melhor compreendida. Sabemos que numa mesma moradia, numa mesma família, o humor de uns não é o dos outros, devemos lidar com cuidado com as armadilhas quando se usa a palavra em reuniões ou em cursos. Eu mesmo tive muitas dificuldades por não contar uma piadinha a cada dez minutos de uma reunião da equipe ou num seminário universitário. Isto distende, é fácil, demagógico e catártico. Mas vejo-me sempre em retrospectiva, não somente porque uma parte do auditório – estes estrangeiros que não têm dificuldade alguma com o francês – fica "voando" (uma tal frase humorística não diz absolutamente nada para eles), mas também porque meu humor, quando mal compreendido, pode mostrar-se como ofensivo e mesmo ferir sem que tenha consciência disso. Nunca manipulamos o humor com

---

[38] NT.: As expressões não foram traduzidas – palavra por palavra – pelo simples fato de que isto não faz muito sentido.
[39] "Terminar em pizza" diz-se de um processo político e social onde as posições dos protagonistas são divergentes, mas no qual todos acabam por abandonar suas posições, afunilando para uma solução heteróclita comum (pizza).
[40] Personalidade pública que age de um modo independente e cujos atos ou propósitos são imprevisíveis e até mesmo embaraçantes.

a devida precaução quando não estamos em nosso meio cultural imediato: o humor vai buscar suas raízes na história do povo; às vezes remete às vitórias e, às vezes, às derrotas ou feridas. Os temas sobre o que rimos ou não rimos, portanto, podem ser diametralmente opostos de um universo cultural a um outro.

4. O contexto e a palavra: culturas de alta densidade contextual e culturas de baixa densidade contextual

O que compreendo, o que posso compreender, daquilo que o outro me diz em minhas relações profissionais ou sociais com ele, se não estiver impregnado de sua própria cultura?

No *Beyond Culture* publicado há uns trinta anos, Edward T. Hall, professor catedrático de antropologia na North Western University, propôs sobre este assunto uma espécie de modelagem sujeita a debates, mas ainda assim interessante (e muito explorada na literatura intercultural), em que ele distingue as *High context cultures* (Culturas de alta densidade contextual – CADC) e as *Low context cultures* (Culturas de baixa densidade contextual – CBDC).[41] Estas noções são geralmente traduzidas em francês de um modo bastante impróprio, do meu ponto de vista, por "contexto rico" e "contexto pobre" em comunicação, uma vez que isso parece implicar um juízo de valor. Permito-me aqui manter as expressões em inglês.

Isso sobre o que Hall insiste é o *contexto do ato de comunicação*. Sem conhecer o contexto no qual se inscreve a palavra do outro, não posso perceber senão uma parte reduzida de suas mensagens, uma vez que as palavras não são suficientes para expressar todos os valores, a experiência histórica, as

---

[41] Cf. E. T. HALL, *Au-delà de la culture*. Paris: Éditions du Seuil, 1979.
NT.: Por motivos de clareza, traduzimos *High context cultures* e *Low context cultures* por "Culturas de alta densidade contextual" e "Culturas de baixa densidade contextual", respectivamente.

referências culturais que esta mensagem subentende. Ora, entre todas as culturas, estes vieses, esta parte escondida da mensagem, diferem grandemente.

As CADC (China, Japão, Coreia...) são culturas em que, segundo Hall, a informação reside na pessoa – no que ela representa, em suas referências – *e não tanto no que ela diz*. Subestimamos, geralmente, a importância do não dito, da comunicação não verbal nas culturas asiáticas, bem como nas culturas africanas ou andinas. Nossa obsessão pela mensagem explícita nos impede de ver tudo o que depende das representações coletivas, das raízes históricas e religiosas profundas nas reações do outro. O próprio fundo religioso da cultura judaico-cristã ocidental ("que vosso sim seja sim, e que vosso não seja não, a fim de que não caiais em falso julgamento")[42] nos impede de compreender os limites de um "sim" no outro. Ele não pode significar senão uma coisa, que a mensagem foi compreendida. Mas pode ser uma coisa bem diversa de uma aprovação.

Quando o incompreensível passa como explicação

Um exemplo, um tanto anedótico até, da diferença do estatuto da palavra numa CADC e numa CBDC pode ser encontrado no filme *Bamako*, de Abderrahmane Sissako (2006). Um processo fictício, pouco acreditável, do Banco Mundial, argumentos mais que conhecidos, tudo para ser um fracasso. É, entretanto, de meu ponto de vista, um filme memorável. Não pelo processo em si mesmo, mas por tudo o que se passa ao lado, nesta corte que acolhe a Corte, nos detalhes, nos gritos abafados de alguns africanos. Um antigo diretor (de escola), levado às barras da justiça, tem tantas coisas para reclamar que não lhe vem palavra alguma, de onde um francês concluiria que ele não tem nada a dizer. Muitas horas antes, um artista senoufo[43] tinha

---

[42] Carta de Tiago 5,12.
[43] NT.: Região da África.

ido diretamente ao microfone plantado no meio da praça de terra batida preparada assim para a realização do processo. Ele veio para falar. Fizeram com que se calasse. Ele falaria na sua vez, lhe dizem, quando lhe perguntarem. Ele insiste. Dizem-lhe para ficar quieto. Ele insiste ainda. Nada feito. Ele toma seu lugar, com má vontade, sobre uma cadeira de rodas sob uma tamargueira no fundo da corte. Ele fica meio esquecido, e o filme segue adiante, as testemunhas se enfileiram. Na casa ao lado, um homem morre; um casamento passa e atravessa a reunião da corte; dois (verdadeiros) advogados franceses se lançam nas defesas e nos contraditórios um pouco teatrais, mas bastante convincentes; a Corte está a ponto de retirar-se; o espectador suspende a respiração e, de repente, o artista esquecido começa a gritar, depois a cantar e a salmodiar, agitando caça-moscas. Ele se inflama, urra, relata e não há mais ninguém a não ser ele, e não podemos fazer outra coisa senão ficar aí com ele. Nada de legendas agora no filme, contrariamente a todo o tempo que precedeu, e, no entanto, nós que não falamos uma palavra de senoufo, compreendíamos tudo, não queríamos perder nenhuma de suas palavras, é um milagre esta voz enrouquecida do Sahel. Por fim, o continente fala, não se precisa mais de advogados vindos de outros lugares, nada de estatísticas, fora argumentação, é a verdade do vento, da areia, das vilas, das falas, da dança e da fome, dos arbustos retorcidos e das cabeças de gado, dos velhos, do estar juntos, das crianças natimortas e do deserto que avança, do visível e do invisível, do arroz nas gamelas e bolas de algodão nos caminhões, da honra e do ódio, da história que, com mundialização ou sem ela, se transmite, se deforma certamente, mas é dita e redita, é uma voz que não vos diz nada de explícito, mas que vos fecha o bico: o importante está na pessoa, seu meio ambiente, seu contexto. *Cultura de alta densidade contextual...*

Ao contrário, nas CBDC (Alemanha, Suíça, América do Norte...), a informação está claramente no *explícito* da mensagem. Portanto, as relações profissionais dependem menos do conhecimento profundo da cultura do país. Muitos ocidentais estão impregnados por uma "religião do verbo". Antes de tudo, é a mensagem que conta, o dito, o escrito, o aclarado, a transparência.

Muitos ocidentais, mas não todos! A ilusão de um Ocidente homogêneo aparece aqui claramente, quando nos damos conta, por exemplo, de que, entre os franceses e os americanos, a cultura explícita e a implícita não é de modo algum a mesma. Pascal Baudry explica, tendo por base a história, ou mais exatamente a brevidade da história do Estado americano, o fato de que, na vida profissional, os americanos têm um culto explícito (uma norma do explícito: "palavra igual coisa")[44] muito mais desenvolvido que os franceses: "Para poder assimilar em apenas dois séculos, num país tão extenso como a Europa, mais de 280 milhões de estrangeiros, onde muitos não dominam a língua, foi preciso estabelecer uma cultura em que uma pessoa possa fazer uma pergunta sobre algo que ela não sabe, sem ser julgada sobre o próprio fato de ter feito a pergunta e esperar receber uma resposta verdadeira, formulada no mesmo nível da questão posta, de modo a poder agir eficazmente logo a seguir". A cultura americana é binária, segundo Baudry, o americano sente-se bastante mal facilmente com as nuanças, enquanto que os franceses têm verdadeira mania com a *bondade* da ambiguidade e do nebuloso. "A norma francesa é implícita (...). Quando as coisas são excessivamente explícitas serão classificadas de ingênuas." Segundo as classificações de Hall, a cultura francesa seria CADC (o que fala supõe que o contexto supre o que ele vai deixar na sombra) e a cultura americana é CBDC (tudo está dito naquilo que é dito).

---

[44] Cf. P. BAUDRY, *Français & Americains, l'autre rive,* op. cit.

5. Não se fala a não ser falando? – A comunicação não verbal

Lembrando de um dia, no Brasil, do que eu pensava ser um "diálogo de surdos", recordo-me de ter sido colocado em meu lugar por uma pedagoga nordestina que tinha uma longa experiência de trabalho com deficientes auditivos. Para mim, "diálogo de surdos" queria dizer simplesmente que a comunicação não funcionava. Ora, dizia-me ela, se existem pessoas que se comunicam, estes são os surdos, não por seus signos sonoros sem os quais nós, ouvintes, ficamos perdidos, mas por um conjunto de códigos bastante aperfeiçoados e de uma grande eficácia.

Códigos não verbais

O caso da linguagem dos surdos é, evidentemente, bastante particular – é uma língua gestual que se pode aprender como se fosse uma língua estrangeira –, mas o uso de códigos não verbais de comunicação é um fenômeno há pouco universalmente aceito. Sabemos que, tanto nas CADC como nas CBDC, a linguagem não verbal é muitas vezes tão importante como a linguagem propriamente dita. Decorre disso que ela seria uma fonte de mal-entendidos? Nem de longe. Depois de uns quarenta anos, os pesquisadores procuraram comparar os fenômenos de comunicação não verbal de uma cultura com os de uma outra, especialmente os psicólogos americanos Paul Ekman e W. V Friesen, que mostraram que, um pouco por todos os lugares no mundo, sabemos reconhecer as expressões faciais que falam da cólera, do desgosto, da alegria, da felicidade, do medo, da tristeza, da surpresa e do desprezo.[45] Isto é assim tão evidente? Numa situação trágica, não é raro que

---

[45] Cf. P. EKMAN – W.V. FRIESEN – M. O'SULLIVAN – A. CHAN – I. DIACOYANNI-TARLATZIS – K. HEIDER – R. KRAUSE – W. A LECOMPTE – T. PITCAIRN – P. E. RICCI-BITTI – K. SCHERER – M. TOMITA – A. TZAVARAS. «Universal and

ali onde um europeu mostra uma fisionomia *devastada*, um asiático esboce o que chamaríamos de uma forma de sorriso enigmático que contém o mesmo sofrimento. Em todos os casos, temos todos a experiências de erros famosos de interpretação nas atitudes de uma cultura para outra.

O exemplo mais conhecido é até aquele da maneira como os indianos movem a cabeça da esquerda para direita e da direita para a esquerda, muitas vezes com um gesto na forma de um oito, para expressar seu acordo, isto é, da maneira como nós os franceses expressamos nosso "não". Um outro exemplo, apresentado por Fred Jandt:[46] a irritação de um instrutor americano no Irã (antes da chegada do Aiatolá Khomeini, certamente), que tinha a impressão de que seus estudantes não estavam por nada interessados em seu curso, uma vez que eles olhavam de modo passivo e não anotavam nada. Com base em sua experiência de ensino nos Estados Unidos, onde se espera, a respeito disso, que as aulas na sala se completem com algo escrito, ele considerava o fato de não anotar como uma maneira de comunicação não verbal, significando falta de interesse. O que ele ignorava é que os estudantes iranianos têm o hábito de ter cursos orais que não fazem outra coisa que repetir palavra por palavra o que já está no texto do curso, o que pode dispensar as anotações.

O silêncio e os gestos

Se a comunicação não verbal é intencional ou não, não vem ao caso, mas ela é sempre importante, de tal modo que os que trabalham num meio cultural diferente do seu de origem devem estar vigilantes quanto aos diferentes aspectos que ela pode assumir: o maior ou menor distanciamento físico dos interlocutores (a "proxêmica" desenvolvida por Edward Hall), os

---

cultural differences in the judgments of facial expressions of emotion". *Journal of Personality and Social Psychology,* 1987, 53 (4), p. 712-717.
[46] Em *An introduction to intercultural communication*, Sage Publications, 2006.

movimentos do corpo e especialmente das mãos (a gestualidade, a "cinestésica"), que podem até expressar sentimentos contrários de uma cultura para outra, a paralinguagem (os risos, as variações de intensidade da voz etc.), a significação dos modos de se vestir, de tocar, tudo o que é tema da semiótica (ciências dos signos e de suas significações) e até, e sobretudo, o silêncio.

O silêncio é, de um modo geral, no Ocidente, um signo de um grande vazio de comunicação, algo que nos assusta ou que demarca um mal-estar ou distração ("um anjo que passa"), uma falta de iniciativa de relaxamento, uma vez que ele é até mesmo valorizado em numerosas culturas, especialmente as asiáticas. Nestas culturas (China, Japão, Índia...), um silêncio pode expressar a aprovação ou uma respiração necessária, o que, para uma natureza europeia, que tem horror ao vazio, é difícil de ser compreendido. "As palavras que não dissemos são as flores do silêncio", afirma um lindo provérbio japonês, que podemos comparar com um provérbio árabe de que gosto muito e que deveria me fazer abreviar estas páginas: "Se o que tens a dizer não é melhor que o silêncio, então cala-te!".[47]

Na Índia, revelam N. C. Jain e A. Matukamalli, o silêncio é considerado como uma maneira de ser, um meio de se aproximar da verdade, de promover a harmonia, a cooperação.[48] É um sinal de respeito mútuo, de dignidade pessoal, de sabedoria. Um silêncio coletivo pode ser um sinal de protesto amplamente utilizado por Gandhi antes da independência. "O segredo da sabedoria asiática não nos surpreende, escreve Édith Sizoo em seu *Ce que les mots ne disent pas*: o silêncio é a melhor forma de comunica-

---

[47] Os judeus, lembra Suzanne Buckiet, às vezes dizem que o verdadeiro sentido da Torá está nos espaços, nos intervalos entre as palavras.
[48] Cf. N. C. JAIN – A. MATUKUMALLI (1996). *The functions of silence in India: Implications for intercultural communication research. Education in Asia*, 1996, 16(2-4), p.152-158. Trata-se de material publicado por ocasião do *2nd International East Meets West Conference in Cross-communication, Comparative Philosophy and Comparative Religion*, Long Beach, 1993.

ção, seguida pelos gestos; as palavras não ocupam senão um mero terceiro lugar."[49] Claro que todas estas observações se aplicam antes de tudo a uma Ásia da tradição que a do *business* e do crescimento exponencial; mas o enraizamento das profissões do mundo econômico nesta cultura do silêncio pode ser encontrado às vezes em seus comportamentos cotidianos, o que pode gerar incompreensões de nossa parte.

Quem fala a quem?

Por fim, o sociolinguista que lida com as dimensões culturais e sociais da linguagem nos ajuda a ir ainda mais longe na vigilância sobre os possíveis mal-entendidos na comunicação verbal e mesmo não verbal. O sociolinguista, como o lembra H. Ekkehard Wolff,[50] se interessa, especialmente, por questões de base do tipo: *quem fala a quem?* (é para mim que esta fala está sendo dirigida ou aos meus semelhantes? É para uma pessoa que falo, ou, por meio dela, a seu patrão, a seus compatriotas, a sua profissão?);[51] *onde e quando se fala?* (lugar e contexto sociocultural; provavelmente não se fala do mesmo modo "sobre a terra" com os agricultores que com os mesmos num escritório ou sala de aulas); *por que se fala*, qual o intuito com que a linguagem é utilizada? (função *pragmática*) etc. Acrescento aqui algumas outras questões: de que informações dispõem os interlocutores? Qual é o produto ou resultado obtido por meio de seu diálogo individual, de um intercâmbio de dados, de universos, de referências? E em que condições se efetua a tomada da palavra, o que foi feito, finalmente, para liberar a palavra para o outro?

---

[49] Cf. É. SIZOO, *Ce que les mots ne disent pas,* op. cit.
[50] Cf. H. EKKEHARD WOLFF, "La langue et la société". In Bernd HEINE – Derek NURSE (Eds.), *Les Langues africaines*. Paris: Éditions Karthala/AUI, 2004.
[51] Na Índia, por meio do canto da moagem que são entoados ao amanhecer nas casas de Maharashtra, acontece muitas vezes, como o mostrou Guy Poitevin e Hama Rairkar no *L'Idiot du Village mondial*. Paris: Éditions Charles Léopold Mayer, 2004, que as mulheres se voltam menos aos deuses e mais, em sua ausência, aos homens ou a suas sogras.

Uma vez que, do mesmo modo como proclamam os avisos em nossas passagens de níveis, um trem pode esconder um outro, um silêncio pode esconder uma palavra que está sendo pensada. Lembro-me a este respeito de um incidente que aconteceu por ocasião de uma sessão do seminário no *Sciences Po* sobre o campo de estudos intercultural. Convidara um amigo meu chinês e jornalista para compartilhar sua experiência de interculturalidade, depois de uma estudante chinesa, num intercâmbio interuniversitário, ter feito uma exposição sobre o modo como a China, segundo ela, via o mundo. Acontece que esta estudante havia trabalhado antes por dez anos no Ministério, em Pequim. Meu amigo jornalista, reagindo a alguns pontos de sua exposição, fez uma longa intervenção, por outro lado apaixonante, ao longo da qual ele não poupou suas palavras sobre o que ele pensava da política atual do regime chinês. E o debate se estabeleceu em seguida com a sala sem que a estudante abrisse a boca. Intrigado com o silêncio, e temendo que ela terminasse por perder o prestígio ou envergonhar-se, perguntei-lhe antes que a sessão terminasse se ela tinha uma opinião sobre o que se debatia. Ela então começou a refutar ponto por ponto, com uma argumentação perfeitamente elaborada tudo o que lhe dizia respeito da intervenção do jornalista. Foi na realidade brilhante, perfeitamente preparado, mas se eu não tivesse *forçado* a saída dela de seu silêncio, a cortesia a impediria até o fim de intervir.

6. O escrito e o oral têm o mesmo valor em todas as culturas?

Como na maior parte dos outros pontos do esquema de questionamento da cultura do outro que propusemos para elaborar este trabalho, não se trata aqui de apresentar um panorama de tudo o que existe de um lado ao outro do planeta, mas somente de chamar atenção para as falsas evidências que podem *povoar* nossas cabeças. Uma dentre elas, e não é a menor entre os franceses, é a da supremacia do escrito sobre todas as outras formas de expressão.

Em seu capítulo no *L'Idiot du Village mondial,* Guy Poitevin mostrou a força da tradição oral na Índia e, sobretudo, seu impacto. A multiplicidade de regimes de oralidade que são lembrados nestas páginas e que colocam o corpo humano para agir (canto, teatro, dança...) é o sinal de uma liberdade de criação, de uma potência do imaginário popular, de uma inventividade que somente, talvez, sua "não tecnologia" ou seu caráter de não escrito permite. Nada de limites externos para impedir a profusão da linguagem, da expressão, às vezes, do trágico e da espontaneidade. Quando sabemos que na Índia, apesar de uma Constituição bastante sofisticada, de uma legislação escrita até pletórica, o meio mais seguro para os grupos dos menos favorecidos confrontarem a dominação dos poderosos locais é o teatro de rua, com sua boa dose de humor e de ridicularização, então compreendemos o peso da oralidade nesta cultura. Na Europa e na América Latina, o Carnaval pôde e pode ainda cumprir este papel.

O escrito, uma garantia?

Os diferentes estatutos entre o oral e o escrito encontram-se também no universo dos negócios. Sabemos que os franceses e os americanos têm uma cultura marcada pelo escrito e que não têm senão uma tradição literária, mas também e até, sobretudo, têm uma atitude de desconfiança *a priori* na negociação. O escrito, o contrato, é um instrumento de proteção contra surpresas desagradáveis no futuro. É necessário ter fé, aconteça o que acontecer, e não há retorno sobre ele. Samuel Goldwin, presidente da Metro-Goldwyn Mayer, famoso por seu horror à literatura, o que seria exemplificado por um número impressionante de inépcias verbais, pronunciou, nos anos 1920, esta frase histórica, expressando sua desconfiança por tudo o que não fosse concluído por escrito: "Para mim, um contrato verbal não vale nem mesmo o papel sobre o qual ele está escrito!".[52]

---

[52] Essa citação foi tirada de um livro mais de divulgação, mas com uma grande riqueza de documentos e que não é negligenciável. Aconselho sua leitura a todos aqueles

Por outro lado, explica, por exemplo, Jean-Luc Azra,[53] um observador fino da vida no Japão e das relações interculturais, "a negociação à japonesa está embasada sobre a constituição de uma fidelidade, isto é, de um comprometimento mútuo a longo termo que não está estabelecido por escrito. [Os franceses] consideram que uma vez que as decisões foram tomadas, estas devem ser seladas por escrito, a fim de se evitar contestações ulteriores. Ao contrário, os japoneses consideram muitas vezes, em suas negociações com os franceses, que as decisões foram mal assumidas, que um consenso adequado não foi atingido e que as especificações consideradas são incompletas ou provisórias. Eles não se sentem envolvidos por decisões tomadas em reuniões, decisões que eles não podem, em seu sistema de pensamento, considerar como definitivas".

Sem dúvida, é importante para um ocidental estar atento a esta variedade de apreciações do valor do escrito. Entretanto, a globalização leva a uma uniformização progressiva dos procedimentos e dos hábitos comerciais, o que reduz cada vez mais as diferenças.

O sentido de uma assinatura

Em seu livro *Ce que les mots ne disent pas,* Édith Sizoo assinala, a propósito da experiência da "Plataforma para um mundo responsável e solidário", as dificuldades que se pode encontrar quando, num trabalho internacional, se pede às pessoas ou aos grupos que coloquem sua assinatura num texto que é suposto ser unificador.[54] Não é em todos os lugares do mundo, diz ela, "o meio mais evidente para levar a mover-se". Ela vê como prova

---

para quem as coisas da linguagem são apaixonantes. Cf. Claude GAGNIÈRE, *Pour tout l'or des mots.* Paris: Éditions Robert Laffont, 1996.
[53] Veja-se em especial sua nota em relação aos empresários japoneses sobre a tomada de decisão na França em: http://handai.ifrance.com/interculturel/prise-decision-azra.htm.
[54] Cf. É. SIZOO, *Ce que les mots ne disent pas,* op. cit.

a proposta de muitos dos tradutores do documento. O tradutor senegalês pensa que, "na sociedade peule, um texto pode ser assinado sem que tenha um valor reconhecido, por exemplo, como o Código da Família, onde uma declaração verbal de um chefe tradicional ou de um líder de opinião pode ser aplicada a todos os membros da sociedade". Para o tradutor grego, "a palavra, enquanto promessa ou opção de venda ou de compromisso sobre a honra diante de uma testemunha, tem o mesmo valor que o escrito". O tradutor malaio indica que, "na Malásia, a lei reconhece os casamentos mesmo se eles não são ratificados por um texto assinado. [Mesmo sem o escrito], a esposa pode (...) exigir os bens ou uma pensão alimentícia de seu marido. E se uma moça pode apresentar provas suficientes num júri de que um homem prometeu esposá-la e depois negou, ela pode requerer ser indenizada".

A oralidade africana

A força do oral pode ser encontrada também na tradição africana, e isto explica, em parte, os modos de funcionamento das parcerias africanas na vida profissional, especialmente no cuidado com perda do tempo necessário e o recurso à repetição. No *L'Enfant Peul,* Amadou Hampaté testemunha: "A memória das pessoas de minha geração e, de um modo mais amplo, da tradição oral que não podiam contar com a escrita é de uma fidelidade e de uma precisão quase prodigiosa. Desde criança, somos treinados para observar, para olhar, para escutar tão bem que todos os eventos se inscreviam em nossa memória como numa cera virgem (...). Para descrever uma cena, não tinha fazer outra coisa que revivê-la; e se um relato me fosse feito por outrem, não era só o conteúdo da narrativa que minha memória registrava, mas toda a cena: altura do narrador, suas roupas, seus gestos, suas mímicas, o ambiente rústico (...). Quando se recupera um evento, o filme gravado se desenrola desde o início até o fim, em sua totalidade. É por isso que é difícil para um africano de minha geração resumir. Conta-se a totalidade ou não se conta nada. Não nos cansamos jamais de escutar e de reescutar a mesma história! A repetição para nós não é um defeito".[55]

Assim, de uma cultura para outra, o escrito e o oral não têm a mesma função, as mesmas complementariedades. O estatuto da própria palavra varia, seja no caso da palavra dada ou da função da palavra: verdade, sinceridade, cortesia, estratégia, esquiva...

* * *

Enquanto buscava algumas pesquisas que alimentaram as páginas precedentes, Martin Vielajus levava adiante, por sua vez, na esfera do IRG (*Institut de recherche et débat sur le gouvernance*), uma pesquisa sobre as palavras da governança, na qual ele mostrava, por sua vez, a distância que as separam em seu sentido de uma cultura para outra, mas também, e especialmente, a exploração que muitas vezes é feita pelas instituições do vago e das ambiguidades de suas definições. Esta pesquisa pareceu-me especialmente útil para complementar a minha, e decidimos enriquecer o presente livro com o capítulo que segue. Muitas passagens deste capítulo vão, por outro lado, bem além da simples questão das palavras. Elas exemplificam e completam muitos aspectos do esquema de questionamento que foi apresentado de início neste livro, tais como a relação com o poder, o tempo e a tradição.

---

[55] Cf. A. HAMPATÉ, *L'Enfant Peul.* Paris: Éditions J'ai lu, 2000.

9

TRÊS TERMOS DO DISCURSO POLÍTICO INTERNACIONAL POSTOS À PROVA PELA ANÁLISE INTERCULTURAL
"Democracia", "Sociedade Civil" e "Cidadania"

Martin Vielajus

A fim de completar e exemplificar o capítulo precedente, voltamo-nos aqui para algumas palavras da linguagem política. Trata-se de apresentar o exercício da análise intercultural, não como um "simples suplemento secundário" na periferia dos verdadeiros temas do diálogo político, mas como um elemento fundamental, constitutivo deste diálogo.

A recomposição geopolítica que se seguiu à queda do Muro de Berlim, o nível de complexidade alcançado pelas sociedades, as interdependências ligadas à globalização fizeram emergir, ou melhor, reemergir, o conceito equívoco da "comunidade internacional". Se o fenômeno da mundialização econômica e financeira faz nascer um modelo de produção e de trocas específico, a mundialização "política" parece estar igualmente a caminho, como vimos no primeiro capítulo deste livro. Isto acontece, especialmente, pela formação progressiva de um modelo político "universal", fundamentado sobre a concepção ocidental de uma democracia representativa.

Berço desse modelo político, a Europa e a América do Norte construíram uma linguagem política bem específica, hoje grandemente espalhada pelas organizações internacionais na formação de seus programas e de suas políticas. Como analisar esta linguagem, deconstrui-la, assinalar seus impasses e suas instrumentalizações semânticas? É o objetivo das páginas que vêm a seguir, em que nos voltaremos especialmente sobre três conceitos ambíguos, três "talismãs" do discurso político internacional cujos contornos estão sem cessar sendo remanejados: "democracia", "cidadania" e "sociedade civil".

1. Democracia: os desafios das traduções

Com apenas algumas nuances fonéticas, o termo *democracia* é idêntico em francês, italiano, castelhano, inglês e em quase todas as línguas europeias e norte-americanas. A origem e a construção etimológica permitem a todas estas línguas colocar de um modo relativamente claro um núcleo de compreensão comum para uma tal noção, que repousa antes de tudo sobre o princípio do "governo de todos" e da separação dos poderes. Mas a questão da tradução e da interpretação do termo se coloca desde então quando se sai da esfera ocidental e se realiza então um desafio fundamental de "arranjos linguísticos" aos quais tem recorrido um grande número de países não europeus.

Instabilidades semânticas

Traduzir a palavra democracia remete a diversos desafios. O primeiro é o da prática, bastante espalhada, do "empréstimo", da fotocópia fonética de um termo cujo equivalente na língua local não é encontrável. *Demokrasi, dimokalasi, ladimukrasi*, a maior parte das línguas africanas e norte-africanas tem assim recorrido a estas reprises adaptadas do termo ocidental. Como esta abordagem linguística exterior foi assimilada? Como chegou a designar um conceito ao mesmo tempo estável e reconhecido por todos? E mais, uma vez resgatada a equivalência do termo na língua local, continua ainda a questão das nuances de sua interpretação. Como o termo é usado na linguagem popular? A que outras noções o termos estaria associado? Que ensinamentos podemos tirar destas interpretações bem específicas da noção de democracia nas línguas locais?

Os taxistas togoleses fizeram da "democracia" um conceito muito deles. Como relata A. Avokpo, em 1996, o desrespeito pelo código de trânsito está às soltas em Togo, em nome da "liberdade democrática".[1] Do mesmo modo, assim que um agente de polícia do Togo decide *verbalizar* um trecho de mão única, uma vez que não há sinalização alguma indicando, este sustenta muitas vezes que a bandeira foi "rasgada pela democracia". Tráfico ilegal de gasolina e outras atividades informais no centro das cidades togolesas se amparam também elas, desde os anos 1990, nesta justificação nova da democratização para legitimar suas ações. Colegiais e estudantes universitários do Togo veem ainda na democracia uma porta aberta para certo laxismo. O jornal *Forum Hebdo* nos conta isto em setembro de 1991: "O colegial ou o universitário escolhe no momento as aulas que ele quer assistir. Por mais exigentes que as normas escolares sejam".[2]

Esses exemplos anedóticos colocados no centro de um período de transição política no Togo mostram muito bem a dificuldade de se conceber de maneira estável um conceito importado. Bem distante da filosofia política ocidental, a "democracia" expressa no momento desta pesquisa uma situação bem concreta do Togo: a saída provisória do presidente Eyadema.[3] Este uso derivado do termo é um primeiro exemplo de sua mobilidade semântica. Ele é também o resultado, observável em grande número de países da África, de uma profunda desconexão entre a linguagem popular e as palavras do político "moderno". Nestes países, o essencial do debate político se utiliza assim do francês, enquanto que a grande parte do corpo social fala o wolof, o puular, o bambara, o mandingo etc. A questão é então saber como se pode estabelecer uma comunicação verdadeiramente

---

[1] Cf. A. AVOKPO, «Accidents de circulation: arrêter le massacre». Em *Le Combat du peuple*, 1996, 82, p. 6 (16-20 de setembro).
[2] Cf. K. D. ROMUALD, «La démocratie à Lomé dans l'univers scolaire». *Forum Hebdo,* 57.
[3] Cf. Comi M. TOULABOR, «Les mots sont fatigués, ou la désillusion démocratique au Togo». *Revue politique africaine*, n° 64, dezembro de 1996.

eficaz entre os governantes e os governados numa língua que estes últimos praticam pouco ou mal.

Assim que o espaço político se abre e que as populações começam a abordar as problemáticas políticas de um modo novo, é desse jeito, no mais das vezes com uma importação fonética dos termos, que progressivamente aparecem nos jornais e se popularizam. O termo "democracia", do mesmo modo que "Constituição" ou "Estado de Direito", não tem deste modo equivalentes diretos outros que as perífrases das línguas locais togolesas. Eles são importados sem nenhuma adaptação, deixando assim às populações o cuidado de delimitar em torno desses termos novos um campo semântico bem especial.

A evolução da noção na República Democrática do Congo seguiu um caminho bem próximo deste. André-Marcel d'Ans, voltou-se para o modo como as populações zairenses definiam o termo ao longo dos anos 1990.[4] Uma vez mais, trata-se de uma fotocópia fonética do termo francês nas línguas cibula, swahili ou kikongo e de uma interpretação do conceito diretamente ligado aos eventos e a um contexto político bem especial. Em 1992, a palavra "ditadura" se encarnou no presidente Mobutu, enquanto que a palavra "democracia" foi associada a Étienne Tshisekedi, primeiro-ministro eleito para a *Conferência nacional soberana*, o qual detinha uma grande parte da legitimidade popular. O termo foi então colocado no centro de uma bipolarização da cena política e personificado pelo rival do presidente Mobutu. A falta de uma influência direta da palavra na linguagem local lhe permitiu assim esta grande flexibilidade semântica e esta adaptabilidade ao contexto bem específico do país. Do mesmo modo como no Togo, a pesquisa apresentou igualmente a dimensão "anárquica" que é dada a este

---

[4] Cf. André-Marcel D'ANS, *Langage et politique, les mots de la démocratie dans les pays du sud de l'espace francophone*. Paris: Éditions Cirelfa, Agence de coopération culturelle et technique, diff. Didier Érudition, 1995, 329 p.

conceito por uma grande parte da população. Dentre as diversas fórmulas muitas vezes coletadas para o estudo, aparece "A democracia nos permite fazer e fazer de tudo" ou ainda "A democracia é a liberdade dos loucos". Estes exemplos nos ajudam a conceber o conceito, não mais como uma aspiração universal, que encontra automaticamente seu lugar no imaginário político das populações, mas antes aparece como uma noção distante e nebulosa que progressivamente vai sendo integrada na gramática política nacional.[5]

O caso do universo linguístico do mundo árabe, e mais especificamente da Algéria, permite também observar o caminho desconcertante de um termo importado. Foudil Cheriguan, professor da Universidade de Alger, examina assim a tradução do termo para as três principais línguas do país: o árabe, o bérbere e o francês. O árabe conhece muito bem a tradução fonética e literal do conceito, *dimuqratiya*, mas os contornos conceituais são ainda movediços. Por outro lado, as mais frequentes equivalências não remetem na realidade senão a uma parte de sua definição, por meio de palavras como *djemâa*, referindo mais que tudo à noção de Assembleia ou de associação; *choura*, designando o processo de consulta; ou ainda expressões tais como *ray el-djami*, que F. Cheriguan traduziu por "aviso geral da coletividade". O bérbere ele também integra, a partir de uma equivalência bastante próxima na língua local *tugdut*, em empréstimo fonético do francês: *ladimukrasi*. Interessante é a tradução geralmente apresentada por movimentos islamitas da região onde a própria palavra "democracia" não parece ter um equivalente direto. Na realidade, o termo se confunde mui-

---

[5] Não se trata aqui de questionar a capacidade de os Estados africanos operarem uma verdadeira transição democrática. Inúmeras instituições tradicionais da África Ocidental têm por base as formas de participação popular que permitiriam fornecer à democracia moderna raízes profundas e uma legitimidade verdadeira. O desafio que levantamos aqui é claramente antes de tudo o da "evidência linguística" que supõe um empréstimo de um termo de uma língua do exterior.

tas vezes com o de "laicidade", por meio da noção islâmica de impiedade. À margem desta interpretação bem específica da palavra, notamos que o islã, em seu todo, tem dificuldade em reconhecer uma tradução verdadeira da palavra democracia, podendo encontrar sua legitimação no Alcorão, e aproxima assim muitas vezes o termo ao de *choura*, este mesmo evocado nas Escrituras.

Um último exemplo, o de Madagascar. Sempre apresentados sob a forma de empréstimo fonético (*demokrasia*), o caso malgaxe permite-nos a aproximação de um outro desafio essencial neste debate das palavras: o da própria concepção do regime democrático associado ao termo. O termo *demokrasia* está, com efeito, no discurso político malgaxe, ainda que muitas vezes associado ao de *fihavanana,* noção que evoca uma situação de harmonia perfeita na sociedade. A *demokrasia* é, por outro lado, quase que intercambiável pela palavra *sosialisma*, evocando ambos este ideal de harmonia no todo da população.[6] Esta indicação linguística permite entrever uma concepção de democracia não majoritária, tal como o pressupõe o modelo ocidental, muito mais "unanimista". A noção científica de maioridade representativa é, a propósito, quase que inexistente na língua. Do mesmo modo como ocorre na tradição do ocidente africano,[7] a autoridade não pode ser obtida senão buscando relacionar-se com uma adesão unânime. A maioria deve assim buscar convencer a minoria por força do *ka bary*, do palavrório. Não se trata de hoje em dia reproduzir em escala nacional, tais e quais, os dinamismos do consenso que funcionam onde puderam funcionar, isto é, em base bem local, mas de questionar a evidência universal de um sistema de representação majoritário. O perigo fundamental

---

[6] Exemplo citado por André-Marcel d'Ans. Cf. A.-M D'ANS, *Langage et politique, les mots de la démocratie dans les pays du sud de l'espace francophone,* op. cit.
[7] Este ponto será lembrado mais adiante, especialmente por meio de Ousmane Sy, no que tange à legitimidade das democracias formais da África Ocidental.

de um déficit de legitimidade desta democracia formal é, com efeito, o desvinculamento de uma parte da população que pensa que não estaria sendo representada politicamente e a exacerbação de revoltas identitárias. As palavras não são estranhas a este risco.

2. A noção de sociedade civil de uma cultura para outra: entre a incompreensão e a instrumentalização

Um outro termo largamente utilizado, usado e instrumentalizado hoje em dia no discurso político: o termo *sociedade civil*. Elaborado para ajudar tanto no seio das correntes de pensamento neoliberais, como nos movimentos marxistas, convocado como *agente central* de novas práticas de governança e de cooperação para a maior parte das instituições internacionais, este conceito engloba uma multiplicidade de sentidos e de níveis de compreensão que chegam às vezes a ser contraditórios. No *La Glaive et le fléau,* Dominique Colas faz um diagnóstico bastante severo: "Tornou-se uma etiqueta de todos os tipos de mercadorias ou, às vezes, até mesmo um marca do vazio, 'sociedade civil' forma um lugar comum onde as comodidades de uma palavra de *passe* permitem que se fale sem saber o que se diz, o que evita se disputar muito".[8] E, portanto, forçoso é constatar que o poder simbólico da noção não está marcado por este fluxo original.

Ao considerarmos um pouco mais de perto as ambiguidades de uma tal noção, não se trata de somente levantar o véu sobre a existência de distanciamentos formais entre as diversas dimensões do conceito, mas também de compreender como este fluxo intercultural pode ser admitido a serviço de estratégias de legitimação do poder.

Novo condicionante dos fornecedores de fundos, pilastras das políticas da "boa governança", novo interlocutor da comunidade internacional,

---

[8] Cf. D. COLAS, *La Glaive et le fléau. Généalogie du fanatisme et de la société civile.* Paris: Éditions Grasset, 1992, p. 44.

a "sociedade civil" está colocada hoje no centro do jogo político dos países do Sul, sem que tenhamos forçosamente consciência do caráter culturalmente marcado da noção e dos mal-entendidos que tal exportação possa engendrar. Logo que a Comissão Europeia propôs, em 2000, os acordos de Cotonou,[9] oferecendo às sociedades civis um lugar importante nas políticas de cooperação, que tipo de sociedade civil estava em questão? A Comissão mesma é capaz de definir seus limites, em contextos políticos e culturais tão distanciados de suas próprias referências? Sua própria concepção de sociedade civil se inscreve na linha de uma história bem específica do pensamento ocidental.

Com efeito, a distinção entre sociedade civil e Estado não está inscrita na origem do conceito. O termo aparece de início nos escritos de Tomás de Aquino, de Pufendorf, de Hobbes ou de Locke como oposto ao "estado natural". Ele designa então, de maneira geral, a apresentação do contrato social, de uma organização política e, especialmente, de um Estado. O distanciamento progressivo destas duas noções foi teorizado por meio do eixo da corrente do pensamento neoliberal e formalizado pelos escritos de Tocqueville. A sociedade civil é então concebida como um campo de associações "autônomas" e "formadas voluntariamente", agindo na esfera pública enquanto intermediárias entre o Estado e a esfera privada. Mas a história ocidental vai mais longe nesta "autonomização" da sociedade civil. Um elemento predominante na concepção ocidental moderna da noção, e este especialmente no fim da era comunista, é sua função anunciada de "contestação" diante do Estado. A afirmação deste novo papel foi especialmente formulada por J. F. Bayart em ocasião desta apresentação do conceito: "A sociedade civil não existe senão se ela estiver consciente de sua existência e de sua oposição ao Estado". Esta função de contestação se inscreve principalmente na linha dos movimentos de libertação da Europa do Leste no fim dos anos 1980, ao longo dos quais

---

[9] NT.: O *Acordo de Cotonou*, em 2000, foi um amplo acordo com diversas dimensões entre países da África, do Caribe e alguns países do Pacífico e da União Europeia.

as forças civis puderam afirmar-se por sua oposição ao poder estatal autoritário. Uma dinâmica similar foi observada num bom número de regimes autoritários da África, no seio dos quais as organizações da sociedade civil se posicionaram colocando em questão o poder público. A sociedade civil então, concebida como uma estrutura de poder alternativo, paralelo ao Estado, busca agilizar uma nova legitimidade. Estas definições, que fundamentam a concepção moderna de sociedade civil no Ocidente, ensejam a presença de uma série de distinções que estão na origem de muitas das incompreensões e de distanciamentos interculturais: distinção entre público e privado, entre Estado e sociedade, entre indivíduo moderno e comunidade tradicional. A sociedade civil, tal como nós a entendemos na Europa, distingue-se, por um lado, da esfera estatal e, do outro, da esfera do puramente privado, familiar e de vínculos da comunidade local. Como a África, a Ásia, a América do Sul se situam em relação a uma tal concepção?

A frágil fronteira entre o público e o privado

A primeira distinção é bastante frágil em muitos desses países: a fronteira entre o público e o privado, a esquizofrenia herdada de Rousseau entre o indivíduo público e o indivíduo privado, entre *Les Confessions* de um homem e *Le Contract social* de um cidadão. Segundo os fundamentos da sociedade ocidental, o indivíduo determina sua participação na ação coletiva de modo autônomo. Ele é fruto da emergência de uma classe média urbanizada, separada dos vínculos de solidariedade tradicionais, tal como a veem emergir a Europa e os Estados Unidos a partir do século XVIII. Faz parte desta *society of strangers* de que falava Adam Smith, na qual cada um é levado a buscar os interesses individuais e a determinar-se de modo independente. A sociedade civil aparece assim como o fruto dessa escolha livre e desse envolvimento individual. Pelo lado oposto, a predominância, em um bom número de países, de vínculos de solidariedade tradicionais significativos invalida esta concepção.

Num estudo sobre a situação de uma "sociedade civil" usbequistanesa e tadgiquistanesa, Sabine Freizer lembra a existência de uma concepção radicalmente diferente que ela qualifica de "comunitária".[10] Enquanto que a visão clássica repousa sobre os valores do indivíduo autônomo e sobre a propriedade privada, e rejeita de fato a intervenção de todo vínculo de hereditariedade ou de proximidade na formação de uma sociedade civil, a visão "comunitária" remete a uma perspectiva mais ampla, na qual a sociedade civil é antes de tudo definida como um conjunto de atividades coletivas, informais, que colocam em contato os indivíduos, gerando a confiança mútua e facilitando um intercâmbio de visões sobre os assuntos do debate público. O elemento determinante da estruturação das sociedades "civis" usbequistanesas e tadgiquistanesas é especialmente a instituição do *avlod*, que designa os vínculos estendidos da família patriarcal. A formação de uma "sociedade civil" não pode ser concebida de um modo totalmente independente destas formas de solidariedade tradicionais, senão com o risco de perder toda e qualquer forma de legitimidade.

Um outro exemplo da forma do vínculo comunitário na estruturação e legitimação de uma sociedade civil é o do papel dos "chefes de clãs" em Uganda, analisado por Mikael Karlstöm.[11] A construção de um sistema político durante o período pré-colonial tinha por base a existência desses clãs como instrumentos de articulação entre a população e a monarquia. A Federação dos "chefes de clãs" permanecia então como uma das melhores representações das aspirações populares e detinha a este título uma importância não desprezível. Mencionemos, por fim, Bangladesh e a vitalidade

---

[10] Cf. S. FREIZER, "Central Asian fragmented civil society – Communal and neoliberal forms in Tadjikistan and Uzbekistan". In M. GLASIUS – H. SECKINELGIN (Eds.), *Exploring civil society, political and cultural context*. London: Routledge, 2004.
[11] Cf. M. KARLSTÖM, "Civil Society and Its Presuppositions: Lessons from Uganda". In J. L. COMAROFF – J. CAMAROFF (Eds.), *Civil society and the political imagination in Africa: Critical perspectives*. Chicago: University Chicago Press, 1999, p. 267-307.

impressionante de uma forma de sociedade civil que também podemos classificar de "comunitária", os *Palli Mangal Samitis*, comunidades de solidariedade das vilas com um papel ativo na construção e na solicitação de bens públicos para as populações locais.[12] Seriam estes mecanismos das sociedades tradicionais inconciliáveis com as formas de cooperação exteriores mais funcionais que caracterizam a noção ocidental de sociedade civil? É esta questão que, especialmente, busca responder o relatório do *Ministério francês para assuntos estrangeiros*, estabelecido sobre a base da análise das "sociedades civis" de três países da África: Morrocos, Camarões e Gana.[13] Segundo o relatório, a passagem de uma para outra forma de sociedade civil é relativamente fluida. "A horizontalidade das relações sociais (...) não é em nada contraditória à persistência muitas vezes no seio de uma mesma organização, de estruturas verticais e de modos de funcionamento patrimoniais (...). Certas formas de associações tradicionais podem investir com sucesso nas estratégias bastante modernas de acesso ao espaço público." Se o relatório pode parecer um tanto quanto superficial e otimista quanto à possível convergência e colaboração destes diferentes agentes, ele comporta em si, em todo o caso, o mérito de reconhecer uma forma específica de "sociedade civil" bem distanciada do imaginário ocidental e de sublinhar a importância fundamental do que deva ser conservado nestes países.

O lugar da religião na sociedade civil

Colocar a questão do público e do privado, do indivíduo moderno diante dos vínculos tradicionais, é igualmente colocar a questão da religião

---

[12] Cf. David LEWIS, "'Old' and 'new' civil society in Bangladesh". In M. GLASIUS – H. SECKINELGIN, (Eds.), *Exploring civil society, political and cultural context*, op. cit.
[13] Cf. René OTAYEK (Ed.), *Les sociétés civiles au Sud, un état des lieux dans trois pays de la ZSP: Cameroun, Ghana, Maroc*. Paris: Direction générale de la coopération internationale et du développement, 2004.

e de seu lugar no seio do conceito da sociedade civil. Os movimentos religiosos são, com efeito, os lugares essenciais da criação de solidariedades específicas e, às vezes, de debates entre seus membros.

A própria conotação da "sociedade civil" em francês nos informa em primeiro lugar sobre o lugar deixado à religião neste conceito. O termo "civil" caracteriza, a propósito, no vocabulário francês, a dimensão não religiosa de uma sociedade (o "casamento civil", o "habito civil" são todas expressões que remetem o termo a seu caráter laico e às vezes até antirreligioso). De um modo geral, o deslocamento progressivo da religião para a esfera do campo privado no Ocidente opõe de maneira radical a sociedade civil ao movimento religioso.

Um rápido passeio nas paragens dos países com forte tradição muçulmana permite, entretanto, questionar esta distinção formal e repensar esta perspectiva arreligiosa da sociedade civil, diante da força e da influência dos movimentos muçulmanos nos países árabes. A ordem político-religiosa provinda do islã liga uma comunidade de fiéis a seu chefe por meio de um contrato "de ordem divina". Este chefe, cuja legitimidade brota de seu vínculo genealógico com o Profeta e seus califas, tem a função precípua de proteção da dimensão religiosa da sociedade. A religião muçulmana pode ser considerada como exercendo o papel de estabilidade e de unidade diante do poder político, excluindo de fato toda a veleidade da constituição de um espaço autônomo.[14] A ordem político-religiosa que brota do islã rege de maneira mais ou menos onipresente o conjunto das relações societárias e deixa pouco espaço, e mesmo nenhum espaço, para uma verdadeira forma de "contestação" civil, no sentido que damos nós. O quadro da *sharia* simboliza assim esta imbricação das esferas políticas e religiosas.

No cruzamento dessas esferas desenha-se o perfil de uma sociedade civil específica, no qual pode-se apreender a ação de diversas organizações tais como a *Freternidade muçulmana*, de movimento reformistas tais como

---

[14] Cf. Hamid EL AMOURI, «Les sociétés civiles au Maghreb ou le bon usage de la Modernité". *Revue Eurorient*, n. 1, 1997.

os *Izalas* do Níger ou, ainda, "guildas" muçulmanas de trabalhadores agindo na constituição de um quadro ético comum. Todos esses grupos têm, cada um a seu modo, um papel preponderante na elaboração e às vezes na ativação de uma política social, educativa, cultural em seus países, e reivindicam para si os preceitos do islã. A sociedade civil define-se então menos enquanto um elemento autônomo diante do poder do Estado (como o supõe a concepção ocidental do termo) e mais como uma forma de instituição paralela, proporcionando às populações os serviços sociais vitais e regulando uma parte das atividades sociais.[15] Recusar conceber a existência de uma forma em particular de sociedade civil no cruzamento dessas esferas políticas e religiosas leva, assim, a ignorar a natureza mesma da sociedade muçulmana. O perigo está, evidentemente, em concluir de um modo fácil demais, desta imbricação de esferas, a ausência de uma verdadeira força civil fora do Estado. E. Gellner está assim envolvido com a tarefa de apresentar o princípio segundo o qual a sociedade muçulmana, tal como ela se define, não tem a capacidade de produzir instituições ou associações contra o poder e de introduzir assim uma forma de pluralismo democrático. Na realidade, antes da colonização dos oásis magrebianos, o poder do *caïd* estava contrabalanceado pelo do imã e do marabout. Não foi senão na versão moderna dos Estados Árabes que este contrapeso aparece como muito enfraquecido. O exemplo do Egito fala com clareza sobre este domínio, o célebre Mufti d'El Aazhar é diretamente nomeado pelo presidente Moubarak, fazendo do mesmo um funcionário do Estado. A religião muçulmana checa assim as categorias estreitas da linguagem política ocidental e nos empurra para uma grande prudência no que diz respeito ao pressuposto universal de nossas concepções políticas.

---

[15] Cf. Andrew APTER, "IBB = 419: Nigerian Democracy and the Politics of Illusion". In J. L. COMAROFF – J. CAMAROFF (Eds.), *Civil society and the political imagination in Africa,* op. cit., p. 267-307.

A sociedade civil diante do Estado

Esse último exemplo nos leva a questionar uma outra dimensão fundamental do conceito de sociedade civil forjado pelo Ocidente, isto é, a posição de autonomia e de contestação diante do poder estatal. Inúmeras revoluções democráticas modernas são apresentadas por uma parte da mídia como o fruto da mobilização da sociedade civil, nacional ou internacional. A queda do presidente Milosevic em 2000, do regime da Geórgia em 2003, a "Revolução Laranja" da Ucrânia em 2004 são alguns dos eventos nos quais a "sociedade civil" parece ter exercido um papel preponderante, tanto como contestação do poder na situação como de promoção de uma nova legitimidade. Ou este duplo ideal da autonomia e da contestação, no âmbito mesmo da legitimidade da noção de sociedade civil, dificilmente funciona em algumas tradições políticas e culturais distanciadas do imaginário ocidental. A existência de "relações incestuosas" entre Estado e sociedade civil questiona seriamente os princípios de Tocqueville de "liberdade de associação" e de "autonomia" da sociedade civil. Claro que existem em países ocidentais vínculos evidentes entre os agentes da sociedade civil e seu Estado. Inúmeras organizações não governamentais financiam uma grande parte de suas atividades com subvenções públicas. Mas elas reivindicam igualmente uma autonomia na tomada de decisão. O desafio é traçar o limite de uma verdadeira dependência política diante do Estado e o tipo de engasgamento que existe entre a sociedade civil e a esfera estatal. Este nó de caroço pode ser encontrado em formas bem específicas nas sociedades asiáticas, sul-americanas e africanas e revelam, na realidade, diversos tipos de Estado.

Uma sociedade civil nascida do Estado

Um primeiro limite ao ideal de uma sociedade civil autônoma se delineia por meio do centralismo estatal de uma grande parte dos países da Ásia, especialmente as regiões amplamente influenciadas pela tradição neoconfucionista como a China e o Japão. A sociedade civil aparece então mais ou menos como uma filha do Estado, uma vez que as associações ali são muitas vezes criadas e controladas pelo Estado, e uma das traduções mais visíveis deste fenômeno seria a presença frequente de membros da família do detentor do poder à frente destes organismos. Timothy Brook e Michael Frolic apresentam assim a sociedade civil chinesa como uma esfera colocada sob a tutela do Estado, utilizando as ONGs como o *ponto de contato* da coordenação da atividade nos diferentes setores de sua economia, mas também como meios novos para atrair fundos privados.[16] A concepção de uma força política alternativa militando por mais direitos e liberdades e para uma limitação do poder do Estado é bem frágil diante do que Michael Frolic chama de uma forma de *"state-led civil society"*:[17] o Estado se esforça para criar de todos os modos possíveis centenas de organizações destinadas a drenar os financiamentos novos de alguns setores. Testemunha isto claramente a realização da associação *Project Hope* no domínio da Educação, que atraiu ao longo dos últimos anos importantes fundos da parte de capitalistas internacionais. O governo assim se arroga uma função de legitimação dessas organizações, exigindo em contrapartida uma parceria disciplinada de sua parte.

A existência de uma tutela estatal sobre todos os agentes da sociedade civil chinesa deve, portanto, ser relativizada. A análise de Jude Howell aclara, com efeito, a multiplicação das organizações não governamentais que, depois da metade dos anos 1990, especialmente no domínio da luta contra a AIDS, o estatuto do imigrante, ou o estatuto das mulheres, tentaram pouco a pouco libertar da tutela do Estado.[18] Este movimento é um corolário de uma revolução dos governantes locais no sentido de uma maior tolerância diante daquilo que eles definem como "terceiro setor".

---

[16] Cf. B. THIMOTHY – M. FROLIC. *Civil society in China*. Armonk: M. E. Sharpe, 1997.
[17] "Sociedade civil dirigida pelo Estado".
[18] Cf. J. HOWELL, "Seizing spaces challenging marginalization and claiming voice: new trends in civil society in China". In M. GLASIUS – H. SECKINELGIN (Eds.), *Exploring civil society, political and cultural context*, op. cit.

Uma análise bastante próxima desta pode ser feita em relação à sociedade civil/Estado no Japão. A lógica societária deste país está centrada em torno da autoridade do Estado, do *jÿake* – termo que designava originalmente a Moradia do Imperador e, de maneira mais ampla, a noção de "esfera pública". O Estado aparece então como uma entidade surgida dela mesma e capaz de se autolegitimar. O vínculo estreito entre o mundo dos negócios e o Estado permite apresentar um discurso comum sobre o bem público e enseja a existência de uma esfera pública autônoma muito problemática. Deste contexto, uma das características da sociedade civil japonesa é seu aspecto historicamente integrado ao sistema estatal e relativamente submisso à sua tutela. Com efeito, desde o início do século XX, o Estado japonês põe em ação medidas de reorganização burocrática da vida associativa local, a fim de colocá-la sob sua tutela e de centralizar sua normatização. A colocação sob a tutela do Estado da maior parte dos movimentos sindicais exemplifica muito bem esta dependência das associações "autônomas" da burocracia estatal. Um traço contemporâneo desta "relação incestuosa" entre a sociedade civil e o Estado japonês continua – sobretudo até os anos 1990 – até na definição mesma do quadro legal das organizações não governamentais. Franck Schwartz e Susan Pharr descrevem assim um sistema no qual o Estado tem o poder de propor para as organizações um quadro de regulamentos, lhe assegurar a legitimidade e lhe permitir receber fundos do exterior necessários à sua sobrevivência.[19] Uma distinção ainda assim existe no âmbito da sociedade civil japonesa entre as ONGs "incorporadas" ou *hôjin* e as ONGs "não incorporadas" ou *nin'i dantai*. Esta prática é questionada hoje pela modificação recente do Código Civil. As leis relativas ao reconhecimento oficial das ONGs pelo Estado japonês se *flexibilizaram*, com efeito, grandemente a partir de 1998. Elas permitem assim a apresentação de um novo tipo de relação entre as ONGs e o poder estatal.

---

[19] Cf. F. SCHWARTZ – S. PHARR. *State of Civil Society in Japan.* Cambridge: Cambridge University Press, 2003.

As dificuldades de análise que apresentam estes dois tipos de sistemas, isto é, o chinês e o japonês, residem antes de tudo no fato de que eles parecem corresponder, para um politólogo ocidental, a formas de "corporativismo do Estado" próximo do dos regimes totalitários. O obstáculo intercultural se situa, portanto, na necessidade de *apreender* uma outra relação entre o Estado e a sociedade na qual o "contrato social" é antes de tudo destinado a permitir ao Estado se autolegitimar enquanto muralha contra a desordem interior e protetor da civilização.

Esse exemplo ilustra, portanto, igualmente o perigo que pode induzir uma análise excessivamente "culturalista" de um modelo "cultural" de Estado forte no qual a sociedade civil não encontraria senão um lugar de intermediário do poder. Esse modelo encontra, é verdade, suas raízes nas culturas políticas diversas (da ocidental) e aparece como um elemento essencial de compreensão do papel dos agentes não estatais dessas regiões. Ele (o exemplo) não deve, portanto, mascarar as evoluções às quais chegam progressivamente dos Estados e a uma maior ou menor adaptação da qual eles são provas dos movimentos de abertura e de "pluralização" política.

A questão que fica, portanto, posta muitas vezes é a da independência das organizações não governamentais quando estas são em grande parte financiadas pelos próprios governos nacionais. No seio de governos autoritários, tais como o governo iraniano, esta dependência financeira é fundamental para se compreender a própria ação da sociedade civil. O testemunho da senhora Amiri, responsável por uma ONG em Teerã, é esclarecedor neste sentido. O sistema nacional de reconhecimento das ONGs está, com efeito, fundamentado sobre um princípio de registro junto ao Ministério da Defesa, permitindo assim estabelecer-se uma tutela legal sobre essas organizações. A maior parte do orçamento dessas organizações provém, por outro lado, do governo iraniano, garantindo igualmente uma tutela financeira e condenando de fato toda independência de ação da sociedade civil nacional.

Uma sociedade civil que socorre o Estado

A mistura entre a esfera pública e a esfera privada da sociedade civil pode igualmente ser o fruto da fraca distinção dos agentes que compõem uma e outra esfera e de suas ambições. Os países do Magreb são disso um bom exemplo. A cristalização de forças sociais em torno da criação de um Estado independente enseja a centralização forte das elites em torno de um projeto estatal e permite muito progressivamente a criação de um campo intelectual verdadeiramente autônomo em relação ao Estado. A análise de Myriam Catusse ilustra bem essa mistura que persiste no cenário público marroquino entre os agentes da sociedade civil e os da vida pública.[20] As associações de cidadãos, as federações de trabalhadores formam-se assim na forma de partidos políticos (testemunha disso é o movimento *Forças cidadãs* de A. Lahjouji), enquanto que as personalidades políticas tais como O. Azziman navegam entre os postos de responsabilidades dentro do próprio Estado e dentro das ONGs.

Essa relação incestuosa entre a esfera estatal e a sociedade civil, então, aparece como um instrumento de uma estratégia voltada para a esfera política, para as lutas políticas pelo poder e leva as autoridades a buscarem uma nova forma de legitimidade "popular". O mito de uma sociedade civil informal e espontânea se inscreve na ilusão da democratização do poder. Ela se apresenta assim como uma forma alternativa de representação democrática, marcada por um discurso de moralização da vida política em proveito de uma lógica mais consensual. O "prestígio talismânico" da sociedade civil permite então socorrer um sistema político em crise, mas também, de certa maneira, assegurar, paradoxalmente, sua estabilidade. Esta análise um tanto severa do estatuto da sociedade civil como instrumento de estratégia

---

[20] Cf. Myriam CATUSSE, "Le charme discret de la société civile. Ressort politiques de la formation d'un groupe dans le Maroc ajusté". *Revue internationale de politique comparée*, n° 2, 2002, p. 297-318.

política se encontra especialmente na proposta de Myriam Catusse, segundo a qual "o poder repousa parcialmente sobre uma maquinaria de produção de ilusão, da qual a sociedade civil seria uma de suas últimas criações".

3. O mito do cidadão moderno

Um terceiro exemplo permite medir os entendimentos e os mal-entendimentos interculturais que podem ser produzidos sobre o termo central do discurso político contemporâneo, que é o do conceito de cidadania. Se existem noções que encarnam por si mesmas projetos da sociedade, a palavra "cidadão" é exatamente uma destas. Para além de sua simples dimensão jurídica e institucional, a cidadania aparece bem e bonita hoje como um elemento central do discurso político nacional e internacional. Marx já apresentava o conceito como "a grande ilusão da modernidade política". Símbolo da modernidade política sem dúvida alguma. A força deste conceito deve-se antes de tudo ao fato de que ele delineia um processo, uma figura completa, um "fato gerador" segundo as palavras de Joseph-Yvon Thériault.[21] Não se trata de um simples conceito político, mas, mais amplamente, de uma modalidade particular de integração social, um modo de estar juntos, fundado no postulado da existência do indivíduo autônomo, político, do qual estariam ausentes todas as formas de interesse privados.

Na França, 1789 foi o momento-chave de irrupção desse conceito no campo político. O "cidadão" foi o símbolo do novo projeto político trazido pela Revolução e consagrou a instalação de uma nova relação entre o indivíduo e o Estado. O universalismo ocidental aloca assim sua noção no coração de seu combate político, e o século XX vê sua internacionalização progressiva. O termo, de mais a mais, é empregado pelas Constituições ou pelos textos oficiais dos governos nacionais, emergindo assim nas regiões

---

[21] Cf. J.-Y. THÉRIAULT, «La citoyenneté, entre normativité et factualité». *Sociologie et Sociétés*, vol. XXI, n. 2, automne 1999.

onde a tradição política e cultural parecia bem distanciada dos ideais que moldaram o Ocidente.

Assim, podemos ler hoje na Declaração da Cúpula Árabe de Túnis, sobre o processo de reforma e de modernização no mundo árabe, que os Estados se comprometem "em consolidar a participação de todas as categorias sociais na vida pública, consagrando os fundamentos da cidadania no mundo árabe". O mesmo vemos no preâmbulo da Constituição atual do Senegal, que afirma que "o respeito pelas liberdades fundamentais e os direitos do cidadão são como que a base da sociedade senegalesa". Mas de que cidadão se trata? Como ele se enraíza na tradição política e cultural desse país? As compreensões e os mal-entendidos interculturais da noção se situam, na realidade, em diversos níveis: o da pertença ao "grupo" nacional, a uma comunidade de cidadãos, explícita na aceitação ocidental primeira da noção; o da capacidade dos indivíduos em influir sobre o espaço público com a questão do vínculo entre cidadania e democracia, noção em que vimos acima tanto sua amplitude como sua nebulosidade intercultural; e, por fim, o nível dos valores mais ou menos individuais da noção mesmo de cidadão.

Desafios da tradução: a cidadania, valor ou privilégio?

Quando se examina o sentido da palavra "cidadania" ao longo do tempo e das diversas gamas de culturas, apercebemo-nos que existe uma tensão fundamental entre o ideal de uma cidadania como "valor universal" e o ideal de uma cidadania como "privilégio" excludente e identitário.

O primeiro exemplo desta tensão é o de *deslize* semântico que encontramos na maior parte dos países ocidentais, desde a noção de "cidadão" como habitante da cidade e associado a um partido para tomada de decisão pública até a de um cidadão pertencente a uma entidade política mais abstrata. O conceito emerge especialmente na filosofia de Aristóteles, que designa assim o indivíduo que exerce uma responsabilidade política no âmbito da *polis*, a cidade grega. Do mesmo modo, a etimologia latina do termo cidadão, *civis*, remete diretamente à noção de *civitas*, a cidade, a vila. A maior parte das línguas ocidentais possui esta etimologia comum: *citizenship, ciudadanía, cidadania, cittadinanza...* Este vínculo entre cidadão e cidade continua presente mais tarde no pensamento político ao longo de toda a Idade Média. A cidadania então é reservada a uma pequena parte da população e se constitui num privilégio do homem livre, que paga os impostos, e assim levado a exercer uma responsabilidade política. O Ocidente não fará saltar a noção de cidadania para fora dos muros da cidade senão com o advento da era "moderna" e com a emergência do pensamento universalista e racionalista encarnado especialmente nos movimentos da Luzes.

Longe dos muros da cidade grega e das ideias de Rousseau e de Condorcet, a história chinesa conhece uma revolução bastante similar. Em seu artigo *The origins of moderns citizenship in China*, Peter Harris apresenta uma análise das diferentes traduções do termo cidadania e mostra o desafio mais ou menos impregnado de território de identidade chinesa ou de um projeto político mais universal em cada uma dessas expressões.[22]

Shimin, Guomin, Gongmin: a evolução da linguagem política chinesa

A marca da cidade, do território local na definição de cidadania, pode ser exemplificada, antes de tudo, pelo termo "*shimin*": pessoa que vive na cidade, tendo um peso social e político que lhe permite ocupar uma função pública ("*Shi*" designando normalmente "cidade" e "*min*" podendo ser traduzido de modo aproximativo por "o povo"). Este termo se democratiza no início do século XX para aplicar-se a todos os habitantes das cidades. Isso terá depois uma conotação particular por ocasião dos eventos de Tiananmen. As forças contestatárias apelam pelo apoio do "*shimin*" em seu combate pela igualdade e liberdade.

---

[22] Cf. P. HARRIS, "The origins of modern citizenship in China". *Asia Pacific Viewpoint,* vol. 43, n. 2, août 2002, p. 181.

Esse emprego tende a extrapolar a noção de cidadão de sua ancoragem urbana, mas não consegue por enquanto assimilar toda população chinesa. Ele designa ainda uma parte bem específica da população aferrada a privilégios das classes urbanas e mais educadas.

O termo *"guomin"*, igualmente traduzido muitas vezes pela palavra "cidadão", está mais diretamente ligado à noção de Estado e, às vezes, até mesmo à de "nação" (*"guo"* designando geralmente Estado). Seu emprego, especialmente por Sun Yat-Sem depois da fundação da República, deve ser relacionado com a vontade do novo presidente de fazer nascer um sentido comum de nacionalismo chinês. Ele busca assim cristalizar, em torno do ideal de uma cidadania chinesa, a existência de uma identidade comum. A identidade concebida, portanto, de maneira multiétnica e multicultural. A emergência do termo é claramente marcada pela necessidade de manter a unidade dos povos do Império Chinês diante da ameaça direta dos impérios colonialistas.

Diante desses dois termos que tendem cada um, de um modo mais ou menos definido, a situar os limites da comunidade política, existe ainda um terceiro termo mais abstrato, amplamente assumido pelo *discurso* político de Mao Tsé-Tung, para designar o cidadão: *gongmin* (*gong* se relaciona à noção de "público", mas também à de "justo"); ele remete, portanto, no discurso de Mao, bem menos à pertença a uma comunidade política definida, cidade ou Estado, e muito mais a um ideal universal de uma comunidade "justa".

O pressuposto democrático da cidadania

A noção de cidadania rima com a de democracia? Uma resposta rápida e superficial dos manuais franceses de história teria a tendência de responder afirmativamente, como o faz Sophie Hasquenoph, que "a cidadania está estreitamente vinculada à democracia, opondo os cidadãos livres de um Estado aos sujeitos submissos à autoridade onipotente de um monarca".²³ Entretanto, o uso prático do termo ao longo da história e dentro de culturas políticas muito diversas pode contradizer amplamente esta visão simples da noção.

A propósito, como lembra Peter Riesenberg, "a cidadania é hoje de tal modo impregnada de noções de participação individual e de *self-government* que nós a ambicionamos ou vemos automaticamente como um elemento intrínseco da sociedade democrática. Na realidade, por meio da maior parte da história, ela foi considerada como um mecanismo de discriminação e de recompensa, e foi compatível com todas as formas de governo".²⁴ Charles Tilly insiste do mesmo modo sobre o uso intenso do termo cidadania nos regimes ditatoriais como o do Mussolini, Franco, e mesmo totalitários como o de Hitler.²⁵ Por sua vez, Michael Mann identifica cinco tipos diferentes de cidadania, uma só entre elas remete aos princípios da democracia liberal ocidental. O vínculo espontâneo entre a afirmação da cidadania e o processo de democratização ao qual frequentemente recorre o discurso político deve ser, pois, posto em questão. A afirmação da existência de um "estatuto" do cidadão não é suficiente para determinar verdadeiramente "a atitude" do indivíduo diante do poder. Por trás do estatuto se esconde, portanto, mais uma vez, o perigo de alguma forma de instrumentalização política.

Muwatin: *o cidadão diante do poder no mundo árabe*

No mundo árabe, a palavra "cidadão", mostrada no texto da maior parte das Constituições dos Estados árabes, é já em si mesma um abuso da

---

[23] Cf. S. HASQUENOPH, *Initiation à la citoyenneté, de l'Antiquité à nos jours*. Paris: Ellipses Editions Marketing, 2000.
[24] Cf. P. RIESENBERG, *Citizenship in the Western Tradition*. Chapel Hill: University of North Carolina Press, 1992.
[25] Cf. Ch. TILLY, "The emergence of citizenship in France and elsewhere". *International Review of Social History* 40, 1995.

linguagem. Com efeito, o termo *muwatim* – tradução normal da palavra "cidadão" – reveste-se, segundo Hicham Bem Abbdallah El Alaoui, "de uma conotação inteiramente diferente, tanto que ela designa sujeitos políticos cuja subordinação ao Estado é adquirida (...) e para quem a liberdade é ao mesmo tempo outorgada e provisória".[26] O termo *muwatim* parece estar mais próximo da noção de sujeito que da de cidadão e marca assim a relação de dependência e de submissão do indivíduo especialmente diante do chefe do Estado, uma relação cuja tradução ultrapassa ela mesma a esfera política para remeter muitas vezes à ideia de "pai da nação". O papel do fator religioso na maioria desses tipos de relação de autoridade deve ser levado, evidentemente, em conta. A integração em muitos regimes da região entre o poder político e o religioso, reforçando por definição a dimensão transcendental da autoridade, pode ter tido por efeito a solidificação das estruturas de dependência. Como conceber neste contexto a universalidade de uma "cidadania política" desenvolvida pelo pensamento ocidental?

Não se trata, por isso, de concluir este rápido exercício de tradução, considerando a cultura política e religiosa do mundo árabe como imprópria para a aplicação de uma forma de cidadania democrática. O Alcorão e a *Sunna* evocam, com efeito, como o lembra H. Ben Abbdallah El Alaoui, princípios bastante compatíveis com a cidadania moderna. A necessidade de um debate e de uma consulta à comunidade é confirmada, por exemplo, por meio da noção de *shura*, interpretada pelo movimento Salafia, composto por juristas muçulmanos modernos, como a afirmação pela palavra religiosa da necessidade de se efetivar um sistema de eleições e de parlamentos. Não é, portanto, por meio do esvaziamento dos valores religiosos inscritos no coração da tradição política de países de maioria muçulmana que se poderá definir o conceito moderno de cidadania. Trata-se, antes, de se fundamentar sobre certos valores fundamentais intrínsecos ao Islã,

---

[26] Cf. H. BEN ABBDALLAH EL ALAOUI, "Être citoyen dans le monde arabe". *Le Monde Diplomatique*, julho de 1995.

valores claramente associados à justiça e à igualdade; de compreender a concepção da comunidade à qual eles remetem para ser capaz de entrever, por trás da palavra anteparo, as especificidades de uma concepção moderna de cidadania na região.

A cidadania formal diante das realidades sociais africanas

Do mesmo modo, um olhar superficial sobre a "apropriação" do conceito de cidadania na África e de sua aplicação política pode levar muitas vezes à constatação de uma incompatibilidade entre cidadania democrática e os valores africanos. Bertrand Badie fala assim, a este respeito, de uma espécie de "fracasso do enxerto".[27] Entretanto, analisar a cidadania somente com o prisma ocidental não permite compreender os verdadeiros desafios de uma forma específica de governança na África.

Um primeiro nível de constatação a ser observado é a inadequação dos mecanismos institucionais e eleitorais herdados da colonização, que excluem a grande maioria da população que não fala a língua oficial do país e não reconhecem a legitimidade dessas instituições. De um modo mais fundamental ainda, o sistema de voto majoritário como modo de decisão pública é ambíguo e às vezes pouco compreendido. Como isso foi lembrado mais acima (especialmente a propósito do colóquio "Tradição--Modernidade", de Bamako, em 2007), o papel do consenso como modo de decisão pública e de regulação (solução) dos conflitos é fundamental na maior parte das sociedades africanas. O processo de deliberação coletiva, o papel central da "palavra",[28] especialmente no nível das assembleias das vilas, exemplifica um modo de normatização específica que mal se enquadra

---

[27] Cf. B. BADIE, *L'État importé: essai sur l'occidentalisation de l'ordre politique.* Paris: Éditions Fayard, 1992.
[28] NT: Este termo deve ser contextualizado; trata-se do uso exaustivo da discussão, por meio da participação de todos e da repetição, até o total esgotamento das possibilidades.

com o princípio seco do voto com uma cédula secreta. À luz da discussão extensa, cada morador da vila se expressa a fim de que o chefe possa arbitrar e encontrar os meios necessários para que cada um se reconheça. A lei da maioria é de fato pouco compreendida, uma vez que os mecanismos de gestão das relações fazem prevalecer muito mais o consenso que o voto. Uma das consequências dessa forma de incompreensão, ou, pelo menos, de inadequação do voto majoritário, é a recusa das populações que acabam por ficar em minoria eleitoral de se submeter às regras e aos líderes políticos aos quais eles não aderem. Agindo assim, essas populações deslegitimam seu estatuto formal de cidadão e se voltam imediatamente às formas de solidariedade e de alianças comunitárias, mais tradicionais. Esse tipo de alianças muitas vezes está ligado mais a critérios étnicos, e exacerbam-se assim, geralmente, os conflitos políticos internos.

Não se trata de idealizar um modo de regulação especificamente africano ou de proclamar a incompatibilidade de um modelo de cidadania democrática na tradição política africana, mas antes de trazer à luz o perigo de uma imposição formal de sistema e de práticas institucionais ocidentais na região.

O último questionamento diz respeito ao valor democrático do conceito de cidadania de um continente ao outro: e *quanto* ao ideal de um "indivíduo-cidadão" cuja expressão seria autônoma e cujo peso seria o mesmo de todos?

O mito do indivíduo-cidadão

A Declaração da Independência americana bem como a Declaração dos Direitos do Homem de 1789 apresentam uma visão liberal da sociedade e colocam no centro de seu sistema político a noção de "indivíduo-cidadão", consagrando, assim ao mesmo tempo, os valores mais fundamentais da modernidade ocidental. Esta noção implica, na realidade, dois princípios amplamente problemáticos, quando eles são transcritos para tradições culturais e políticas diferentes das do Ocidente. Logo de início, ela supõe a existência de uma mediação direta e natural entre o indivíduo e o Estado, e uma livre-determinação deste indivíduo em relação aos grupos nos quais ele está integrado. E mais, ela supõe a igualdade de voz individual de cada cidadão diante do Estado e o reconhecimento desta igualdade pela sociedade.

O mundo árabe-muçulmano apresenta um exemplo estonteante desse questionamento do estatuto individual do cidadão. O indivíduo é menos um sujeito "autônomo" que seria dotado de direitos inalienáveis e de responsabilidades, que lhe são incumbidas enquanto pessoa distinta das redes sociais que uma pessoa "fundida" nas relações de parentesco e comunitárias. Essa análise, apresentada especialmente por Joseph Suad, tem duas aplicações concretas no campo político.[29] Na Constituição da maior parte dos Estados árabes, a unidade de base é a família. Estes Estados têm, com efeito, integrado os processos familiares na dinâmica estatal e se constituíram sobre a base de estruturas familiares ou tribais, especialmente em países como a Jordânia,[30] o Líbano,[31] mas também a Arábia Saudita, o Iêmem e todos os países do Golfo. A família representa então um elemento pré-político sobre o qual se constitui *a priori* o Estado. Os vínculos e as redes familiares são de fato impregnados e imbricados no sistema político, de tal modo que a terminologia familial pode servir para justificar a liderança dos responsáveis políticos. Não se trata, portanto, de afirmar que uma forte estrutura familiar seja suficiente para impedir a emergência da cidadania

---

[29] Cf. J. SUAD, *Femme et citoyenneté dans le monde arabe*. http://www.mediterraneas.org/IMG/pdf/genderf.pdf.

[30] Cf. Abla AMAWI, "Gender and citizenship in Jordan". In Joseph SUAD (Ed.), *Gender and citizenship in the Middle East*. Syracuse: Syracuse University Press, 2000, p. 158-184.

[31] Cf. J. SUAD, "Civil myths, citizenship and gender in Lebanon". In Joseph SUAD (Ed.), *Gender and citizenship in the Middle East*. Syracuse: Syracuse University Press, 2000, p. 107-136.

democrática, mas de compreender, como nos lembra H. Ben Abbdallah El Alaoui,[32] "em que medida uma estrutura particular de dependência (...) pode contribuir para retardar o desenvolvimento político do mundo árabe" e desafiar as concepções ocidentais modernas de cidadania.

Além do mais, ainda que as formas mesmas dessa unidade familiar variem grandemente segundo as tradições políticas nacionais, a constante parece ser o princípio do patriarcado. O cidadão árabe é muitas vezes visualizado como o patriarca, o chefe de família em que ele mesmo representa a unidade da base de uma comunidade. Essa concepção implica necessariamente uma forma de masculinização da cidadania e levanta de maneira bastante problemática a questão do estatuto da mulher.[33] Essa concepção patriarcal assimila o estatuto das mulheres ao das crianças, restringindo de fato sua liberdade e seu papel político, e colocando em questão o princípio de uma voz igual e autônoma de todo e qualquer cidadão.[34]

A inscrição do indivíduo na unidade familiar não é compreendida senão por meio da segunda unidade de base à qual se refere o sistema político em sua definição de cidadania: a do grupo religioso. O grupo religioso ou a comunidade religiosa intervém também ele como elemento político sobre o qual o Estado árabe construiu sua cidadania. Na prática, inúmeros Estados árabes fizeram assim da pertença religiosa uma espécie de pré-requisito para a cidadania e legalizaram uma realidade social. A dupla inscrição do indivíduo na unidade familiar e na

---

[32] Cf. H. BEN ABBDALLAH EL ALAOUI, "Être citoyen dans le monde arabe". *Le Monde Diplomatique,* julho de 1995.

[33] É interessante constatar quanto a este ponto que as pesquisas sobre a noção de cidadania no interior do mundo árabe se concentram em sua grande maioria sobre esta questão da mulher e encontram-se assim classificadas muitas vezes sob o domínio de *estudos de gênero.*

[34] Esta questão do estatuto do gênero e da idade encontra-se amplamente exposta no contexto da África Oriental e foi lembrada anteriormente por Michel Sauquet, por meio da apresentação do material de Ousmane Sy. Aqui retoma, especialmente, com a dificuldade de valorizar do mesmo modo a participação eleitoral de um jovem (e, *a fortiori,* de uma jovem) e a de um ancião.

religiosa determina assim, amplamente, seu estatuto diante da cidadania, muitas vezes bem distanciada do modelo de cidadão proclamado nas constituições oficiais destes mesmos Estados.

Os diversos níveis de fidelidade cidadã: o caso colombiano

Um outro questionamento da visão ocidental do indivíduo-cidadão, igual e autônomo pode ser exemplificado por meio do caso da América Latina e, particularmente, do caso da Colômbia. Ali se apresenta uma forma diferente de comunidade "mediadora" entre o indivíduo e o Estado, que desempenha um papel bastante determinante na definição de uma ou até mesmo de diversas formas de cidadanias nacionais. Ingrid Bolivar, estudiosa do *Centro de Investigación y de Educación Popular* (CINEP) de Bogotá, tendo em mente as relações entre o cidadão e o Estado colombiano, insiste, a propósito, no fato de que "o Estado não é o agente central da legitimação política. Este deve agora conviver com as redes de poderes alternativos que regem, no nível regional, uma grande parte dos domínios públicos". Além disso, o Estado colombiano deve fazer frente a distanciamentos culturais e étnicos dentro do âmbito mesmo da população; separações muitas vezes ligadas a diferenças de nível social e de modos de vida. O discurso estatal de reconhecimento de uma cidadania colombiana "una e indivisível", instrumento de coesão nacional, tal como se apresenta no imaginário ocidental, mascara uma realidade bem diversa. Os indivíduos se definem antes de tudo em função de sua cultura local, de sua região de origem, de sua rede familiar e profissional, e as formas de alianças cidadãs fundamentais se traduzem ao nível desses grupos específicos. A consciência de um projeto nacional comum a todo e qualquer indivíduo que poderia vincular-se de maneira autônoma já vai mal pela simples constatação de que não existe uma, mas sim diversas cidadanias bem diferentes entre as diversas regiões da Colômbia. Mais que uma simples diferença de natureza, Ingrid Bolivar apresenta as formas de competição e de hierarquia que estruturam essa concepção colombiana da cidadania. O cidadão de Bogotá ou de Medellin, urbanizado, geralmente mais bem-educado, é capaz de estabelecer uma forma de aliança mais direta e mais autônoma com o Estado. O camponês das regiões do sul da Colômbia, quanto a ele, está inscrito numa rede de alianças bem mais complexa. Sua relação com o "Estado" é de fato mais indireta e até concebida de um modo coletivo, por meio de grupos que o enquadram.

Todos esses exemplos mostram à vontade como conceitos aparentemente simples para nossos olhos de ocidentais têm um conteúdo bem diferente de uma cultura para outra e podem facilmente servir de vitrine a realidades nacionais bem diversas. As palavras não são neutras. Estas palavras do poder, por suas distorções, por sua nebulosidade, às vezes, vêm, na realidade, em auxílio de variedades más de poder e da falta de legitimidade dos diversos sistemas de governança.

CONCLUSÃO

Saber-ser, saber-fazer

Michel Sauquet

Sempre há um risco, quando se trabalha no campo intercultural, de insistir demais sobre as diferenças, e nunca o suficiente sobre o que une. Espero, pelo menos, ter dado uma imagem nuanceada destas diferenças e, se me for permitido dizer, uma imagem diversificada da diversidade. Não é, como frequentemente foi observado, uma assunto de pura geografia. A diversidade é também questão de idade, de gênero, de situação socioprofissional.

Espero, sobretudo, não ter dado uma imagem negativa desta diversidade. Com efeito, trata-se menos de constatar a diferença com inquietude, e mais de considerá-la como um dado que nos pode ajudar a agir de modo mais pertinente e enriquecer os métodos. Não é, devo dizer, tirar vantagem. A um engenheiro que retornava à sua pátria depois de muitos anos de trabalho na China e que fora convidado para um seminário no *Sciences Po,* um estudante perguntou em que esta experiência havia transformado em sua prática profissional, o que ele tinha aprendido: "Saber como negociar com os chineses", respondeu ele. Mas, ainda, insistia o estudante, em vossa maneira de trabalhar? "Saber o que deve ser evitado com os chineses se quisermos importar mercadorias". Mas, destes chineses, os quais o senhor diz gostarem de nossos métodos de trabalho, o senhor aprendeu o que em vossa vida profissional, quando o senhor trabalhou na França e em outros países? "Nada, na realidade".

A diferença pode nos enriquecer, profundamente, eu acredito; ela pode igualmente nos ajudar a melhor nos conhecer, a descobrir em nós aspectos que ignoramos. Com o olhar sobre o outro, nós estamos, para retomar a fórmula de Martine Laffon, "em flagrante delito de sermos nós mesmos"; por outro lado, sempre interiormente divididos, atravessados por contradições culturais, imagem em nós da diversidade do mundo, mestiços mais do que nós podemos imaginar. Meu colega Raí Isar, de origem indiana, costumava brincar com a sonoridade das palavras anglo-saxônicas sugerindo que a palavra *roots* (raízes) não deveria estar dissociada de "routes", estes itinerários da vida que, de fato, multiplicam progressivamente nossas raízes e nos impedem de pensar sobre nós como se fôssemos de origem e de referência únicas.

Ao longo de três anos de seminários sobre os desafios da comunicação intercultural que precederam a redação deste livro, muitas vezes insisti com os estudantes sobre três princípios, talvez um pouco militantes, mas que me parecem essenciais.

Primeiro princípio: *a tomada de consciência a partir do umbilicalismo natural que temos em nós, ocidentais ou não ocidentais.*

Segundo princípio: *o primado do saber-ser sobre o saber-fazer.* O saber-fazer permite resolver os problemas práticos, mas não coloca em questão a relação. O saber-ser é uma atitude, uma compreensão do outro, uma prudência, uma curiosidade e um respeito sem o qual as culturas não podem encontrar-se. E o papel do saber-ser não pode ser para passar a saber-fazer.[35] Ele vai muito além.

Terceiro princípio: *a dúvida*, a aptidão de deixar-se colocar em questão e, dito de um modo mais trivial, deixar-se "expor ao inesperado". Devo dizer que a redação deste livro, com todas as pesquisas de que ela necessitou, fez de mim um regador regado, duvidando mesmo da pertinência de tal empreendimento e, antes de tudo, de minha legitimidade a me arriscar a isso.[36]

---

[35] Segundo a expressão de Chen Lichuan.
[36] NT.: Numa expressão mais popular: foi buscar lã e voltou tosquiado.

Por exemplo, voltei-me ao longo de minhas pesquisas para o perturbador paradoxo: sendo ocidental, eu critico abertamente – e de um modo às vezes até moralizante – a falta de respeito de muitos ocidentais em vista dos valores do outro e sua propensão a impor suas próprias visões e seus próprios métodos aos quatro cantos do mundo. Mas esta crítica se melindra, pelo menos pela Ásia, diante de uma realidade que até parece esquecida: numerosas culturas estão *sedentas*[37] dessa abordagem externa e até tomam iniciativas neste sentido. O Japão é bem conhecido por ter progressivamente absorvido a cultura chinesa e depois a europeia, e por fim a americana. A China não assimilou, quanto a ela mesma, o budismo nascido na Índia, a cultura turca, mongol, russa e depois, no fim do século XX, o capitalismo e a tecnologia americanos ao ponto de alguns como Hesna Cailliau, diversas vezes citada aqui, não duvidarem em comparar como sendo uma era Meiji[38] o período atual da abertura da China? E o que dizer da Índia que, não tocando significativamente no sistema de castas, absorveu dos ingleses a língua e sua democracia parlamentar! A Ásia atual é ela o Continente das culturas impostas ou o da "digestão" cultural? Nós sabemos até que, se na França a palavra "imitar" tem a conotação negativa de "copiar", ela se traduz por "aprender" nas línguas do Japão e da China...

Enfim, uma última dúvida: a importância dada por este livro para a profissão do cooperador não tem ela antes a ver com uma espécie em vias de extinção que com uma realidade social significativa? A administração francesa, por exemplo, diminuiu ao longo de quinze ou vinte anos o número de cooperadores em uma quinzena; as ONGs do Norte enviam menos voluntários para o Sul que no passado, uma vez que elas privilegiam cada vez mais – e elas não estão erradas – a assunção dos postos de trabalho

---

[37] NT.: *Demandeuses* (reclamantes, requerentes, queixosas...), termo um tanto vago. Parece que a ideia seria a de que as culturas não devessem solicitar esta "invasão".
[38] NT.: Era Meiji (do Imperador japonês Meiji,1852-1912) foi um tempo de grandes mudanças no Japão, com a superação do feudalismo e a entrada do país no modelo moderno de Estado.

(nos países) pela mão de obra local. Lembrar o trabalho destes profissionais em 2007 seria então destituído de sentido? Pode até não ser, na medida em que ele representa um caso-exemplo no qual se encontram muitos aspectos da relação cultural que sabemos igualmente estarem presentes nas profissões do comércio, das empresas, da diplomacia, da pesquisa.

* * *

Então, o que vai ficar de tudo isto? Uma lista de questões e até uma proposição mestra. As questões, propus 50. Elas estão no anexo que vem a seguir e resumem os pontos-chaves dos diversos capítulos. Trata-se de uma esquema de análise? Isso seria até um tanto pretensioso.

Trata-se de uma espécie de *check-list* que pode ser percorrida rapidamente pelos futuros profissionais do campo internacional chamados a trabalharem por algum tempo ou por longas estadias em universos culturais que não os seus de origem. Sem dúvida pode ser. Esta lista tem por objetivo motivar para ir além do primeiro choque cultural e dos elementos "de superfície". De qualquer modo, destes elementos precisamos de alguma explicação num primeiro momento (códigos de comunicação e de estilo de vida no cotidiano, o verbal, o não verbal etc., comportamentos profissionais locais elementares). A ideia aqui é demarcar aquilo que, culturalmente, está na fonte destes códigos e de seus comportamentos. Trata-se do tipo de questões que não seria bom esquecer de fazer, ou ao qual seria bom, de tempo em tempo, voltar, ao longo dos meses e dos anos quando se está imerso numa nova cultura. Uma espécie de reação à curiosidade e de vigilância, sobretudo, sem partir do princípio de que "tudo é diferença", mas permanecendo vigilante sobre o que a ignorância das diferenças pode engendrar em termos de pertinência no trabalho e na vida no lugar. Um instrumento da *intercultural awareness*.

Mas, mais que um esquema, penso que seria preferível falar de elementos de uma matriz. As cinquenta questões representam as linhas, mas seria prudente imaginar também algumas colunas. É, a propósito, impossível buscar responder a estas questões de um modo global, país por país. A relação de trabalho, o peso da religião, a relação como a ideia de progresso, o controle social podem variar de um modo muito amplo, dependendo das categorias sociais que se considera. Todas estas questões são, portanto, para serem declinadas de um modo bem diferenciado: por categoria social numa área geográfica cultural dada, por tipo de profissão, por país ou área cultural, mas jamais sem deixar de levar em conta as diferenças do universo social.

Enfim, não se deve esquecer de perguntar quais são as prioridades da cultura em questão, no modo mesmo de se colocar estas questões: quais são, para os africanos, para os chineses, para os indianos os pontos mais importantes de tropeço ou de encontro nesta lista que, além do mais, é proposta por um francês. A hierarquização diz respeito, sem dúvida, à concepção ética, aos valores do que é importante e do que não é, a importância dada ao fato de dialogar entre as culturas.

CINQUENTA QUESTÕES

No contato com um outro universo cultural

Questões relacionadas à tradição, à história e à religião

1. Qual é a influência da tradição e da história nas relações cotidianas e nos modos de pensar do outro?

2. Que conflitos, que negociações e que complementariedades existem entre a tradição e a modernidade nesta área cultural?

3. O que do "eu" e do "nós" é privilegiado na cultura local? Qual é a importância da tradição do coletivo ou do individual entre nossos interlocutores?

4. Que relação podemos estabelecer no país entre a identidade privada e a identidade social?

5. Existe entre nós uma *retaguarda* histórica (do tipo pós-colonial) que possa explicar algumas de nossas respectivas reações?

6. Qual é o peso das religiões e das espiritualidades na vida profissional e social do país? Culturas do sagrado ou culturas secularizadas?

7. Qual é o lugar oficial da religião no país? Estado laico ou religião do Estado?

8. De que reservas ou precauções religiosas ou espirituais os agentes econômicos e sociais se cercam em sua vida profissional?

Questões relacionadas à natureza

9. Quais são as cosmogonias ou visões de mundo que servem de referência para nossos interlocutores?

10. O ser humano é considerado aqui como o senhor ou como parte integrante na natureza? Postura de dominação ou de simbiose?

11. Como estes fatores explicam neste lugar a atitude frente ao meio ambiente, às práticas ambientais e aos modos de gestão do bem comum?

12. Existem aqui relações específicas com a terra e com o espaço? Que referências culturais ou religiosas podem influir no manejo do espaço?

13. As concepções das relações entre o homem e a natureza evoluíram no país com as questões das ameaças ao meio ambiente?

Perguntas relativas às questões linguísticas nas relações interculturais

14. Qual é a parcela intraduzível entre nossas línguas? Uma palavra passa a ser considerada traduzida uma vez que foi traduzida? Quais as diferenças nos campos semânticos?

15. Como não equivalências lexicais traduzem não equivalências culturais e as diferenças da experiência vivida de cada povo?

16. Como a arquitetura linguística influi na modalidade da comunicação e nos métodos de trabalho? Passado, futuro, gradualidade de precisão das línguas...

17. Qual é a influência do inglês no país? Qual é a relação com o inglês e qual é a prática do inglês?

18. Posso pensar na língua do outro? Estou realmente seguro de falar a língua do outro?

19. Qual é a dependência de tradutores, de qual natureza é esta dependência?

20. Qual é a influência do contexto histórico e cultural no ato de comunicar? Linguagem explícita ou linguagem em contexto? (*High context cultures* ou *Low context cultures?*)

21. Quais códigos de comunicação não verbal existem entre os interlocutores? Afastamento, movimentos do corpo, paralinguagem...

22. Qual é o estatuto, o significado, do uso do silêncio?

23. Quem fala a quem? A mensagem de meu interlocutor é endereçada a mim mesmo, à minha estrutura, a meu país?

24. Sobre uma questão precisa, temos um mesmo nível de informação, isto é, meu interlocutor e eu mesmo?

25. O escrito e o oral têm o mesmo valor, o mesmo estatuto de uma cultura a outra? Qual é o *status* do escrito: legalidade, segurança ou simples obrigação? Qual é o *status* do oral: valor sagrado de palavra dada ou simples complemento

do escrito? Qual é a função da palavra: verdade, sinceridade, cortesia, estratégia, esquiva...?

Questões relativas ao tempo

26. Qual é a concepção do passado, do presente, do futuro para meus interlocutores?

27. Não é a linear concepção do tempo? Qual é o lugar da concepção cíclica do tempo na cultura em que estou imerso?

28. A ideia de progressão, de ascensão social, existem elas aqui do mesmo modo que na cultural ocidental? Têm elas o mesmo sentido?

29. Que valor é dado aqui ao tempo? O tempo do outro é o mesmo que o meu? Qual é a relação com a espera e as concepções de paciência?

30. Quais são as diferenças na alocação do tempo? Tempo monocrônico, tempo policrônico?

31. Qual é a relação com a duração e com a noção de desenvolvimento durável?

Questões relacionadas ao trabalho e ao dinheiro

32. Qual é o ponto de vista de meus interlocutores em relação à ação e aos seus fins: estatuto específico do "fazer" e do "existir"?

33. Para que serve o trabalho?

34. Qual é a relação com a ideia de progresso e de sucesso (voluntarismo e determinismo)?

35. De que sentido reveste-se a expressão "mudar a sociedade"? Qual é a relação disto com a ingerência (fazer pelo outro)?

36. Qual é a relação com a noção de eficácia?

37. Qual é o grau de aceitação da incerteza?

38. Qual é o direito de errar para os agentes econômicos e sociais neste país? Quais as consequências na inovação num universo de precariedades?

39. Temos nós a mesma concepção de riqueza e da pobreza? Quais os indicadores implícitos de nível de riqueza ou de pobreza?

40. Qual é a relação cultural com o dinheiro? Lógicas de acumulação ou lógicas de distribuição?

41. Qual é a relação com a propriedade? Qual é o nível de transparência sobre questões relativas ao patrimônio e aos ganhos?

Questões relativas à igualdade e às hierarquias, ao poder e ao saber

42. Qual é a relação com a noção de igualdade? Tem a igualdade algum sentido neste contexto?

43. Qual é a relação com a autoridade? Qual é o grau de distância hierárquica na cultura em questão? Relação hierárquica serena (explícita) ou hierárquica frustrada (disfarçada)?

44. Até que ponto a idade e o gênero influem nas relações hierárquicas no trabalho?

45. Quais distinções são feitas aqui entre a vida profissional e a vida privada? Qual é a "bolha" de meus interlocutores; qual é seu espaço vital? Que espaço *vital* mantenho consciente ou inconscientemente à minha volta, na cultura onde estou imerso?

46. A questão da reportabilidade: a quem devo prestar contas? Qual é o peso disto para o controle social?

47. Em relação à honra: em que as pessoas colocam sua honra? Onde está seu prestígio? O que faz perder a dignidade? Qual é o grau de aceitação do "não saber" frente aos colegas, subordinados ou superiores?

48. Qual é a relação com o saber, com a experiência ou com o conhecimento tradicional?

49. Há uma correlação entre a partilha do saber na sociedade e a partilha do poder? A democratização do saber enseja a presença da democratização do poder?

50. A dinâmica do diálogo: existe e pode ser desenvolvida entre os saberes populares (tradicionais) e os saberes modernos?

BIBLIOGRAFIA COMENTADA E BANCOS DE DOCUMENTAÇÃO

Bibliografia comentada[39]

Quando se busca em Paris ou em Londres em uma base bibliográfica pelas palavras-chaves "intercultural", "cultura", "relação com o outro", ficamos surpresos de ver esquematizar-se duas grandes massas de literaturas: a francófona, inicialmente mais intelectual, bastante recente e bastante sociológica e antropológica, busca conhecer a singularidade das culturas e suas relações, a relação cultura-mundialização, a questão da alteridade, das identidades individuais e coletivas. Ela está assim constituída dentro de uma mentalidade acadêmica que não exclui a abertura, mas são relativamente raros os que aqui se preocupam com as aplicações concretas deste conhecimento. Os que o fazem (G. Verbunt, C. Camilleri, J. Demorgon...) acabaram por produzir diversos livros-manuais bastante interessantes, livros estes publicados, pelo menos um bom número deles, no âmbito do *Office franco-allemand de la jeunesse*, que realizou, neste campo, uma obra pioneira.

Por outro lado, a literatura anglo-saxônica (e principalmente a americana, a canadense e a australiana), à qual podemos acrescentar a de autores de origem holandesa (F. Trompenaars, G. Hofstede), interessa-se diretamente pelas práticas profissionais, e isso já há muito tempo. Ela está sendo produzida já desde a metade do século XX e responde claramente às exigências americanas em termos de estratégias, indústria e comércio, para ajudar as operações militares de inteligência, os diplomatas, os *businessmen*, a "superarem" o obstáculo intercultural, e isso muito antes que os intelectuais latinos se preocupassem em lidar com o problema contemporâneo do encontro das culturas. Essa literatura anglo-saxônica é, certamente, fértil em receitas e em *kits* de sobrevivência nos meios interculturais, mas ela contém, por outro lado, estudos e reflexões sobre a psicologia, as compreensões e os mal-entendidos interculturais, absolutamente apaixonantes, incluindo aqueles para quem o *business* não é o domínio predileto. Por outro lado, para não caricaturar as diferenças de abordagem dos dois lados do Atlântico, é importante assinalar que alguns acadêmicos americanos como Edward T. Hall propuseram uma visão mais geral e mais teórica da esfera intercultural.

---

[39] Realizada especialmente pela ajuda de Martin Vielajus e os estudantes de *Sciences Po* (seminário de comunicação intercultural).

Esta bibliografia comporta em si lacunas. Uma é a dos ensaios propriamente chineses, indianos, latino-americanos, russos etc. sobre o âmbito intercultural; *corpus*, portanto, essencial para conhecer a visão das outras culturas sobre a questão. É forçoso, portanto, constatar que, aparentemente, muito poucas coisas deste *corpus* foram traduzidas para o francês e para o inglês, o que não deixa de ser significativo. Esperamos que os estudantes estrangeiros inscritos nos cursos deste ano e dos próximos ajudem a preencher esta lacuna. Um outra é a da literatura em geral, romances, poesias, ensaios filosóficos; literatura esta que em todo o mundo, ao longo dos séculos, foi certamente um instrumento – o mais precioso talvez – para apreender não somente a cultura de cada um dos povos, mas também a maneira como as sociedades consideram as culturas dos outros, dialogando com elas ou se opondo a elas. Os livros de Julia Kristeva, Michel Crépon ou Michel Certeaux citados nesta bibliografia evocam este aspecto, mas todo estudante tem em sua cabeça Homero, García Márquez, D. H. Lawrence (e Lawrence da Arábia), Tolstói, Carlos Fuentes, Tagore, Fançois Cheng...

Assinalemos, por fim, também para recomendar, a consulta de sites da internet, indicados no fim desta bibliografia, que, neste domínio como em outros, tiveram os dados da pesquisa documentária totalmente agitados depois de alguns anos, com o aperfeiçoamento do Google. O problema é que, evidentemente, neste novo tipo de pesquisa, temos para *comer e beber à vontade*. Florescem e multiplicam-se hoje em dia os sites de formadores e de escritórios de conselhos que acharam um nicho que se tornou muito disputado pela demanda, mais ou menos oportunista, de numerosas empresas, que se entregam à moda do momento, propondo a seus quadros a caminho da expatriação uma sensibilização da esfera do intercultural, tipo *express*. Não dando importância a considerações muito complicadas, muitos destes formadores trabalham a partir desses trabalhos, copiados e recopiados exatamente iguais em todos os sites, mas de um número bem pequeno de autores anglo-saxões ou norte-europeus: Hofstede, Trompenaars e, felizmente, o excelente Edward Hall, e até às vezes alguns bons autores franceses (Philippe d'Iribarne ou Sylvie Chevrier). Esta observação não é para desacreditar o resultado de pesquisa via Google, mas para assinalar que não encontramos aí, forçosamente, no que diz respeito à formação para o intercultural, uma impressionante variedade de análises.

1. Conceitos e dados gerais sobre as culturas e o âmbito intercultural

Obras gerais sobre o âmbito intercultural

BERNARD, Alan – SPENCER, Jonathan (Eds.), *Encyclopedia of social and cultural anthropology*. London: Routledge, 1996. Uma obra de referência útil para analisar as noções essenciais como desenvolvimento, tempo, espaço, identidade etc. sob o ângulo intercultural.

BÉJI, Hélé, *L'Imposture Culturelle*. Paris: Stock Éditeur, 1997. A visão original de um tunisiano, funcionário da UNESCO, sobre as vicissitudes das concepções da cultura.

CERTEAUX, Michel de, *La culture au pluriel*. Paris: Seuil, 1993. Este livro bastante sutil oferece uma visão original do estatuto da cultura na sociedade, a arquitetura social do saber, das minorias. Obra de um historiador e antropólogo morto já há uns vinte anos.

CLANET, Claude, *L'Interculturel*. Toulouse: Presses universitaire du Mirail, 1998. Um bom *polimento* do sentido de palavras como "cultura" e "intercultural", localizando-as nas diferentes situações do âmbito da interculturalidade e da maneira com que elas interpelam as abordagens tradicionais universalistas e etnocêntricas.

CUCHE, Denys, *La Notion de culture dans les sciences sociales*. Paris: Éditions La Découverte, 2004. Para aqueles que têm bons olhos, ver especialmente os capítulos que estudam as relações entre as culturas e a renovação do conceito de cultura, as questões de identidade e os desafios e os usos sociais da cultura. O autor é etnólogo.

DEMORGON, Jacques, *Complexité des cultures et de l'interculturel*. Paris: Éditions Anthropos, 1996. Um livro importante, especialmente no que tange ao tema da mundialização das culturas, mas também no que diz respeito aos fundamentos do setor intercultural. Ver, também, do mesmo autor: *L'interculturation du monde*. Paris: Éditions Anthropos, 2000.

DIBBIE, P. – WULF C., *Ethnosociologie des échanges interculturels*. Paris: Éditions Anthropos, 1998. O livro trata de um modo mais focado, por meio da noção de "comunidade de comunicação", que é mais ampla que a simples "comunidade linguística" (contribuição de Hans Nicklas), dos obstáculos para a comunicação intercultural; trata também das exigências do diálogo intercultural (a "autodefinição cooperativa"), dos perigos de um reconhecimento excessivamente sistemático dos particularismos culturais: a "comédia das diferenças", em oposição à "tragédia das complementariedades".

DORTIER, J.-F. (Dir.), *Le Dictionnaire des sciences humaines*. Auxerre: Éditions Sciences Humaines, 2004. Para todos os que bem ou mal não estão lá muito à vontade para lidar com a *selva* das novas (e antigas) tendências nas ciências humanas: o que é a semiologia, o que falam Derrida e Foucault, por que, afinal, epistemologia... Um instrumento bastante claro e pedagógico para debutantes no campo.

HALL, Edward T. Os livros de Edward T. Hall, professor catedrático de antropologia na Universidade North Western, são importantes para a compreensão dos mecanismos interculturais. Eles são indicados aqui em francês, mas sua versão em inglês está disponível na biblioteca do *Sietar* (Cf. adiante em *Banco de documentos*) e, alguns, na *Sciences Po*. Podemos citar quatro: da *Dimension cachée* (*The hidden Dimension*), Paris: Éditions du Seuil, 1966, que mostra como os indivíduos que pertencem a culturas diferentes habitam mundos sensoriais diferentes e têm uma relação muito diversa com o espaço: cada civilização tem sua maneira de conceber o deslocamento do corpo, a organização das casas, as condições de conversa, as fronteiras da intimidade. *La Danse de la vie* (*The Dance of life*), Paris: Éditions du Seuil, 1983, focaliza a questão do tempo na cultura. *Le Langage silencieux* (*The silent Language*), Paris: Éditions du Seuil, 1990, lida com uma questão essencial quando mudamos de cultura: o que é estar atrasado e o que é esperar? O *Au-delà de la culture* (*Beyond Culture*), Paris: Éditions du Seuil, é um livro mais filosófico, e de compreensão mais exigente.

HESS, Rémi – WULF Ch., *Parcours, passages et paradoxes de l'interculturel*. Paris: Éditions Anthropos, 1999. Dois artigos neste livro são importantes: "L'autre", de Christophe Wulf, que trata de uma maneira geral diferença e da alteridade, e "Clash des cultures ou dialogue entre les cultures", de Hans Nicklas.

JOURNET, Nicolas (Dir.), *La Culture, de l'universal au particulier.* Auxerre: Éditions Sciences Humaines, 2002. Diversos artigos ali buscam responder a uma questão essencial: existem universais culturais? Outros textos remetem à questão em relação ao Outro e à construção das culturas e das identidades.

KROEBER, Alfred – KLUCKHOHN, Clyde, *Culture: a critical review of concepts and definitions.* Cambridge (MA): Papers of the Peabody Museum, 47, n. 1, 1952.

TODOROV, Tzvetan, *Nous et les autres – la réflexion française sur la diversité humaine.* Paris: Éditions du Seuil, 1989. Um livro meio antigo, mas não ultrapassado, que mostra por meio, especialmente, do estudo da relação com o outro veiculada pelos grandes escritores como Montesquieu, Rousseau, Chateaubriand, Renan, Lévi-Strauss, como a tradição francesa trata a relação entre a diversidade dos povos e a unidade da espécie humana.

VERBUNT, Gilles, *La Société interculturelle. Vivre la diversité humaine.* Paris: Éditions du Seuil, 2001. Excelente livro de base, especialmente suas duas primeiras partes. A primeira (filosofia do intercultural) ajuda a definir os conceitos (cultura, identidade, sociedade intercultural). A segunda (práticas do âmbito intercultural) está totalmente dentro de nosso assunto (problemas de linguagem, sistemas de valores, gestão do tempo, percepção do espaço, abordagens da corporeidade, aspectos sensoriais, modos de pensar, papeis e *status* sociais).

VILLANOVA, Roselyne de – HILY, Marie-Antoinette – VARO, Gabrielle (Eds.), *Construire l'interculturel: de la notion aux pratiques*. Paris: Éditions L'Harmattan, 2001. Dois artigos merecem ser considerados neste livro: "Les Pressupposés de la notion d'inculturel, réflexions sur l'usage du terme interculturel depuis trente ans", de Gabrielle Varo, e "L'interculturel dans le discours, ou le passage de la frontière – exemples d'entretiens réalisés em français em Côte-d'Ivoire", de F. Leimdorfer – um excelente exemplo de mal-entendidos numa mesma língua em duas culturas diferentes.

Sobre os temas da identidade cultural, da alteridade e das virtudes do retorno pela cultura do outro para melhor conhecer-se

CAILLIAU, Hesna, *L'Esprit des religions – Connaître les religions pour mieux comprende les hommes*. Paris: Éditions Milan, 2006. Um livro de uma impressionante clareza. Além da comparação entre as religiões, faz um percurso que nos fala muito sobre nossos próprios traços culturais.

DEBÈS, Joseph, *Levinas, l'approche de l'autre*. Paris: Éditions de L'Atelier, 2000. Uma análise da obra de Emmanuel Levinas sobre o tema do outro. Um livro de compreensão relativamente fácil, que pode ser completado por uma leitura direta de Levinas nos livros publicados pela Editora Fata Morgana: *Alterité et transcendance* (1995), ou *Le Temps et l'Autre* (1979).

GONSETH, Marc-Olivier – HAINARD, Jacques – KAEHR, Roland (Eds.), *La Différence*. Neufchâtel: Éditions du musée d'ethnographie de Neufchâtel (Suíça), 1995.

GROSSER, Alfred, *Les Identités difficiles*. Paris: Presses de Sciences Po, 1996.

JULLIEN, François, *Nourrir sa vie – à l'écart du bonheur*. Paris: Éditions du Seuil, 2005. É o último livro do grande teórico das virtudes do retorno pela cultura do outro; especialista do universo chinês. Ele retoma aqui, a partir do pensamento chinês, a própria ideia da felicidade.

KRISTEVA, Julia, *Étrangers à nous-mêmes*. Paris: Éditions Fayard, 1988. Sobre a história das concepções de "estrangeiro" na França; interessante e denso.

LE PICHON, Alain, *Le Regard inégal*. Paris: Éditions Lattès, 1991. Uma nova abordagem da antropologia; antropologia marcada pelo fundador da associação Transcultura que, com Umberto Eco, Yue Dai Yun, Jacques le Goff etc., propôs aos antropólogos africanos, chineses etc. se voltarem para as realidades europeias.

MAALOUF, Amin, *Les Identités meurtrières*. Paris: Éditions Grasset, 1998.

MATALON, Benjamin, *Face à nos différences: universalisme et relativisme*. Paris: Éditions L'Harmattan, 2006. Um livro com acento filosófico, de uma leitura exigente, mas sem maiores dificuldades.

SCHNAPPER, Dominique, *La Relation à l'autre. Au coeur de la pensée sociologique*. Paris: Éditions Gallimard, 1998.

STENOU, Katerina, *Images de l'autre. La différence: du mythe au préjugé*. Paris: Éditions du Seuil, 1998. Livro bastante leve, bem ilustrado, sobre os clichês e asneiras ditas sobre as outras civilizações.

WIEVIORKA, Michel, *La Différence*. Paris: Éditions Balland, 2001. Um livro essencialmente voltado para as questões da multiculturalidade.

Sobre a comparação em geral entre as culturas do mundo, o "choque das civilizações", a problemática cultura-mundialização, as relações entre as culturas...

ANHEIER, Helmut K. – ISAR, Yudhishthir Raj (Ed.) *Conflicts and tensions. The cultures and globalization series*. London, Sage Publications 2007. Um conjunto de artigos sólidos e de indicadores que analisam a influência do fator cultural nos conflitos do mundo atual.

APPADURAI, Arjun, *Modernity at large: Cultural Dimensions of Globalization*. Minneapolis: University of Minesotta Press, 1996. Traduzido para o francês pela editora Payot em 2001 sob o título *Après le colonialisme: les conséquences culturelles de la globalisation*.

AUDINET, Jacques, *Le Visage de la mondialisation: du multiculturalisme au métissage*. Paris: Éditons de l'Atelier, 2007. Uma obra que mostra a mutação atual das culturas, os fenômenos da mestiçagem e a recomposição dos traços, em domínios como o espaço, o tempo, o compromisso ou envolvimento, a democracia, a memória...

BADIE, Bertrand, *L'État importé. L'occidentalisation de l'ordre politique*. Paris: Éditions Fayard, 1992. A obra trata do modo como os Estados são transpassados por um sistema importado e culturalmente inadequado.

BARBER, Benjamin, *Jihad vs McWorld*. Paris: Éditions Desclée de Brouwer, 1996. Um livro até profético sobre as questões interculturais no contexto da mundialização, escrito por um antigo conselheiro de Bill Clinton.

BOUGUERRA, Larbi, *Les Batailles de l'eau*. Paris: Éditions Charles Léopold Mayer, 2003. Tenha-se em mente neste livro, especialmente, o primeiro capítulo dedicado à representação da água nas diferentes culturas.

CHRISTOPH, Eberhart, *Droits de l'homme et dialogue interculturel. Vers un désarmement culturel pour un droit de paix*. Tese na área do Direito. Paris, 2000.

DE ZUTTER, Pierre, *Le Paysan, l'expert et la nature – sept fables sur l'écologie et le développement dans les pays andins*. Paris: Éditions Charles Léopold Mayer, 1992.

FISHER, Jean – TAYLOR, James (Coor.), *Dialogue inter-religieux – propositions pour construire ensemble*. Paris: Éditions Charles Léopold Mayer, 2004. Caderno de proposições da *Aliança por um mundo responsável, plural e solidário*.

GANNON, Martin J., *Understanding Global cultures – metaphorical journeys through 28 nations, clusters of nations and continents*. London: Sage Publications, 2004. Um livro surpreendente que propõe uma abordagem original para tentar compreender uma cultural: a da "metáfora cultural". Não é um estereótipo, mas um aspecto, às vezes bastante conhecido, de uma cultura, a partir do qual o autor, que é professor catedrático na Universidade Estadual da Califórnia, desdobra sua singularidade. A partir de umas trinta metáforas que são propostas: a dança de Shiva na Índia, o samba no Brasil, a sinfonia alemã, o vinho francês, o futebol americano, a Grande Muralha na China, a van ou o táxi coletivo na África subsaariana... Um livro muito mais sutil que o subtítulo possa levar o leitor a supor.

HUNTINGTON, Samuel P., *Le Choc des civilizations*. Paris: Éditons Odile Jacob, 2000. Este livro não pode ser deixado de lado. Foi muito criticado e explorado, logo que foi publicado, por desenvolver uma concepção de relações entre as culturas bem mais próxima à ereção de fortalezas que do diálogo. Mas o livro é uma análise sutil do dado cultural do início deste século. Veja-se também a versão pós 11 de setembro, onde o autor apresenta seu pensamento: *Qui sommes-nous? Identité nationale et choc des cultures*. Paris: Éditions Odile Jacob, 2004.

INDA, Jonathan Xavier – ROSALDO, Renato, *The Anthropology of Globalization*. Malden: Blackwell Publishing, 2002. Um livro essencial para se compreender os desafios interculturais e desconstruir algumas ideias prontas já bastante tradicionais.

Iribarne Ph. D' – HENRY, A. – SEGAL, J.-P. – CHEVRIER, S. – GLOBOKAR, T., *Cultures et Mondialisation, gérer par-delà les frontéres*. Paris: Éditions du Seuil, 2002. Esta obra coletiva, bastante heteróclita, ajuda a pensar a atitude francesa em relação às outras culturas. Ver especialmente a terceira parte (uma gestão inovadora para o terceiro mundo) e a quarta, inteiramente redigida por Philippe d'Iribarne (a partir de uma série de estudos de caso em vista de uma classificação das culturas, um destino multicultural etc.).

ISAR, Y. Raj, *The intercultural Challenge: an imperative of solidarity in the intercultural dialogue*. Bruxelles: Commission européenne, 2002.

KI-ZERBO, Joseph – BEAUD-GAMBIE, Marie-Josée, *Compagnons duSoleil – anthologie des grands textes de l'humanité sur les rapports entre l'homme et la nature*. Paris: Éditions La Découverte/ Unesco/ Éditions Charles Léopold Mayer, Paris, 1992. Uma soma de textos de autores de todos os continentes e de todas as épocas da história que apresenta a amplitude das diferenças das visões das relações do homem com a natureza em todas as culturas. Um trabalho importante coordenado por um historiador e filósofo africano e por uma antiga colaboradora da Biblioteca Nacional da França.

LECLERC, Gérard, *La Mondialisation culturelle – les civilisations à l'épreuve*. Paris: PUF, 2000.

LEVESQUE, Georges *et al.*, *Des goûts et des valeurs – ce qui préoccupe les habitants de la planète, enquête sur l'unité et la diversité culturelles*. Paris: Éditions Charles Léopold Mayer, 1999. Um trabalho de estudiosos sobre a questão da existência de valores comuns de um canto ao outro do planeta.

MARTINEZ, A. Garcia – CARRERA, Sáenz J., *Del racismo a la interculturalidad*. Competencia de la educación. Madrid: Narcea, 1998.

MATTELART, Armand, *Diversité culturelle et Mondialisation*. Paris: Éditions La Découverte, 2005. Um livro bastante sintético escrito por um dos maiores especialistas sobre a sociedade da informação que pode trazer uma contribuição útil para os estudos dos aspectos culturais e interculturais da mundialização.

MOUTTAPA, Jean, *Religions en dialogue*. Paris: Éditions Albin Michel, 2002. Um livro que luta, evidentemente, pelo diálogo e pelo aprofundamento do conhecimento mútuo entre as religiões, mas também fala como, no passado e no presente, este tipo de diálogo se opera concretamente e a necessidade de "facilitadores", mediadores.

NICOLAU-COLL, Agustí, *Propositions pour une diversité culturelle et interculturelle à l'époque de la globalisation*, disponível em: https://infotek.awele.net/d/f/2001/2001_FRE.pdf?public=ENG&t=.pdf et http://www.alliance21.org/fr/proposals/finals/final_intercul_fr.rtf.

OLIVÉ, León, *Multiculturalismo y pluralismo*. México: Paidós-UNAM, 1999.

PANNIKAR, Ramon, "La notion des droits de l'homme est-elle un concept occidental?" *Diogènes*, n. 120, 1982. Texto de um importante teólogo indiano.

SAUQUET, Michel, *Un matin sur Babel, un soir à Manhattan*. Paris: Éditions Alternatives, 2001. Com ilustrações de Julien Chazal. Uma visão bastante pessoal do mito de Babel e daquilo que ele pode significar hoje.

VALLET, Odon, *Petit lexique des idées fausses sur les religions*. Paris: Éditions Albin Michel, 2002. Um pequeno livro, mas essencial, para questionar os clichês e motivar a ultrapassagem para além do conhecimento da religião do outro.

WARNIER, Jean-Pierre, *La Mondialisation de la culture*. Paris: Éditions La Découverte, 1999.

ZUMTHOR, Paul, *Babel ou l'inachèvement*. Paris: Éditions du Seuil, 1997. Reflexões de um medievalista sobre o sentido do mito de Babel e, sobretudo, sobre sua tradução nas representações do dilema unidade-diversidade ao longo de toda a história.

Coleção "Ce qu'en disent les religions": publicada pelas Éditions de l'Atelier (Paris), esta coleção interroga as tradições religiosas da humanidade sobre as grandes questões da vida. Esta coleção recorda um pouco os passos de duas outras coleções citadas nesta bibliografia ("Les mots du monde" e "Proches lointains"), mas com a diferença de que parte do religioso e não, de um modo mais geral, do cultural. Para cada título, cinco abordagens: judaica, cristã, muçulmana, hinduísta e budista. Desde 2001, apareceram estes temas: *A morte, A mulher, O corpo, A oração, A violência, A criação do mundo, A educação, A injustiça*.

Coleção "Xenophobe's guide": na mesma corrente de pensamento do livro de Martin Gannon, citado mais acima, esta coleção publicada pela Oval Books, na Inglaterra, comporta dezenas de pequenas obras sobre diferentes países do mundo (*Xenophobe's guide to the French, to the Greeks, to the Russians, to the Aussies, to the Austrian* etc...). Elas tratam com bastante humor de temas tão diversos como a linguagem, o humor, os negócios, a história, a identidade nacional. Não são obras sofisticadas, mas fornecem exemplos e às vezes clichês que podem ser colocados em debate.

Revista *Futuribles*: "Dialogues ou conflits de civilisations", nº 332, 2007. Temos aqui contribuições importantes sobre aquilo que Hugues de Jouvenal chama de "choque das representações" e sobre a visão global da África (Alioune Sall), da China (Chen Yan), do mundo árabe (François Zabbal) etc.

Sobre a questão das línguas e sobre o que as diferentes culturas colocam atrás das "mesmas" palavras

ARONEANU, Pierre, *L'Amiral des mots*. Paris: Éditions Alternatives, 1996. Um pequeno exercício apaixonante para mostrar até que ponto a língua francesa é o resultado de uma grande mestiçagem.

BENABDELALI, Abdelassalam, *De la traduction*. Casablanca: Éditions Toukbal, 2006, (edição bilíngue árabe/ francês).

CASSIN, Barbara (Ed.), *Vocabulaire européen des philosophies – dictionnaire des intraduisibles*. Paris: Éditions du Seuil-Le Robert, 2004. Uma obra enorme que demarca as dificuldades da passagem de uma língua a outra; e, para cada palavra de seu "fato de intradutibilidade", procede-se em seguida a "comparação destas redes terminológicas, onde a distorção faz a história e a geografia das línguas e das culturas".

DORTIER, J. F. (Ed.) *Le Langage, nature, histoire et langage*. Auxerre: Éditions Sciences humaines, 2001. É um livro útil para se ter uma ideia das correntes atuais da linguística e dos debates que desenvolvem em torno destas correntes.

HUMBOLDT, Wilhelm von, *Sur le caractère national des langues et autres écrits sur le langage*. Paris: Éditions du Seuil, [1820] 2000. Um ensaio fundante da linguística comparada (escrito no início do século XIX) e fonte de reflexões sobre o papel da língua como elemento organizador do pensamento e da visão do mundo.

MALHERBE, Michel, *Les Langages de l'humanité*. Paris: Éditions Robert Laffont, 1995. Uma enciclopédia das 3000 línguas faladas no mundo, elaborada por um engenheiro, grande viajante e especialista nas questões de desenvolvimento. Uma mina de outro para os apaixonados por línguas ou mesmo para os que simplesmente buscam ter uma ideia clara da paisagem linguística do mundo contemporâneo.

PEUGEOT, Valérie – AMBROSI, Alain (Eds.), *Enjeux de mots – Regards multiculturels sur les sociétés de l'information*. Paris: C&F éditions, 2005. Trabalho elaborado em quatro línguas (francês, inglês, castelhano e português), importante para compreender como, em torno de um mesmo tema, muitas vezes considerado como puramente técnico, aquilo que as diferentes culturas escondem atrás das palavras é essencial e político.

RICOEUR, Paul, *Sur la traduction*. Paris: Éditions Bayard, 2004. Pequeno livro iluminador de um grande filósofo e pensador sobre a relação com o Outro. Aqui compreendemos melhor em que a tradução, longe de ser um exercício automático, é a arte de encontrar "as equivalências sem identidade" e um dos componentes essenciais das dinâmicas culturais, tanto isto é verdade que os grandes textos requerem, de tempos em tempos, uma nova tradução.

SIZOO, Édith, *Ce que les mots ne disent pas – quelques pistes pour réduire les malentendus interculturels*. Paris: Éditions Charles Léopold Mayer, Paris, 2000. Por meio de uma experiência singular de traduções de um manifesto com objetivo internacional, a *Plate-forme de l'Alliance pour un monde responsable, pluriel et solidaire*, vemos em que uma palavra está longe de *estar* traduzida, uma vez assim que é traduzida, e o que cada cultura esconde por trás das próprias noções. Este livro existe também em inglês nas edições da Éditions Charles Léopold Mayer sob o título *What words do not say*.

Coleção "Les Mots du Monde": esta coleção é dirigida por Nadia Tazi para as Éditions La Découverte (Paris). Cada livro desta coleção propõe a visão de autores de diferentes culturas (chinesa, indiana, americana, marroquina, sul-africana e francesa) sobre uma mesma noção, uma mesma palavra-chave do diálogo intercultural. Os livros são publicados mais ou menos simultaneamente pelas casas editoras em Shangai, Delhi, New York, Casablanca, Capetown e Paris, em chinês, inglês, árabe e francês, no âmbito da Aliança dos editores independentes, em vista de uma outra mundialização (www.alliance-editeurs.org). Já foram publicados, desde 2004: *L'Expérience, L'Identité, et Masculin-féminin*.

Coleção dos "Dossiers des rencontres de Klingental": esta coleção é publicada pelas Éditions Charles Léopold Mayer, Paris. Os encontros de Klingental reúnem, já há alguns anos, representantes de correntes religiosas e culturais bastante diversas, como budistas, cristãos, muçulmanos, judeus, hinduístas, animistas, livre-pensadores etc., que exprimem suas opiniões seguindo sua própria leitura do mundo e sua própria cultura, tendo como temas questões-chaves do mundo contemporâneo. Cada livro, portanto, consagrado a uma destas questões, tem assim uma quinzena de pontos de vista muitas vezes bem diversos. Foram publicados até agora: *L'Usufruit de la terre, courants spirituels et culturels face aux défis de la planète* (1997), *L'Eau e la vie, enjeux, perspectives et visions interculturelles* (1999), *L'Arbre et la Forêt, du symbolisme culturel à l'agonie programmée?* (2000), *Sols et Société, regards pluriculturels* (2001), *Des animaux, pour quoi faire? Approches interculturelles, interreligieuses et interdisciplinaires* (2003).

2. As profissões do âmbito internacional à prova do intercultural e da comunicação intercultural

ABDALLAH-PRÉTECEILLE, Martine – PORCHER, Louis (Eds.), *Diagonales de la communication interculturelle*. Paris: Éditions Anthropos, 1999. A comunicação intercultural é vista por meio da cotidianidade dos signos culturais, da literatura e das mídia e suas potencialidades culturais.

ALSINA, Miquel Rodrigo, *La Comunicación intercultural*. Barcelona: Anthropos Editorial, 1999.

CAMILLERI, Carmel – COHEN-EMERIQUE, Margalit, *Chocs des cultures: concepts et enjeux pratiques de l'interculturel*. Paris: Éditions L'Harmattan, 1989. Uma série de análises sobre diferentes campos de aplicação, nos quais estão implicados os profissionais em situação pluricultural (ensino, quadros das empresas nacionais ou multinacionais, cooperadores etc.).

DEMORGON, Jacques – LIPIANSKI, Edmond-Marc, *Guide de l'interculturel en formation*. Paris: Éditions Retz, 1999. Uma síntese das problemáticas interculturais nos diferentes domínios da vida social; uma abordagem da interpretação das comunicações interculturais e da pedagogia intercultural.

GALLOIS, Cinthya – CALLAN, Victor, *Communication and culture – a guide for practice*. New York: John Wiley, 1997. Um livro muito simples, escrito por dois universitários australianos evidentemente marcados pela problemática típica da Austrália, mas útil também alhures: questão dos mal-entendidos, referências culturais, comunicação não verbal, preconceitos etc.

JANDT, Fred E., *An introduction to intercultural communication – identities in a global community*. London: Sage publications, 2004. Trata-se de um manual bastante completo de comunicação intercultural, que discorre sobre um debate bastante interessante a respeito da noção de cultura e, a seguir, trata da influência da cultura sobre a percepção, sobre as barreiras da comunicação intercultural, sobre os estereótipos e preconceitos etc. O autor é professor catedrático na Universidade Estadual da Califórnia.

KRIEGLER-HUBER, Martina – LAZAR, Ildiko – STRANGE, John, *Miroirs et fenêtres – manuel de communication interculturelle*. Strasbourg: Éditions Conseil de l'Europe, 2005. Um reflexo das preocupações do Conselho Europeu para levar ao engajamento no diálogo as diferentes culturas que compõem esta organização. Concebido como um manual, ele apresenta sugestões de leituras e dicas para compreender o outro.

LADMIRAL, Jean-René – LIPIANSKI, Edmond-Marc, *La Communication interculturelle*. Paris: Éditions Armand Colin, 1989. Aqui temos um livro sobre a comunicação "interlinguística" (questão do tradutor, processos de intimidação linguística etc.), mas também do processo de "formação imagológica" que leva os interlocutores a determinarem uma imagem estereotipada de seu *partner*, em função de sua pertença cultural.

SAUQUET, Michel (Dir.) – PARTHARASATHI, Vibodh – TRAMONTE, Cristiana et al. *L'Idiot du village mondial – les citoyens de la planète face à l'explosion des outils de communication: subir ou maîtriser?* Paris: Éditions Charles Léopold Mayer, 2004. Três visões: indiana, brasileira e europeia sobre os modos de comunicar e de relacionar-se com as novas tecnologias da informação e da comunicação.

SCOLLON, Ron – WONG SCOLLON, Suzanne, *Intercultural communication, a discourse approach*. Cambrigde: Blackwell, 1995. Livro escrito por uma dupla sino-americana sobre o *discourse approach* na comunicação intercultural (os mal-entendidos, a delicadeza, os modelos discursivos...).

Práticas de comunicação intercultural, publicações mais orientadas para a cooperação técnica e humanitária, voluntariado, ação social, organizações internacionais

BARROT, Pierre – DRAMÉ, Seydou, *Bill l'espiègle*. Paris: Éditions Lieu Commun, 1993. A narrativa empolgante, sob a forma de um romance, da instalação de bombas de água em Burkina Faso, onde se entrelaçam a estratégia comercial dos japoneses, os arcanos da administração burkinabense, o paternalismo das ONGs francesas etc. É uma obra instrutiva quanto aos aspectos da apropriação de tecnologias e de relações interculturais.

CDTM (Centre de documentation tiers-monde), ALBERT, O. – FLÉCHEUX, L. (Coords.), *Se former à l'interculturel, expériences et propositions*. Paris: Éditions Charles Léopold Mayer, 2000. Trata-se de um dossiê que requer ser amplamente completado e reatualizado, mas que ainda faz eco de práticas interessantes da formação para uma aprendizagem intercultural: formação de voluntários para ações humanitárias, experiências em bairros difíceis etc..

DESJEUX, Dominique, *Le Sens de l'autre – Stratégies, réseaux et cultures en situation interculturelle*. Unesco/ICA, 1991. Um livro ainda atual sobre as situações de cooperação no meio rural africano.

FUGLESGANG, Andreas, *About understanding ideas and observations on cross-cultural communication*. Uppsala: Dag Hammarskjöld Foundation, 1982. Um livro já um tanto datado, mas extremamente preciso e prático, para todo o europeu que tiver de trabalhar, especialmente, na África, no que diz respeito ao desenvolvimento e à ação sanitária. Os capítulos "The arrogance of Aristotle" e o "The method of no method" são especialmente motivantes e nada de tudo aquilo que foi dito aí está ultrapassado.

GRESLOU, François, *Le Coopérant, missionnaire ou médiateur? Rencontre des cultures et développement dans les Andes: un témoignage*. Paris: Éditions Syros/FPH, 1994. Um dos melhores textos sobre o choque cultural e as questões de adaptação de um cooperador na América Latina, que se propõe substituir a ideia do "desenvolvedor" confiante e seus métodos por aquela do "mediador" entre duas culturas, entre dois saber-fazer.

HERMET, Guy, *Culture et développement*. Paris: Presses de Sciences Po, 2000. Lida com a incidência do fator cultural sobre o desenvolvimento, e isto é tratado a partir de exemplos latino-americanos.

MICHALON, Clair, *Différences culturelles, mode d'emploi*. Paris: Éditions Sépia, 1997. Livro escrito por um agrônomo francês que formou, antes de sua partida, gerações de cooperadores e voluntários, quanto à abordagem das culturas do terceiro mundo. Um instrumento interessante, especialmente, sobre os quiproquós culturais e sobre a noção de trabalho nas diferentes culturas.

ODEYÉ-FINZI, Michele – BRICAS, Nicolas et al., *Des machines pour les autres – vingt ans de technologies appropriées: expériences, malentendus, rencontres*. Paris: Éditions Charles Léopold Mayer, 1996. O mundo intercultural visto por meio de questões da apropriação tecnológica, isto é, de um dos pontos nevrálgicos do trabalho de cooperação.

Réseau réciprocité des relations Nord-Sud, *Savoirs du Sud – connaissances scientifiques et pratiques sociales: ce que nous devons aux pays du Sud*. Paris: Éditions Charles Léopold Mayer, 2000. Um livro que serve para acabar com a ideia daquilo que os países do Sul devam esperar dos do Norte. Esta obra está referida a uma outra: Sylvie Crossman – Jean-Pierre Barou, *Enquête sur les savoirs indigènes*. Paris: Éditions Folio-actuel, 2005.

RUFIN, Jean-Christophe, *Asmara et les causes perdues*. Paris: Éditions Gallimard, 2001. Um romance que lida com o choque cultural numa situação de intervenção do exterior: motivações, entusiasmos e desconforto ou confusão dos voluntários que lidam com a ajuda humanitária.

SIZOO, Édith – VERHELST, Thierry (Eds.), *Cultures entre elles, dynamique ou dynamite? Vivre en paix dans un monde de diversité*. Paris: Éditions Charles Léopold Mayer, 2002. Uma série de testemunhos de pessoas envolvidas na ação social ou na cooperação internacional diante de culturas diferentes das suas. Veja-se de modo especial os artigos relativos à Índia, à Tailândia, ao Peru e ao Camarões...

VAN CAUTER, Joel – RAUGLAUDRE, Nicolas de, *Apprivoiser le temps – approche plurielle sur le temps et le développement durable*. Paris: Éditions Charles Léopold Mayer, 2003.

YALA, Amina, *Volontaires en ONG – l'aventure ambiguë*. Paris: Éditions Charles Léopold Mayer, 2005. Uma pesquisa entusiasmante sobre as motivações, condições de trabalho e os aspectos interculturais de seu trabalho.

Práticas de comunicação, administração intercultural e gestão de equipes pluriculturais, mais voltadas para os negócios

ARDENT, Lisa, *Managing Cultural Differences for Competitive Advantage*. London: Hoecklin – The Economist Intelligence Unit, 1993.

BRETT, Jeanne, *Negociating Globally: How to Negociate Deals, Resolve Disputes, and Make Decision across Cultures*. New York: Jossey-Bass, 2001.

CERDIN, Jean-Luc, *La Mobilité internationale – Réussir l'expatriation*. Paris: Éditions d'Organisation, 1999.

CHEN, Xiaoping, *Le Management intercultural*. Pequim: Xianhua Shudian, 2005 (livro em chinês). Um livro que trata das questões interculturais entre os chineses e os ocidentais, especialmente os americanos. Escrito por um professor de comunicação intercultural no MBA, nascido na China e emigrado para os Estados Unidos aos 25 anos, onde ele viveu por uns 15 anos.

CHEVRIER, Sylvie, *Le Management des équipes interculturelles*. Paris: PUF, 2000.

COPELAND, Lennie – GRIGGS, Lewis, *Going international – How to make friends and deal effectively in the global market place*. New York: Random House, 1985.

CUSHNER, Kenneth – BRISLIN, Richard W., *Intercultural interactions: A practical guide*. London: Sage Publications, 1996.

DEVAL, Philippe, *Le Choc des cultures – Management interculturel et gestion des ressources humaines*. Paris: Éditions ESKA, 1993.

DUPRIEZ, Pierre – SIMONS, Solange (Eds.), *La Résistance culturelle. Fondements, applications et implications du management intercultural*. Louvain: De Boeck Université, 2000. Um título meio assustador para um livro que, por outro lado, tem muitas qualidades.

GAUTHEY, Franck – XARDEL, Dominique, *Le management intercultural*. Paris: PUF, 1990.

HALL, E. – REED HALL, M., *Understanding Cultural Differences*. Yarmouth: Intercultural Press, 1990. Uma análise das diferenças de comportamento no cotidiano de americanos, alemães e franceses, mas mais voltado para o público do *businessmen*.

Hebert, L., *La Gestion des alliances stratégiques, défis et opportunités*, Montréal: Presses HEC, 2000.

Hofstede, Geert, *Culture's consequences: International differences in work-related values*. Newbury Park: Sage Publishers, 1980. Hofstede teve uma influência importante na formalização do conceito da distância cultural e buscou medi-la a partir de diversos índices de um vasto questionário aplicado aos funcionários da IBM num conjunto de países: índice da distância hierárquica, do controle da incerteza e da ansiedade, do individualismo e, com alguma margem de dúvida, da questão da masculinidade (diferenças entre as nações que privilegiam os valores ditos masculinos, tais como dominação, performance, dinheiro em detrimento de valores ditos femininos: qualidade de vida, solidariedade, intuição). Temos ainda outras obras de Hofstede: *Cultures and organizations, softwares of the mind*. London: Harper Collins Business, 1994; *Vivre dans un monde multiculturel; Comprendre nos programmations mentales*. Paris: Éditions d'Organisation, 1994; e, com Bollinger Daniel, *Les Différences culturelles dans le management*. Paris: Éditions d'Organisation, 1987.

Holden, Nigel J., *Cross-cultural management – a Knowledge Management Perspective*. Harlow: Financial Time and Prentice Hall, an imprint of Pearson Education, 2002. Este é um outro livro de base que se constitui numa ruptura com a literatura tradicional, relacionada à administração intercultural, pelo fato de insistir no aspecto de que a diferença deva ser vista como um trunfo e não como uma deficiência.

Malewski, Margaret, *GenXpat – The Young Professional's Guide to Making a Successful Life Abroad*. Yarmouth: Intercultural Press, 2005. É o *kit* do expatriado: como negociar seu contrato de imigrado, como resolver problemas logísticos, como se instalar nas redes de relações, "desfrutar de encontros entre as culturas" e também "preparar um retorno tranquilo para seu lar".

Mole, John, *Mind your Manners: Culture Clash in the European Single Market*. London: Industrial Society, 1990.

Moral, Michel, *Le Manager global*. Paris: Éditions Dunod, 2004. É um trabalho claro e rico de exemplos.

Olivier, Meier, *Management interculturel*. Paris: Éditions Dunod, 2004.

Schneider, Susan C. – Barsoux, Jean-Louis, *Managing across cultures*. New York: Prentice Hall, 1997. Um livro de base.

Seelye, H. Ned – Seeley-James, Alan, *Culture clash, managing a multicultural world*. Chicago: NTC Business Book, 1995. Um livro de *receitas* bastante curioso, uma espécie de mochila ou *nécessaire* para a sobrevivência intercultural. Não deixe de folhear, mesmo que seja por curiosidade, bem como um outro livro de Ned Seelye, *Teaching Culture: strategies for intercultural communication*.

Chicago: NTC Business Book, 1985. Veja em especial o capítulo "Building a kit for a culture shock"!

TROMPENAARS, Fons, *L'Entreprise multiculturelle*. Paris: Éditions Maxima, 1994.

TROMPENAARS, Fons – TURNER, Hampden, *Riding the waves of cultures. Understanding cultural diversity in business*. London: Nicholas Breadley Publishing, 1997.

ZAMYKALOVA, Miroslava, *Mezinárodní obchodní jednání*. Praga: Professional publishing, 2003. Um livro técnico sobre a negociação no comércio internacional e a influência das diferenças culturais sobre os processos de negociação.

3. Abordagem geográfica

As relações com o mundo chinês

CHAIRASMISAK, Korsak, *Enseignements d'un dirigeant asiatique – sagesse et efficacité*. Paris: Éditions d'Organisation, 2005. Obra traduzida e adaptada por Sophie Faure. Trata-se de conselhos de um tailandês de origem chinesa para os administradores ocidentais.

"Chine-Europe, pourquoi coopérer?", *Economie et Humanisme*, n. 36, 2003. Um excelente dossiê escrito por chineses e franceses sobre o encontro de duas culturas e os modos emergentes de cooperação sino-francesa, incluindo aqui as áreas industriais e entre as coletividades territoriais.

JIN SIYAN – BELLASSEN, Joël, *Empreintes Chinoises – De Chine et de France, Regards croisés*. Paris: Éditions Nicolas Philippe, 2005.

YU SHUO, *Chine et Occident: une relation à réinventer*. Paris: Éditions Charles Léopold Mayer, Paris, 2000. Um livro que mostra até que ponto a China e o Ocidente se cativam mutuamene e como eles compartilham uma história comum onde se entrelaçam as atrações e as rejeições, os fascínios e os ódios, as compreensões tácitas e os mal-entendidos. Em resumo, uma história de uma espécie de mestiçagem cultural que revela alguns valores comuns.

YUE DAI YUN – LE PICHON, Alain (Eds.), *La Licorne et le Dragon: les malentendus dans la recherche de l'universel*. Paris/Pequim: Éditions Charles Léopold Mayer/ Presses Universitaires de Pékin, 2003. Aqui estão agrupados textos de Umberto Eco, Tang Jijie, Alain Rey, Jacques Le Goff, Wang Meng etc., que mostram como a visão que temos da outra cultura é reveladora das barreiras que levantamos ou construímos em nossa própria civilização.

Coleção "Proches-Lointains": esta coleção dirigida por Jin Syian, Yue Dai Yun e Catherine Guernier é publicada em francês na Éditions Desclée de Brouwer (Paris) e em chinês na Presses littéraires et artistiques de Shanghai. Ela propõe o *encontro* de dois escritores, um chinês e outro francês, em torno de uma palavra ou termo. Cada um fala, a seu modo, sobre sua experiência própria quanto a este assunto, mas se remete também às fontes de sua civilização para evocar o modo como os filósofos, os escritores, os poetas falaram deste assunto. É uma coleção realizada, do mesmo modo, na esfera da *Alliance des éditeurs indépendants* (AEI). Depois de 1999 já foram publicados: *A Morte, A Noite, O Sonho, A Natureza, O Gosto, A Beleza, A Arquitetura, A Viagem, A Sabedoria, O Diálogo, A Paixão, A Ciência e A Família*.

As relações com o mundo árabe

ARKOUN, Mohamed (Ed.), *Histoire de l'islam et des musulmans en France du Moyen Âge à nos jours*. Paris: Éditions Albin Michel, 2006.

BOUGUERRA, Mohamed Larbi – VERFAILLIE, Bertrand, *Indépendances – parcours d'un scientifique tunisien*. Paris: Éditions Descartes & Cie, 1998. As relações entre o mundo árabe e o mundo latino vistas por um cientista que compartilha sua vida nestes dois universos.

BUKIET, Suzanne – ZAKHIA, Elsa – AL KHOURY, Rodny, *Paroles de liberté en terres d'islam*. Paris: Éditions de l'Atelier, 2002. Um livro que ajuda ir além dos clichês sobre o islã: a herança dos grandes humanistas, as figuras principais da filosofia e da poesia árabe.

CHARAFFEDINE, Fahima, *Culture et idéologie dans le monde arabe, 1960-1990*. Paris: Éditions L'Harmattan, 1994. Para conhecer a reflexão de uns cinquenta intelectuais árabes sobre a relação entre a cultura árabe e a mundialização.

DAWAD, Mosh – BOZARSLAN, Hamid, *La Société irakienne, communautés, pouvoirs et violence*. Paris: Karthala, 2003. Ilumina a compreensão do conflito iraquiano, especialmente a partir de uma perspective sociológica e cultural.

KASSIR, Samir, *Considérations sur le malheur arabe*. Paris: Actes Sud, 2004.

RODINSON, Maxime, *Islam et Capitalisme*. Paris: Éditions du Seuil, 1966.

As relações com o mundo anglo-saxônico

BAUDRY, Pascal, *Français & Américains – l'autre rive*. Paris: Éditions Village Mondial, 2004. Profundo e apaixonante.

CAROLL, Raymonde, *Évidences invisibles, Américains et Français au Quotidien*. Paris: Éditions du Seuil,1987. Sobre os mal-entendidos entre cidadãos das duas costas do Atlântico.

GEOFFROY, Christine, *La Mésentente cordiale – voyage au coeur de l'espace interculturel franco-anglais*. Paris: PUF, 2001.

As relações com o universo africano

BEAUCHAMP, Claude, *Démocratie, culture et développement en Afrique noire*. Montréal: Éditions L'Harmattan, 1997.

CHAZE, Catherine – TRAORÉ, Félicité, *Les Défis de la petite entreprise en Afrique*. Paris: Éditions Charles Léopold Mayer, 2000.

COULON, Christian, *La Traversée du désert ou l'éloge du nomadisme interculturel dans les sciences sociales pour qu'elles restent humaines*. Passac: Centre d'études d'Afrique noire, 2002.

COURADE, Georges, *L'Afrique des idées reçues*. Paris: Éditeur Belin, 2006.

DIARRA, A. B. *et al.*, "*On ne ramasse pas une pierre avec un seul doigt*" – *organisations sociales au Mali, un atout pour la décentralisation au Mali*. Paris: Association Djoliba/ Éditions Charles Léopold Mayer, 1996.

KABOU, Axelle, *Et si l'Afrique refusait le développement?* Paris: Éditions L'Harmattan, 2000. Uma visão africana bastante esclarecedora sobre a cooperação internacional.

KELMAN, Gaston, *Je suis noir et je n'aime pas le manioc*. Paris: Éditions Max Milo, 2004. Livro provocador de um urbanista africano, residente na França, que recusa os clichês.

KI-ZERBO, Joseph, *À quand l'Afrique? Entretien avec René Holenstein*. L'Aube: Éditions d'En-Bas, 2003. Publicado também em sete edições africanas (Eburnie, Ganndal, Jamana, Presses universitaires d'Afrique, Ruisseaux d'Afrique, Sankofa e Gurli), 2003.

ROSNY, Eric de, *Les Yeux de ma chèvre – sur les pas des maîtres de la nuit en pays douala*. Paris: Éditions Plon, 1981. Um grande clássico da etnologia africana.

As relações com o universo japonês

BOUYSSOU, J. M. (Ed.), *L'Envers du consensus. Les conflits et leur gestion dans le Japon contemporain*. Paris: Presses de Sciences Po, 1997.

BOUYSSOU, J. M., *Quand les sumos apprennent à danser*. Paris: Éditions Fayard, 2003.

HIRATAK, K, *Civil society in Japan: the growing role of NGO's in Tokyo's aid and development policy*. New York: Palgrave MacMillan, 2002.

VAN WOLFEREN, K., "The Japan problem re-visited", *Foreign Affairs*, n. 2, vol. 65, 1986, p. 288-303.

As relações com a América Latina

Covo-Maurice, Jacqueline, *Introduction aux civilizations latinoaméricaines*. Paris: Éditions Armand Colin, 2005.

Lampierre, G. Lomne et al., *L'Amérique latine et les modèles européens*. Paris: Éditions L'Harmattan, 1998.

Rolland, Denis (Ed.), *Archéologie du sentiment en Amérique latine – l'identité entre mémoire et histoire aux xixe-xxie siècles*. Paris: Éditions L'Harmattan, 2005.

Cultura e o mundo intercultural na Europa

Bekemans, Léonce – Picht, Robert – Collège d'Europe de Bruges (Eds.), *European societies between diversity and convergence – Les sociétés européennes entre diversité et convergence*. Brussels/Bruxelles: European Interuniversity Press, 1993-1996, 2 vols.

Clodong, Olivier – Lamarque, José Manuel, *Pourquoi les Français sont les moins fréquentables de la planète – les Européens et nou*. Paris: Éditions Eyrolles, 2005. Um livro admirável apesar de ser acadêmico.

Camilleri, Carmel (Ed.), *Différence et cultures en Europe*. Strasboug: Éditions du Conseil de l'Europe, 1995.

Institut international J. Maritain, *Le Nouveau Pluralisme ethnique et culturel de la société européenne. Notes et documents,* (1990), vol. 15, n. 27-28, p. 6-87. Um conjunto de artigos.

Tassin, Étienne, "Identités nationales et citoyenneté politique". *Esprit*, 1994, n. 1.

BANCOS DE DOCUMENTAÇÃO E REVISTAS[40]

Bancos de documentação

1. A Biblioteca do Sciences Po (Rua Saint Guillaume, Paris) possui um grande número das obras citadas acima e um bom número de publicações úteis. Pode-se entrar em contato, por exemplo, com as bibliografias sobre "O mesmo e o outro – debates sobre o multiculturalismo" (http://www.sciencespo.fr/docum/actualites_bibliogr/biblio/multiculturalisme.htm), ou "Espaço mundo e tempo

---

[40] Parte deste trabalho contou com a colaboração valiosa de Claire Barthélémy.

mundial, evolução da representação e das práticas do espaço e do tempo" (http://www.sciences-po.fr/docum/ actualites_bibliogr/biblio/ espace_monde_temps.htm).

2. *Bibliothèque publique d'information* (BPI) do Centro Pompidou (Rua Beaubourg, Paris/www.bpi.fr). O acesso é livre e gratuito. O acervo pode ser consultado no site, no seguinte endereço: http://ssfed.ck.bpi.fr/fede/Site/Typo3.asp?lang=FR.

A biblioteca contém um catálogo de base bastante completo sobre o campo intercultural, em suas diferentes facetas: diálogo das culturas, administração, sociologia, política, religião, história etc. Existe também um grande acervo em termos de cultura geral que permite que se encontrem informações sobre as diferentes dimensões da cultura e sobre as diferentes culturas do mundo. Por fim, a biblioteca possui um acervo muito grande nos campos da filosofia, religião, história, sociologia, línguas, formação, direito, economia, gestão, literatura que oferece a possibilidade de aprofundar seus conhecimentos em todos os domínios necessários ao âmbito intercultural. A BPI assina numerosas revistas e jornais. Ao se pesquisar no catálogo, é possível encontrar numerosos artigos que podem ser de interesse direto ou indireto para a matéria em questão. Ao se digitar "cultura" na rubrica "Artigos da imprensa", pode-se acessar toda uma gama de resultados interessantes.

3. A *Bibliothèque de l'interculturel de la Sietar* (Société internationale pour l'éducation, la formation et la recherche interculturelles) está na 145, avenida Parmentier, no 11º Distrito de Paris. Os arquivos compreendem os seguintes elementos:

- As obras ou livros tocam em diferentes temas: Comunicação intercultural: os fundamentos, a educação intercultural, a identidade, o nacionalismo, as minorias, a geopolítica, o racismo, os preconceitos. Abordagem das culturas e do âmbito intercultural por zonas geográficas (África e mundo árabe, América, Ásia, Europa, Oceania). Abordagem das culturas e do âmbito intercultural por categorias sociais (família, mulheres, jovens e estudantes). Corpo e cultura, saúde e comunicação. Imigração. O campo intercultural e a vida econômica: empresas internacionais, *management*, marketing, publicidade, negociações.

- As atas das conferências da Sietar tocam em temas como as imagens na comunicação ou a compreensão intercultural.

- As revistas sobre o âmbito intercultural: *International Journal of Intercultural Relations, Intercultural Education, Hommes et Migrations, Intercultures* (Sietar-France).

Os acervos da Sietar contêm muitas obras de base relacionadas ao intercultural em todos estes diferentes domínios, com a vantagem de propôr muitas obras em inglês quando esta for a língua original da publicação. As referências aos acervos da Biblioteca da Sietar podem ser consultadas em seu site (www.sietar-france.com/sietar/), mas a última atualização é de setembro de 2005. O acesso à biblioteca está reservado aos membros da Sietar, mas pode-se conseguir autorizações para consulta na avenida Parmentier.

4. A *Bibliothèque nationale de France* (François Mitterrand) tem um acesso mais difícil que Beaubourg, mas é mais útil para pesquisas mais aprofundadas. Veja-se o site www.bnf.fr. A BNF está no cais François Mauric, no 13º Distrito de Paris. É essencialmente no catálogo "BN-Opale Plus" da BNF que podemos encontrar as referências das obras que podem ser interessantes para o estudo do campo intercultural. Os acervos contêm especialmente obras dos mais diferentes domínios, e muitas em língua estrangeira (cinema, literatura, religião, história, trabalho) e sobre os diferentes países ou áreas geográficas. Encontramos ali obras de base e numerosas obras mais difíceis de serem encontradas. Esta biblioteca pode permitir o aprofundamento de alguns destes temas. As três entradas principais para buscar obras são "comunicação intercultural", "educação intercultural" e "gestão intercultural".

5. *Maison des cultures du monde* (boulevard Raspail, Paris). Ela foi criada em 1982, como uma espécie de centro de referência das alianças francesas e dos centros culturais franceses no exterior. Ela proporciona, especialmente, a formação destinada aos profissionais estrangeiros da cultura (um dos três programas é um programa franco-alemão, e dois outros estão voltados a todas as nacionalidades, com a condição de que os membros sejam francófonos ou anglófonos). Ela proporciona também seus serviços no campo da engenharia cultural na França e no exterior.

Ela publica nas Éditions Babel uma revista semestral – *Internationale de l'imaginaire* – sobre a criação artística no mundo contemporâneo. O último número publicado trabalha o tema "Cette langue qu'on apelle le français – L'apport des écrivains francophones à la langue française". Há também números sobre temas transversais como a música, o riso, o corpo, o outro, mas também sobre o Líbano, sobre Jean Duvignaud etc. A *Maison des Cultures du Monde* é também uma casa editora. O conjunto de suas publicações pode ser consultado em seu site: www.mcm.asso.fr/site02/accueil.htm.

A *Maison des Cultures du Monde* tem, além do mais, um centro de documentação que concentra documentos de áudio, vídeos, fotografias, bem como cartazes e objetos. Enfim, ela tem também um acervo documentário de 1500 textos, mais ou menos, entre os quais estudos etnológicos e antropológicos, pesquisa de campo e relatórios de missões. Este centro, cuja consulta é livre e gratuita, está na 2, rua des Bénédictins à Vitré (35500). A biblioteca tem também assinaturas de revistas como *L'Afrique littéraire et artistique* e *Notre Librairie*. Ela tem um grande número de obras sobre a África.

Revistas

1. *Cafébabel.com.* Cafébabel.com é uma revista *on-line* consultável no site www.cafebabel.com/fr/. Está disponível em sete línguas: francês, inglês, castelhano, italiano, alemão, catalão e polonês. Ela se apresenta como uma "revista europeia", tratando de todo tipo de assunto relacionado à Europa e ao mundo. Participa, também, no site do semanário *Courrier Internacional.* Uma parte de seus dossiês é dedicada à cultura; pode-se, por exemplo, encontrar ali um dossiê de 2005 sobre a "Europa dos mal-entendidos", isto é, sobre a diversidade linguística na Europa e sua relação com a construção europeia ao nível político. Temos também entrevistas com personalidades de todo tipo e de todas as origens; dossiês políticos, da sociedade... Temos, além do mais no Cafébabel.com o link "Tour de Babel", que apresenta todos os meses "anedotas interculturais", especialmente relacionadas à língua; por exemplo, em setembro de 2006, é a da explicação da origem comum da palavra "pesadelo" nas diferentes línguas. É possível responder a todos os artigos publicados num fórum. Cafébabel.com atribui a si mesmo como objetivo desenvolver um "jornalismo cooperativo", a fim de permitir a expressão da sociedade civil europeia e assim "a emergência de uma opinião pública europeia". O *magazine* conta com uma rede de redações locais nas diversas cidades da Europa, de Leste a Oeste, em geral, nas capitais ou nas grandes cidades.

2. *Courrier international.* Semanário francês de informação internacional. Na internet, os jornalistas do CI realizam uma espécie de crítica da imprensa cotidiana. Existe também o *Courrier Japon* (contendo 30% de artigos do *Courrier International*), e em Portugal temos o *Courrier Internacional.* O *Courrier International* permite o acesso a artigos traduzidos de numerosos jornais do mundo todo (pode-se encontrar na internet a lista dos jornais mais utilizados). Isto permite ao leitor ir além da barreira da língua e ter acesso à imprensa estrangeira. Todos os temas da atualidade são abordados neste *magazine*: política, economia, ecologia, ciências, multimídia, cultura, o que permite também comparar as diferentes abordagens no tratamento de uma informação segundo o país onde ela é publicada. O site propõe também o acesso a *eurotópicos*, uma revisão da imprensa europeia cotidiana publicada em inglês, alemão e francês.

3. *Hommes et Migrations.* A *Cidade nacional da história da imigração* (Ex-ADRI – *Agence pour le Développement des Relations Interculturelles*) "tem por objetivo recolher e difundir informações de todo tipo e ajudar, de todos os meios, na integração das populações de origem estrangeira que estão na França, nos campos sociais, culturais e econômicos". Ela possui um centro de documentação, composto de documentos com informações sobre a integração, e oferece informações e reuniões sobre este tema.

A revista da Adri *Hommes et Migrations* propõe pesquisas e estudos de campo sobre temas ligados às migrações, num comprometimento contra o racismo. Cada número volta-se para um tema, sobre o qual são apresentados diferentes pontos de vista: o de um militante, de um agente social, de um convidado, de um professor, de um estudioso etc. O site da revista disponibiliza alguns artigos neste endereço eletrônico: www.hommes-et-migrations.fr/. O fenômeno migratório é abordado sob o ângulo social, econômico, político etc. Os artigos tratam de temas atuais, como a laicidade, o casal em situação de migração, os marroquinos da França e da Europa, mas também tratam de assuntos ligados à história da imigração. *Hommes et Migrations* é impressa a cada dois meses, e os números podem ser consultados na biblioteca da SIETAR, em Paris.

4. *Intercultures*. *Intercultures* é uma revista da SIETAR que foi publicada entre 1987 e 1994. Ela se voltava à comunicação intercultural. *Intercultures* publicou artigos que se referiam a pesquisas ou a práticas interculturais relativas a situações de confrontação entre dois ou mais sistemas culturais: estudos teóricos, conceituais, históricos, resultados de experiências originais em setores da vida econômica, educativa, política, social... Pode-se encontrar os antigos exemplares da revista na secretaria da SIETAR-França, secretariat@sietar-france.org, bem como no site do Sietar-France, www.sietar-France.com.

5. *International Journal of Intercultural Relations*. O IJIR é publicado pela *Académie internationale pour la recherche interculturelle*, que está nos Estados Unidos. Os números desta revista podem ser pedidos pela internet no site: www.elsevier.com/wps/find/journaldescription.cws_home/535/description#description ou consultados na Biblioteca da SIETAR, em Paris. Saem seis números por ano, e os artigos são publicados em inglês. O IJIR apresenta artigos teóricos ou resultados de pesquisas empíricas sobre todos os temas do campo intercultural, com uma orientação mais voltada para as problemáticas do diálogo e do conflito, bem como para a formação. Favorece uma abordagem pluridisciplinar.

6. *Journal of Research in International Education*. O JRIE tem seu interesse voltado para a educação em sua relação com a unidade e a diversidade humanas. Propõe artigos sobre as práticas existentes pelo mundo afora em matéria de educação e de sensibilização para o campo do intercultural. A revista busca promover a compreensão mútua e os direitos humanos. O JRIE é publicado três vezes ao ano e sua publicação é feita em parceria com a *International Baccalaureate Organization* (IBO), uma fundação que trabalha com programas de educação internacional. Os números da revista podem ser consultados na biblioteca da SIETAR, em Paris.

Impressão e acabamento
Gráfica e Editora Santuário
Em Sistema CTcP
Rua Pe. Claro Monteiro, 342
Fone 012 3104-2000 / Fax 012 3104-2036
12570-000 Aparecida-SP